Lexikon | *referência essencial*

ADRIANO DA GAMA KURY

português
básico e essencial

com exercícios
2ª edição

© 2017, by Adriano da Gama Kury

Direitos de edição da obra em língua portuguesa adquiridos pela Lexikon Editora Digital Ltda. Todos os direitos reservados. Nenhuma parte desta obra pode ser apropriada e estocada em sistema de banco de dados ou processo similar, em qualquer forma ou meio, seja eletrônico, de fotocópia, gravação etc., sem a permissão do detentor do copirraite.

LEXIKON EDITORA DIGITAL LTDA.
Rua Luís Câmara, 280 Ramos
21031-175 Rio de Janeiro – RJ – Brasil
Tel.: (21) 2221 8740 / 3180 0079
www.lexikon.com.br – sac@lexikon.com.br

Veja também www.aulete.com.br – seu dicionário na internet

EDITOR
Paulo Geiger

ASSISTENTE DE PRODUÇÃO
Vivian Pitança

PRODUÇÃO EDITORIAL
Sonia Hey

DIAGRAMAÇÃO
Filigrana

REVISÃO
Isabel Newlands

CAPA
Renné Ramos

Imagem da capa: © Balabolka | Shutterstock

IMPRESSÃO: Oceano Indústria Gráfica e Editora

CIP-BRASIL. CATALOGAÇÃO NA FONTE
SINDICATO NACIONAL DOS EDITORES DE LIVROS, RJ

K98p
2. ed.

    Kury, Adriano da Gama
        Português básico e essencial / Adriano da Gama Kury. - 2. ed. –
Rio de Janeiro : Lexikon, 2017.
        360 p. ; 28 cm.

        Apêndice
        Inclui bibliografia
        Inclui exercícios
        ISBN 978-858300-034-1

    1. Língua portuguesa - Gramática. 2. Língua portuguesa -
Problemas, questões, exercícios. I. Título.

CDD: 469.5
CDU: 811.134.3'36

Todos os esforços foram feitos para encontrar os detentores dos direitos autorais dos textos publicados neste livro. Nem sempre isso foi possível. Teremos o maior prazer em creditá-los caso sejam determinados.

À memória de meus pais,

À memória de
Aurélio Buarque de Holanda
e Celso Cunha,

que, desde bancos do Colégio Pedro II,
me incutiram
o gosto dos textos e da língua.

Nota prévia

Este livro tem uma história:

Lançado em 1960 para os candidatos ao duríssimo Exame de Admissão ao antigo ginásio, parece ter atingido seu objetivo: obteve 14 edições em dez anos.

Esta edição, emendada e levemente aumentada, conserva a estrutura primitiva: uma gramática elementar completa, mais de 200 exercícios variados, uma antologia com os textos anotados e comentados, um glossário de palavras de classificação variável ou difícil e um pequeno dicionário com definições singelas e acessíveis, sinônimos e antônimos – numa preparação ao uso de um dicionário mais completo (e complexo).

Quais os motivos da boa acolhida do *Português básico e essencial*?

O adjetivo *básico* poderia levar ao equívoco de relacionar o livro ao *Basic English*: o que me moveu a elaborá-lo foi o desejo de levar a professores e estudantes um manual, prático por excelência, que ministrasse as NOÇÕES BÁSICAS de português, necessárias aos que desejem, com fundamentos sólidos, preparar-se para dominar com proveito sobretudo a língua escrita na sua modalidade culta, tão necessária em variadas situações da nossa vida.

Verificarão os estudantes deste livro — o mais trabalhoso de quantos preparei — o meu cuidado em nunca ministrar uma noção qualquer "de cima" ou "de fora": busquei fazer que o usuário do *Português básico e essencial*, com base em textos e exemplos previamente fornecidos, possa induzir os conceitos, muitas vezes complexos.

O porquê dos Elementos de Sintaxe iniciais - As noções elementares de Sintaxe com que abro o livro parecem-me indispensáveis, dosadas como estão: facilitam a compreensão de numerosos fatos da Morfologia — na verdade Morfossintaxe —, como a diferença entre substantivo e adjetivo, a classificação dos pronomes em adjetivos e substantivos ou em retos e oblíquos, e a própria conceituação de outras classes de palavras, como o advérbio, a preposição, a conjunção.

A Fonologia - Poderá parecer excessivo o desenvolvimento dado à Fonologia. Mas quero crer que não terá sido inútil, pois é uma das partes da Gramática que mais maltratada se vê nas mãos de certos autores despreparados. Insisti em delimitar os conceitos de FONEMA e LETRA, porque são muitos os livros que não distinguem DÍGRAFO de ENCONTRO CONSONANTAL, ou que definem SÍLABA como "letra ou grupo de letras"!, ou que repetem serem cinco as vogais da nossa língua, e que um ditongo é constituído de duas vogais, ou que apontam tritongo num vocábulo como *seguiu* etc. numa confusão quase inacreditável entre DESENHO e SOM. E a noção correta de

LETRA e FONEMA já se encontra até na Gramática da Emília, de Monteiro Lobato... Sem falar que a Fonologia ajuda sobremodo a compreender os fatos da nossa ortografia.

Ortografia – O estudante encontrará aqui, também, um pequeno mas completo manual de Ortografia, cujos exercícios – que devem ser feitos paulatinamente, e não de enxurrada – contribuirão para o aprendizado dessa vestimenta das palavras, cuja correção é atributo indispensável a quem precise recorrer à escrita.

Abrindo caminho – A introdução à Morfologia me pareceu de todo indispensável, porquanto é o estudo preliminar da estrutura e formação das palavras que nos abre caminho para toda a flexão nominal e verbal e para o enriquecimento do vocabulário.

Compreender o que se lê – Quanto à significação das palavras, verá o professor, ou o estudioso, através de todo o livro, minha preocupação carinhosa nesse particular: são os exercícios de sinônimos e antônimos, o "Pequeno Dicionário" do fim do volume, que, acredito, irá habituando à "arte de consultar dicionários"; são ainda as anotações e comentários aos textos, que não se limitam a listas de vocabulário, no afã de ir ministrando (ainda insuficientemente, é verdade) o que nos parece *básico* no ensino da língua materna: o gosto da boa leitura pela sua compreensão, donde irá surgindo a boa expressão oral e escrita – finalidade fundamental no ensino da Língua Portuguesa.

Os textos – Mereceu-me especial atenção a escolha dos textos da pequena Antologia, alguns dos quais me foram sugeridos por colegas (entre os quais o saudoso amigo Hélcio Martins): que fossem de boa qualidade literária, sem maior preocupação com o renome do autor; que não empregassem linguagem rebuscada ou enfática (a única exceção terá sido o Hino Nacional, de tão difícil compreensão); e, por fim, que *reproduzissem fielmente* as palavras do autor, motivo por que nunca deixo de citar a fonte de onde os transcrevi e sempre que possível a edição tida por melhor.

Os exercícios e a redação – A elaboração dos exercícios teve de minha parte cuidado meticuloso: aos de verificação precedem os indispensáveis de fixação, sem os quais os primeiros seriam prematuros. Além dos 213 exercícios disseminados após as noções gramaticais, encontram-se, depois de cada leitura, exercícios de revisão gramatical e de aquisição de vocabulário, bem como sugestões de redações. Reconheço que a prática de redação exige todo um curso paralelo.

O "Pequeno Dicionário" – De propósito não incluí ao pé dos textos o esclarecimento de todas as palavras que dele necessitavam: as que se prestam a exercícios de sinônimos foram deslocadas para o "Pequeno Dicionário" do fim do livro, que define ainda certas palavras não comentadas nas leituras, o que obriga a consultas frequentes — e outro não foi o meu objetivo. Como já observei, o "Pequeno Dicionário" pretende ser um convite ao uso permanente de um dicionário mais amplo.

Palavras de classificação difícil – Não é preciso encarecer a utilidade do Apêndice de classificação de palavras: com as suas prováveis falhas, foi feito com o mesmo carinho de todo o resto, e obedece à Nomenclatura Gramatical Brasileira, lacunosa mas ainda em vigor. É claro que certas distinções, sutis até para nós professores, não se podem exigir de alunos de qualquer grau. O bom senso do professor sanará a dificuldade.

Nas mãos de professores, estudantes e de todos quantos querem aprimorar seus conhecimentos acerca da nossa língua deposito o *Português básico e essencial*, esperando que lhes preste os benefícios desejados.

E sabem os que me conhecem como sou grato às críticas bem-intencionadas.

ADRIANO DA GAMA KURY

Sumário

Abreviaturas usadas 11

Noções elementares de sintaxe 13
    AS FUNÇÕES SINTÁTICAS 13
    O PREDICADO 15
    Exercícios 19

Fonética e fonologia 34
    FONEMAS DA LÍNGUA PORTUGUESA E SUA REPRESENTAÇÃO ESCRITA 37
    ENCONTROS VOCÁLICOS 41
    Exercícios 47

Regras essenciais de ortografia 56
    Exercícios 69

Morfologia 77
    INTRODUÇÃO 77
    Exercícios 81
    A SIGNIFICAÇÃO DAS PALAVRAS 85
    Exercícios 86
    FLEXÃO E CLASSIFICAÇÃO DAS PALAVRAS 92
    AS CLASSES DE PALAVRAS 94
    O SUBSTANTIVO 94
    GÊNERO DO SUBSTANTIVO 99
    Exercícios 103
    NÚMERO DO SUBSTANTIVO 112
    GRAU DO SUBSTANTIVO 118
    Exercícios 122
    O ARTIGO 126
    Exercícios 126
    O ADJETIVO 128
    GÊNERO DO ADJETIVO 131
    NÚMERO DO ADJETIVO 132
    Exercícios 133
    GRAU DO ADJETIVO 136
    Exercícios 140
    O NUMERAL 142
    Exercícios 145
    O PRONOME 145
    PRONOMES PESSOAIS 146
    Exercícios 152
    PRONOMES SUBSTANTIVOS E ADJETIVOS 157
    Exercícios 162

    O VERBO 168
    A FLEXÃO VERBAL 169
    OS MODOS E OS TEMPOS 176
    Exercícios 197
    O ADVÉRBIO 208
    PALAVRAS DE CLASSIFICAÇÃO VARIÁVEL 212
    PALAVRAS DE CLASSIFICAÇÃO DIFÍCIL 213
    Exercícios 214
    A PREPOSIÇÃO 220
    Exercícios 228
    A CONJUNÇÃO 234
    Exercícios 241
    A INTERJEIÇÃO 245
    Exercícios 246

Antologia 247
    1. AUTOBIOGRAFIA 247
    Imagens de rua
    2. CROMO XXXVI 249
    Histórias de mentirosos – I
    3. O ESPETO 251
    4. A MENTIRA 253
    5. EXPERIÊNCIA 254
    6. O MACACO PERANTE O JUIZ DE DIREITO 256
    7. NO PAÍS DA GRAMÁTICA 258
    8. CANÇÃO DO EXÍLIO 260
    9. O MACACO E O GATO 261
    Histórias de mentirosos – II
    10. A VARETA 263
    11. CAJUEIRO PEQUENINO 264
    12. O POLIGLOTA 266
    13. O MEU ESPELHO 267
    14. LENDA DA VITÓRIA-RÉGIA 268
    15. A CAÇA AO JACARÉ 269
    16. NA PRAIA 273
    Histórias de mentirosos – III
    17. O NAUFRÁGIO DOS POTES 274
    18. BERÇO 275
    19. O LEÃO E O RATINHO 276
    20. A VIRTUDE 278
    21. SUBÚRBIOS CARIOCAS 279
    22. O ENTERRO DA CIGARRA 281
    23. MEU CARNEIRO JASMIM 282

Histórias de mentirosos – IV
  24. A FLOR E A FONTE 284
  25. A ONÇA E A RAPOSA 285
  26. VOZES DE ANIMAIS 286
  27. BORBOLETAS 287
Lições que a vida nos dá
  28. O TEMPO É DE FLAMBOYANT 291
  29. O PASTORZINHO ADORMECIDO 292
  30. VELHA ANEDOTA 295
  31. O RIACHO CRISTALINO 296
  32. BAHIA 298
  33. O ELEFANTE E AS FORMIGAS 299
  34. ILUSÕES DA VIDA 300
  35. SANTO TOMÁS E O BOI QUE VOAVA 301
  36. A CORUJA E A ÁGUIA 302
  37. A NOITE SANTA 304
  38. O LAVRADOR E SEUS FILHOS 307
  39. HINO NACIONAL 308

Leituras suplementares 313
  1. O DOIDO 313
  2. A PÁTRIA 316

Apêndice 317
  I - PALAVRAS DE CLASSIFICAÇÃO VARIÁVEL OU DIFÍCIL 317
  II - PEQUENO DICIONÁRIO DE SINÔNIMOS E ANTÔNIMOS E DE DEFINIÇÕES DE PALAVRAS MENOS USUAIS 324

Respostas dos exercícios 337
  NOÇÕES ELEMENTARES DE SINTAXE 337
  FONÉTICA E FONOLOGIA 339
  REGRAS ESSENCIAIS DE ORTOGRAFIA 341
  MORFOLOGIA 342
    DESINÊNCIAS / FLEXÃO 342
    A SIGNIFICAÇÃO DAS PALAVRAS 343
    A CLASSE DAS PALAVRAS 344
    NÚMERO DO SUBSTANTIVO 346
    O ARTIGO 347
    O ADJETIVO 347
    GRAU DO ADJETIVO 348
    O NUMERAL 348
    OS PRONOMES 348
    PRONOMES SUBSTANTIVOS E ADJETIVOS 350
    O VERBO 351
    O ADVÉRBIO 353
    A PREPOSIÇÃO 355
    A CONJUNÇÃO 356
    A INTERJEIÇÃO 357

Referências bibliográficas 358
  I - PARA A GRAMÁTICA E OS EXERCÍCIOS
  II - PARA OS TEXTOS

Abreviaturas usadas

acid. = acidental
adit. = aditiva
adj. = adjetivo, adjetiva, adjunto
adv. = advérbio, adverbial
advers. = adversativa
afirm. = afirmativo
altern. = alternativa
ant., antôn. = antônimo
antec. = antecedente
art. = artigo
card. = cardinal
com. = composto
comp. = comparativa, -o
concl. = conclusiva
cond. = condicional
conf. = conformativa
conj. = conjunção, conjuntiva
cons. = consequente
consec. = consecutiva
coord. = coordenativa
cresc. = crescente
decr. = decrescente
def. = definido
dem. = demonstrativo
dit. = ditongo
ex. = exemplo
excl. = exclusão
explic. = explicativa
fem. = feminino
fig. = figuradamente, em sentido que não é o próprio
fut. = futuro
imp. = imperfeito
ind. = indicativo
indef. = indefinido

inf. = infinitivo
integr. = integrante
intens. = intensidade
interr. = interrogativo
intr. = intransitivo
inv. = invariável
loc. = locução
m.-q.-perf. = mais-que-perfeito
masc. = masculino
obl. = oblíquo
p. = pessoa
pal. = palavra
partic. = particípio
perf. = perfeito
pess. = pessoal
p.ex. = por exemplo
pl. = plural
pred. = predicativo
prep. = preposição, prepositiva
pres. = presente
pret. = pretérito
pron. = pronome, pronominal
refl. = reflexiva
rel. = relativo
sing. = singular
s.f. = substantivo feminino
s.m. = substantivo masculino
sub. = subordinativa
subj. = subjuntivo
subst. = substantivo
superl. = superlativo
temp. = temporal
tr. = transitivo
v. = verbo
V. = veja

1

Noções elementares de sintaxe

A oração

1. Quando queremos comunicar alguma coisa a alguém, utilizamo-nos de palavras, às vezes isoladas (ex.: "Cheguei"), porém mais frequentemente agrupadas, ordenadamente, formando FRASES, ou ORAÇÕES: "Cheguei cedo à escola."

Por meio de uma oração podemos:

1) Informar ou declarar alguma coisa, e então a oração se diz DECLARATIVA, a qual pode ser:

Para a melhor compreensão do que seja interrogação direta e indireta. V. § 133.

a) afirmativa: *"As aulas já começaram.";*
b) negativa: *"As aulas ainda não começaram."*

2) Pedir uma informação (oração INTERROGATIVA):

a) direta: *"Já começaram as aulas?" — "Quem me procura?" — "Aonde foste?";*
b) indireta: *"Desejo saber se já começaram as aulas." — "Veja quem me procura." — "Dize-me aonde foste."*

3) Aconselhar, ordenar ou pedir que se faça ou deixe de fazer alguma coisa (oração IMPERATIVA):

a) afirmativa: *"Aproxime-se.";*
b) negativa: *"Não fique distraído."*

4) Desejar alguma coisa (oração OPTATIVA): *"Deus te acompanhe."*

AS FUNÇÕES SINTÁTICAS

Sujeito e predicado

2. Quase todas as orações podem ser divididas em duas partes: numa delas aparece o nome de um "ser" (pessoa, animal, coisa), a respeito do qual se faz a comunicação: é o SUJEITO; na outra, está contida exatamente essa comunicação que fazemos acerca do sujeito: é o PREDICADO.

Veja estes exemplos:
1) *"Chegou a primavera."* — O sujeito é *a primavera*; o predicado, *chegou*.
2) *"Ela surgiu."* — Sujeito: *ela*; predicado: *surgiu*.

3) *"Velozes borboletas amarelas bailavam no ar."* — Sujeito: *velozes borboletas amarelas*; predicado: *bailavam no ar*.

Nome principal e nome adjunto

3. Tomemos os sujeitos que já separamos:

1) a *primavera*,
2) *ela*, e
3) *velozes borboletas amarelas*.

O 1º é formado somente de um nome — *primavera* — acompanhado do artigo *a*; o 2º de um pronome pessoal, *ela*; já o 3º, além do nome principal — *borboletas* — tem dois outros dependentes dele: *velozes* e *amarelas*. Em Gramática se diz que esses nomes que, numa oração, ficam junto de outro principal, dependentes dele, são ADJUNTOS ADNOMINAIS.

As palavras que, num sujeito ou noutras funções sintáticas (como veremos mais tarde), podem ser o seu nome principal, são NOMES SUBSTANTIVOS, ou, simplesmente, SUBSTANTIVOS; já as que servem de adjunto de um substantivo são os NOMES ADJETIVOS, ou, simplesmente, ADJETIVOS.

Outros adjuntos do substantivo

4. Além dos nomes adjetivos, podem servir de ADJUNTO ADNOMINAL a um substantivo:

1) as locuções adjetivas: força *de leão*, cristal *sem mancha*, livro *de português*, carioca *da gema*, vontade *de ferro*;

2) os artigos: *a* primavera, *uma* raposa;

3) os pronomes adjetivos:
    a) possessivos: *teu* livro, os *meus* cadernos;
    b) demonstrativos: *aquele* aluno, *esse* livro;
    c) o relativo cujo (e suas flexões): aluno *cujas* qualidades todos apreciam;
    d) indefinidos: *alguma* coisa, *nenhum* aluno, *qualquer* livro, *tal* fato, *cada* dia, *mais* aulas;
    e) interrogativos: *que* livro?, *qual* problema?;

4) os numerais: *trinta* alunos, *primeiro* dia.

O PREDICADO

Verbos intransitivos

5. Examine estes exemplos:
   O aluno *escreve*.
   A professora *ensina*.
   Os pássaros *voam* depressa.
   O sol *brilha* intensamente no espaço.
   O soldado *marcha* com garbo.
   O galo *canta* de madrugada.
   O pobrezinho *tremia* de frio.

Você poderá, facilmente, separar o sujeito e o predicado das orações que se leem acima. Separe-os, no caderno.

Repare que o predicado de cada uma delas compõe-se ou somente de um verbo (na 1ª e na 2ª), ou de um verbo acompanhado de um advérbio ou locução adverbial que indica modo (*depressa, com garbo*), intensidade (*intensamente*), lugar (*no espaço*), tempo (*de madrugada*), causa (*de frio*).

Observe ainda que, mesmo sem os advérbios e locuções adverbiais, os verbos dos predicados dariam às orações sentido completo: (Os pássaros) *voam*.; (O sol) *brilha*.; (O soldado) *marcha*.; (O galo) *canta*.; (O pobrezinho) *tremia*.

Verbos como esses, **que podem sozinhos formar um predicado**, chamam-se verbos INTRANSITIVOS.

O predicado em que aparece um verbo intransitivo se denomina PREDICADO VERBAL.

Verbos transitivos diretos; o objeto direto

6. Leia com atenção estas frases:
   O bom aluno *prepara* o DEVER cuidadosamente.
   A professora *explicava* pacientemente A LIÇÃO; só Mário, distraído, não A *compreendia*: os outros alunos *compreenderam*-NA perfeitamente.
   O pastor *protege* o REBANHO: *protege*-O contra os animais ferozes.
   A raposa, com astúcia, *enganou* o CAÇADOR; conseguiu *enganá*-LO direitinho.

Neste grupo de orações, o verbo do predicado, sozinho, não nos dá uma informação completa sobre o sujeito. Na verdade, na 1ª oração, por exemplo, se dissermos "O bom aluno prepara", sabemos qual ação executa, mas sentimos que fica faltando qualquer coisa, porque quem prepara, prepara alguma coisa, e precisamos saber que coisa resultou da ação do

Para saber mais sobre outras formas de pronomes V. § 121.

aluno. Daí a necessidade de mais esse termo que nos mostra o resultado da ação, o OBJETO DIRETO ("o dever"). O mesmo raciocínio pode fazer-se a respeito do predicado das demais orações: ao seu verbo é preciso acrescentar outro termo que recebe a ação — o OBJETO DIRETO.

Verifique, ainda, que o OBJETO DIRETO, quando é um substantivo, não vem precedido de preposição; e, quando pronome pessoal oblíquo átono, tem a forma *o, a, os, as* (ou suas variantes *lo, la, los, las, no, na, nos, nas*).

Verbos como esses, cujo sentido se completa com objeto direto, chamam-se TRANSITIVOS DIRETOS; o predicado em que aparecem é também um PREDICADO VERBAL.

Verbos transitivos indiretos; o objeto indireto

7. Observe estes exemplos:
O bom filho *obedece* sempre A SEUS PAIS; *obedecer*-LHES é um dever.
A professora *falou* A TODA A TURMA; *falou*-LHE sobre Tiradentes.
Gostas DE FUTEBOL?
Ele só *pensa* NOS EXAMES.

Também os verbos destas orações necessitam de um complemento, para que o predicado tenha sentido completo. Ao contrário do objeto direto, que, quando substantivo, se liga ao verbo sem auxílio de preposição, o complemento destes verbos, quando é um substantivo, vem sempre **obrigatoriamente** precedido de preposição — chamando-se, por isso, OBJETO INDIRETO.

Quando o objeto indireto é pronome ÁTONO, tem a forma *lhe, lhes*.

Aos verbos cujo sentido se completa com objeto indireto dá-se o nome de TRANSITIVOS INDIRETOS, e o predicado com eles formado se diz, igualmente, VERBAL.

Compare:
A raposa enganou → o caçador. (Diretamente, em linha reta.)
O bom filho obedece → A → seus pais.   (Indiretamente, com uma
José gosta → DE → futebol.   preposição de permeio.)

Verbos de ligação; o predicativo

8. Veja estes exemplos:
O sangue *é* VERMELHO.
A Terra *é* UM PLANETA.
Os alunos *estão* ATENTOS.
A professora *ficou* SATISFEITA.
Todos *permaneceram* SENTADOS.
Joãozinho *parecia* UM ÍNDIO.

Examinando atentamente o predicado destas orações, você verificará que os seus verbos são inteiramente diferentes dos que apareceram até agora: não têm uma significação precisa, são de sentido vago, e não exprimem ação ou fenômeno; e a declaração que se faz do sujeito não está contida neles, mas no nome (substantivo ou adjetivo) seguinte, que é, assim, o verdadeiro predicado da oração. Esses verbos servem para **ligar** o sujeito a um nome, que é o seu verdadeiro predicado: por isso recebem o nome de VERBOS DE LIGAÇÃO.

O nome que é ligado ao sujeito por um verbo de ligação, e que constitui a parte mais importante do predicado, denomina-se PREDICATIVO, e exprime uma qualidade ou condição que se atribui ao sujeito, ou o estado em que se encontra.

A referência do predicativo ao sujeito faz que ambos sejam equivalentes, ficando a frase com sentido bastante nítido, mesmo sem o verbo de ligação, se os colocarmos lado a lado, com um sinal de igualdade. Repare: *sangue = vermelho*; *Terra = planeta*; *alunos = atentos*; *professora = satisfeita* etc.

O verbo de ligação serve, além disso, para indicar-nos o tipo de relação que há entre sujeito e predicativo, e o modo, o tempo, o número e a pessoa.

Assim, o verbo *ser* nos indica que a qualidade ou a espécie atribuída ao sujeito é permanente; o verbo *estar*, que é temporária; o verbo *ficar* já exprime uma mudança: o sujeito não estava, mas passou a estar em tal estado; o verbo *permanecer* denota uma demora; o verbo *parecer*, aparência.

Pelo fato de o **nome** predicativo ser mais significativo do que o verbo de ligação, o predicado com eles formado recebe o nome de PREDICADO NOMINAL.

Graficamente, teremos este esquema:

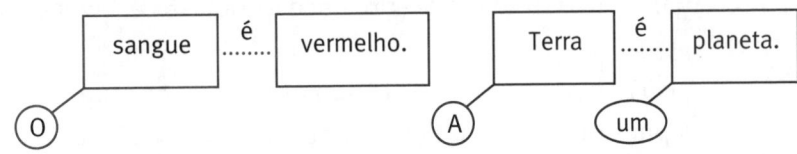

Os adjuntos do verbo

9. Já vimos como o substantivo pode vir cercado de palavras que a ele se referem — os adjuntos com valor adjetivo.

Também o verbo, num predicado, aparece, muitas vezes, acompanhado de advérbios (ou locuções com valor adverbial) que lhe acrescentam uma ideia de tempo, de lugar, de causa, de modo, de companhia etc. — são os ADJUNTOS ADVERBIAIS. Ex.:

1) de tempo: (O galo) canta *de madrugada*. (A cigarra) sofre *no inverno*. (O professor) chegou *cedo*.
2) de lugar: (O sol) brilha *no espaço*. (O avião) chegou *ao Rio*. (O aluno) estuda *na escola*. Moro *ali*.
3) de causa: (O menino) tremia *de frio*.
4) de modo: (Os pássaros) voam *depressa*. (O sol) brilha *intensamente*. (O soldado) marcha *com garbo*.
5) de companhia e 6) de fim: Saí *com meu irmão* (5) *para nos vacinarmos* (6).
7) várias circunstâncias simultaneamente: Cheguei *bem* | *a São Paulo,* | *ao meio-dia,* | *com meus pais,* | *para visitarmos nossos parentes (modo, lugar, tempo, companhia, fim – respectivamente)*.

O aposto

10. Examine estas frases:
1) Simão e Bichano moram na mesma casa. — *Simão*, o MACACO, e *Bichano*, o GATO, moram na mesma casa.
2) O leão foi salvo pelo ratinho. — O *leão*, REI DOS ANIMAIS, foi salvo pelo *ratinho*, ANIMALZINHO HUMILDE.

Na 2ª frase de cada par, o substantivo grifado vem acompanhado de palavras que continuam, explicam ou desenvolvem a ideia nele contida. Esse termo explicativo se denomina APOSTO, e vem isolado do substantivo fundamental por uma pausa, indicada na escrita por vírgula.

11. Compare:
1) Trouxe todo o material necessário.
2) Trouxe *todo* o *material necessário*: LIVRO, CADERNO E LÁPIS.
3) Trouxe *todo* o *material necessário*, isto é, LIVRO, CADERNO E LÁPIS.

Para saber mais locução explicativa V. § 170, nº5

Na 2ª e 3ª frases resolvi **enumerar** o que considero o material necessário. E repare que, nesta última, antes da enumeração, usei a locução explicativa "*isto é*". — Também se denomina **aposto** o termo que contém a enumeração, o desdobramento de substantivo anteriormente citado, que se separa dele por uma pausa, assinalada na escrita por dois-pontos ou vírgula, e que pode vir precedido de uma locução explicativa.

O vocativo

12. Veja estes exemplos:
1) "— *Bichano*, tire as castanhas do fogo."
2) "— Deixa-me, *fonte!* — dizia a flor, tonta de terror."
3) "— Ó *mar*, estás muito lindo, mas a mim, já não me enganas!"

Se repararmos nos verbos das várias orações apontadas (*tire*, *deixa-me*, *estás*), verificamos que se referem a uma 2ª pessoa do discurso, *você* ou *tu*, e o seu sujeito é um desses pronomes. As palavras grifadas (*Bichano*, *fonte*, *mar*), que se relacionam a esse sujeito de 2ª pessoa, servem de chamamento, e, como no último exemplo, podem vir antecedidas da interjeição ó. Esse termo da oração que serve para a invocação, para chamar, recebe o nome de VOCATIVO, e vem sempre isolado por uma pausa, indicada na escrita por vírgula.

Frase e período

13. Quando uma oração encerra um sentido completo é também uma FRASE.

À oração ou conjunto de orações que terminam numa pausa forte, marcada na escrita por um ponto, ponto de exclamação, ponto de interrogação, ou reticências, dá-se o nome de PERÍODO.

Exercícios

1. Abaixo você encontrará:

a) orações ou frases completas, isto é, comunicações formando sentido perfeito;

b) grupos de palavras de sentido incompleto, que são apenas partes de uma oração. Marque as orações (1) e as partes de orações (2) [Veja a leitura nº 37, "A noite santa"]:

a) ( ) Anoiteceu
b) ( ) Na noite de Natal
c) ( ) O sino da igreja repicava
d) ( ) Um rebanho de carneiros brancos
e) ( ) O pelo dos ferozes animais
f) ( ) Ao clarão da fogueira
g) ( ) O pastor seguiu o desconhecido
h) ( ) Aluno que não estuda
i) ( ) Viu que o pobre homem
j) ( ) Um círculo de anjos de asas muito brancas e de mais brilho que a prata
k) ( ) Todos cantavam

l) (   ) O lindo palácio do príncipe

n) (   ) O temível leão, rei dos animais

m) (   ) Simão, o macaco, e Bichano, o gato

2. Transforme em orações os trechos de oração do exercício 1.

Modelo: *Ouvíamos* o sino da igreja. — O sino da igreja *tocava*.

3. Numere as orações de acordo com sua classificação.

(1) declarativas afirmativas

(2) declarativas negativas

(3) interrogativas diretas

(4) interrogativas indiretas

(5) imperativas afirmativas

(6) imperativas negativas

a) (   ) Oscar não virá hoje.

b) (   ) A vaidade cega os homens.

c) (   ) Preste atenção.

d) (   ) O sábio poupa as palavras.

e) (   ) O diretor percorreu as salas.

f) (   ) Nunca pratiques o mal.

g) (   ) Nem podia escrever.

h) (   ) Deixe-me em paz!

i) (   ) Como se resolve a questão?

j) (   ) [Ignoro] como se resolve esta questão.

k) (   ) [Dize-me] com quem andavas ontem.

l) (   ) Com quem andavas ontem?

m) (   ) Passe-me a borracha, por favor.

n) (   ) [Veja] quem está batendo.

o) (   ) Que horas são?

p) (   ) [Veio saber] qual o horário da prova.

4. Encontre um substantivo que sirva de sujeito para cada verbo; não ponha vírgula entre sujeito e predicado:

a) O .... brilha.

b) Os .... voam.

c) A .... muge.

d) Chegou um ....

e) O .... passa.

f) Brilham as ....

g) Os .... instruem.

h) O .... alimenta.

i) O .... combate.

j) A .... refresca.

1. NOÇÕES ELEMENTARES DE SINTAXE

5. Procure um predicado para estes sujeitos, observando que entre um e outro não se usa vírgula:

a) Ninguém ....

b) Quem estuda ....

c) Cada um ....

d) Estes ....

e) Lindas borboletas amarelas ....

f) O trigo ....

g) Deus ....

h) O homem e a mulher ....

i) Nossa família ....

j) Um grande grupo de alunos ....

6. Na coluna da esquerda escreva os sujeitos, na da direita os predicados das frases:

Modelo: Chegou a primavera.

SUJEITO | PREDICADO

A primavera | chegou.

Eu rego as plantas. – A rosa e o cravo embelezam os jardins. – Caiu um raio sobre a árvore. – Caim matou Abel. – As abelhas fabricam o mel. – Está próximo o verão. – O homem do nosso tempo está conquistando o espaço. – Num mentiroso ninguém acredita. – Atracou o navio. – Do navio desembarcaram vários passageiros.

SUJEITO | PREDICADO

_____ | _____

_____ | _____

_____ | _____

_____ | _____

_____ | _____

_____ | _____

_____ | _____

_____ | _____

_____ | _____

_____ | _____

_____ | _____

7. Preencha com um adjetivo que sirva de adjunto aos substantivos grifados:

a) O *aluno* .... aprende.

b) Fizemos um .... *passeio* à .... *praia* de Copacabana.

c) O *ar* .... é mais puro que o da cidade.

d) Nosso livro contém *histórias* ....

e) Jesus nasceu numa .... *manjedoura*.

f) Numa .... *manhã* de maio, eu e minha .... *colega* Maria fomos colher .... *flores* .... no campo.

g) Não deves expor tua *pele* .... aos .... *raios* do sol de janeiro.

h) A penicilina é um *remédio* ....

8. Separe o predicado de cada oração e diga se o verbo que o forma é transitivo (1) ou intransitivo (2):

a) O tempo passa. _____ ( )

b) Deus criou o mundo em seis dias. _____ ( )

c) No sétimo dia Ele descansou. _____ ( )

d) O vento agitava a folhagem. _____ ( )

e) Ele aprecia música. _____ ( )

f) Todos escutavam atentamente. _____ ( )

g) Durante as férias, os dias correm. _____ ( )

h) Rezavam os fiéis. _____ ( )

i) Nossa escola precisa de professores. _____ ( )

j) Desabou violento temporal. _____ ( )

9. Descubra um substantivo ou pronome para objeto direto destas orações, e escreva-o para deixar a frase completa.

a) O caçador apanhou uma ....

b) A professora chamou-..

c) O cavalo come ....

d) O sol derreteu o ....

e) A lã .... protege contra o frio.

f) Admiro os .... de coragem.

g) As árvores balsâmicas purificam o ....

h) Os ingratos esquecem os .... recebidos.

i) As frutas, só .... como maduras.

j) O escultor modela ....

k) Fui à casa de Paulo, mas lá não havia ....

l) "Tudo .... une, nada .... separa."

m) O criminoso merece ....

n) Ama teus pais e respeita-...........................

o) O piloto conduz os ....

p) A contemplação da natureza alegra nosso ....

10. Com a preposição mais indicada, complete os objetos indiretos:

a) Gosto .... música.

b) Penso sempre .... você.

c) Cuide .... o que é seu.

d) Crê .... mim.

e) Peço .... Deus que me proteja.

f) Assisti .... um belo filme.

g) Aspiro .... uma boa colocação nos exames.

h) Sempre obedeço .... os mais velhos.

i) Tratemos .... nossos interesses.

j) Estamos precisando .... uma secretária.

11. Procure um substantivo ou pronome para objeto indireto destas orações e complete as lacunas:

a) Sempre cedo o lugar, nos ônibus, a ....

b) Aos .... compete estudar; aos .... ensinar.

c) Encontrei uma caneta e entreguei-a a seu ....

d) Ninguém duvida de .... sempre procedeste bem.

e) Peço-........................ que não esqueça minha encomenda.

f) A professora reuniu os alunos e recomendou-........................... toda a calma durante a prova; falou-........................... carinhosamente e todos .... agradeceram depois.

g) Aceite, meu padrinho, um abraço de quem muito .... quer.

12. Relacione os objetos diretos e os indiretos das orações abaixo:

Sempre que tiveres dúvidas, abre teu livro e consulta o dicionário.

Gonçalves Dias escreveu belos poemas.

Preciso de teu auxílio.

Escrevi uma carta a José.

Assisti ao programa de televisão.

O caçador perseguiu a caça e, após muita luta, conseguiu capturá-la.

No dia do seu aniversário, deram-lhe muitos presentes.

Amanhã lhe trarei o livro prometido.

Prometi um prêmio ao melhor aluno.

Confia em teus pais: eles só querem teu bem; estima-os e obedece-lhes sempre, que Deus te recompensará.

Perseguiram o ladrão e prenderam-no logo.

Estudava Português e só pensava nos exames.

OBJETO DIRETO | OBJETO INDIRETO

_____ | _____

_____ | _____

_____ | _____

_____ | _____

_____ | _____

_____ | _____

_____ | _____

_____ | _____

_____ | _____

_____ | _____

_____ | _____

_____ | _____

13. Encontre um sujeito para os predicativos grifados:

a) A .... é *doce*, mas o .... é *azedo*.

b) .... é um *planeta*.

c) As .... parecem *imóveis* no céu.

d) .... foi *nosso imperador*.

e) Somente .... é infinitamente *justo*.

f) .... é *carnívoro*.

g) A .... é *vagarosa*, mas .... é *ágil*.

h) As .... são *vermelhas*, porém .... são *verdes*.

i) .... estavam *atentos* à explicação da professora.

j) .... fica *mole* quando se expõe ao calor.

k) O .... está *nublado*.

14. Una o sujeito ao predicativo *grifado* com um verbo de ligação.

a) O doente .... *salvo*, graças aos cuidados do médico.

b) A preguiça .... *um vício*.

c) José .... *um índio*, vestido daquela maneira.

d) Todos .... *calados*, enquanto a diretora falava.

e) A professora .... *satisfeita* com o resultado dos exames.

f) A onda .... *espuma*, ao rebentar na praia.

g) Se tu .... sempre *honesto*, nunca te arrependerás.

h) O Secretário .... *presente* à cerimônia.

i) Ninguém .... *surpreendido* com o que lhe aconteceu.

j) Os melhores alunos .... *premiados*.

15. Complete as orações abaixo com um predicativo:

a) A mentira é ....

b) Permanecemos .... enquanto a diretora nos falava.

c) Ao quebrar-se junto à praia, a onda vira ....

d) Fiquei .... ao saber que íamos passar as férias em Friburgo.

e) Seu irmão, altíssimo, parecia um .... perto dele, tão baixinho.

f) O Sol é ....

g) O tempo não está ....; talvez chova.

16. Numere cada adjetivo grifado nas frases abaixo colocando (1) para adjunto adnominal e (2) para predicativo:

a) Casa *escura* ( ) não é *saudável* ( ).

b) O *lindo* ( ) lago *azul* ( ) é *profundíssimo* ( ).

c) O *velho* ( ) professor estava *surdo* ( ).

d) É *delicioso* ( ) um banho *frio* ( ) no riacho *tranquilo* ( ).

e) Aquele senhor *idoso* ( ) parece *cego* ( ).

f) Agradeço tua *gentil* ( ) lembrança.

g) O vento *impetuoso* ( ) derrubou o *velho* ( ) cajueiro.

h) Adorei o passeio *marítimo* ( ).

i) São muito *seguras* (   ), hoje em dia, as viagens *aéreas* (   ).

j) Enterraram *grossas* (   ) estacas no terreno *arenoso* (   ).

17. Escreva numa coluna os objetos diretos e em outra os predicativos das frases abaixo:

A água apaga o fogo.

O rebanho já está acostumado e conhece o seu pastor.

O doente parecia delirante e chamaram o médico.

É justo o mestre que louva os alunos estudiosos e castiga os preguiçosos.

Não fique admirado; apenas cumprimos nossa obrigação.

Fomos a São Paulo visitar a Exposição.

O pássaro estava solitário, mas logo encontrou um companheiro.

A professora ficou cansada de tanto explicar aquela lição.

A vaidade é funesta: cega os homens.

As más leituras são prejudiciais: evite-as.

OBJETO DIRETO | PREDICATIVO

_____ | _____

_____ | _____

_____ | _____

_____ | _____

_____ | _____

_____ | _____

_____ | _____

_____ | _____

_____ | _____

_____ | _____

18. Sublinhe os adjuntos adnominais das frases abaixo:

a) Deixava a dócil cavalgadura a rédeas soltas e fugia para dentro do meu íntimo.

b) O cajueiro pequenino era um lindo sonho querido de sua vida infantil.

c) O raio de sol envolveu a cerca toda num grande abraço.

d) Os verdadeiros moradores da praia eram as gaivotas e os trinta-réis de bonezinho preto na cabeça miúda.

e) Em dias calmos, as ondas vinham se espraiar sobre a areia, numa carícia preguiçosa, desdobrando larga renda de espuma branca em arabescos transparentes.

f) Seus filhos pequenos se assustaram, mas depois foram brincar nos galhos tombados.

19. Acrescente um ou mais adjuntos adverbiais a cada uma destas orações:

Modelo: A noite descia *vagarosamente | sobre a baía.*

a) Adormeceu.

_____

b) Começou o céu a colorir-se de nuvens.

_____

c) Resolveram armar as barracas.

_____

d) Zunia o vento.

_____

e) O tempo melhorou.

_____

f) Saímos todos.

_____

1. NOÇÕES ELEMENTARES DE SINTAXE

g) A formiga trabalha, enquanto a cigarra canta.

_____

h) O professor chegou.

_____

i) Não pude sair.

_____

20. Classifique os adjuntos adverbiais que utilizou no exercício 19.

Modelo: *vagarosamente*: adj. adv. de modo; *sobre a baía*: de lugar.

_____
_____
_____
_____
_____
_____
_____
_____

21. Escreva separadamente, numerando-a, cada oração da leitura nº 2, "Cromo XXXVI" e da 2ª quadra da leitura nº 8, "Canção do Exílio".

"Cromo XXXVI"

_____
_____
_____
_____
_____
_____

"Canção do Exílio"

22. Em cada frase, diga se os substantivos grifados são apostos (A) ou vocativos (V):

a) Meu pai, *amigo e companheiro* (   ), contava-me histórias.

b) *Meu pai* (   ), vamos passear?

c) *Criança* (   ), não verás nenhum país como este.

d) Pedro e João, *meus irmãos* (   ), são bons alunos.

e) A virtude, *meus irmãos* (   ), é um grande bem.

f) Bendita sejas, *bandeira do Brasil* (   ), *minha terra* (   ).

g) *Rapaz* (   ), toma juízo.

h) Conte uma história, *vovó* (   ).

i) *Tibicuera* (   ), qual é o maior bem da vida?

j) *Irmão Tomás* (   ), venha ver um boi voando!

k) Imagine, *leitor* (   ), a aflição do pobre Miranda, o *velho fazendeiro* (   ), com o filho doido — um *filho querido* (   ), *rapaz inteligentíssimo* (   ).

l) Ó *meus brinquedos* (   ), *companheiros de infância* (   ), que saudade sinto de vós!

m) Meu canto de morte, *guerreiros* (   ), ouvi.

n) Não duvidem, *meninos* (   ), eu vi.

o) Abençoado sejas, *Jesus* (   ), *Filho de Deus* (   ).

Exercícios de revisão

23. Indique a função sintática de todos os termos destas orações:

a) Meu pai nascera na roça.

b) O almoço corria sem problemas.

c) À sobremesa, lia-nos trechos variados.

d) Às vezes esquecia-se do tempo.

e) Ficávamos ansiosos.

f) Lá fora os companheiros esperavam-nos com impaciência.

g) A família, em noites de lua, ia à casa do Melo.

_____
_____
_____

h) Chegavam visitas.

_____
_____
_____

i) Papai levava a todos uma mensagem literária.

_____
_____
_____

j) O caçador apontava a arma: ouvia-se um tiro; a onça caía no chão.

_____
_____
_____

k) Todos permaneciam atentos.

_____
_____
_____

l) A gente adulta finalmente nos esquecia.

_____
_____
_____

m) Eu preferia o jogo de prendas às peças de piano.

_____
_____
_____

Para treinar mais — em seu caderno, continue indicando a *função sintática dos termos destas orações.*

a) "Sua memória está fraca hoje, Ciro." Sua idade ninguém sabia.

b) Luísa Velha era ainda muito esperta.

c) Sempre gostei das suas histórias.

d) Agradavam-lhe as histórias de onças.

24. Diga qual a função sintática destes termos que aparecem na leitura 14, "Lenda da Vitória-Régia":

a) *estranha* _____

b) *aquática* _____

c) *os índios* _____

d) *esta* _____

e) *lenda* _____

f) *guerreiro de prata* _____

g) *do céu* _____

h) *às vezes* _____

i) *sempre* _____

j) *longe* _____

k) *de prata* _____

l) *dentro dele* _____

m) *a imagem da lua* _____

n) *(chamando)-a* _____

o) *de amor* _____

p) *com desespero* _____

q) *para sempre* _____

r) *o corpo* _____

s) *essa* _____

t) *corola* _____

2
Fonética e fonologia

Linguagem falada e escrita / Fonemas e letras

["O elefante e as formigas", p. 299]

14. Na fábula que acabamos de ler, o autor nos conta a história de *O elefante e as formigas*. Para poder comunicar-nos a série de fatos que formam a narração, utiliza-se de palavras que, ordenadas entre si, constituem frases. Você já aprendeu também, e deve perceber isso facilmente, que as palavras são formadas de sílabas. Vamos agora procurar ensinar-lhe algo de novo: de que são constituídas as sílabas. Tiremos, para isso, algumas palavras das primeiras linhas do trecho que lemos, e que vão transcritas abaixo, na 1ª linha, e comparemo-las com as que figuram nas duas linhas de baixo:

tendo	fila	pedir	lados	não	mal
sendo	vila	Medir	Dados	Mão	maR
tenTo	fiRa				mEl

Repare que, mudando apenas um SOM (pronuncie as palavras em voz alta), que é figurado por uma LETRA, se obtêm palavras novas: *tendo – sendo, tendo – tento; vila, fila – fira; pedir – medir; lados – dados; não – mão; mal – mar, mal – mel*.

A sons como esses, que podem distinguir uma palavra
de outra, chamamos FONEMAS; um grupo de fonemas,
e às vezes um só fonema, formam as sílabas.

As letras – desenhos dos fonemas

15. Desde os tempos mais antigos, há muitos séculos, têm procurado os homens gravar por escrito — na rocha, na madeira, nos metais, em peles de animais, em folhas de certos vegetais especialmente preparadas, os "papiros" — as palavras da fala: convencionaram que tal som seria representado por determinado desenho, tal outro por um desenho diferente, até que se tivesse, numa série ordenada de desenhos, a representação por escrito de todo o conjunto de fonemas de uma dada língua — o ALFABETO.

2. FONÉTICA E FONOLOGIA

Os desenhos que representam os fonemas são as LETRAS; o conjunto das letras empregadas numa língua e dispostas numa ordem convencional constitui o ALFABETO ou ABECEDÁRIO.

O desenho que simboliza um som pode variar extraordinariamente segundo o país: assim, o som que no alfabeto português figuramos com o sinal *b* (ou *B*) tem este aspecto noutros alfabetos:

(1)   (2)   (3)   (4)   (5)

ˤ - ҄,҅ - ב - ب - B

(1) Egípcio hierático (2) Fenício (3) Hebraico (4) Árabe (5) Grego, latino

O alfabeto português compõe-se das seguintes 26 letras, que transcreveremos em caracteres minúsculos e maiúsculos, conhecidas pelos nomes que as seguem:

a A (á), b B (bê), c C (cê), d D (dê), e E (ê, é), f F (efe ou fê), g G (gê ou guê), h H (agá), i I (i), j J (jota ou ji), k K (ká), l L (ele ou lê), m M (eme ou mê), n N (ene ou nê), o O (ô, ó), p P (pê), q Q (quê), r R (erre ou rê), s S (esse), t T (tê), u U (u), v V (vê), x X (xis), w W (dáblio), y Y (ípsilon), z Z (zê).

As letras k, w e y utilizam-se apenas em abreviaturas internacionais e em palavras estrangeiras ou delas derivadas. Ex.: *km* (= quilômetro), *kg* (= quilograma), *watt* (nome de uma unidade de energia elétrica), *William*, *York*, *Wilson* etc. — OBS.: A letra *h* não corresponde a nenhum fonema; usa-se no início de certas palavras, simples ou compostas, ligadas por hífen, no fim de algumas interjeições, e nos dígrafos *ch*, *lh*, *nh*. Ex.: *hoje*, *homem*, *humano*, *sobre-humano*, *super-homem*, *ah!*, *oh!*, *chave*, *olhar*, *unha*.

[Leitura: *No país da gramática*, p. 258]

Não confunda nunca LETRA com FONEMA: este distingue palavras pelo ouvido; aquela é o desenho do som para os olhos.

Dígrafos

16. As 26 letras do nosso alfabeto são insuficientes para representar todos os fonemas da língua portuguesa. Daí a necessidade de se usarem certas combinações de letras (os 'dígrafos') ou certos sinais auxiliares (as 'notações léxicas'), para que se possam figurar, na escrita, todos os sons que distinguem palavras na linguagem falada.

Eis os DÍGRAFOS (combinações de duas letras que representam um só fonema) usados em português:

ch: representa o mesmo fonema que outras vezes é figurado pela letra *x*. Ex.: *chave, chuchu, ficha*. Compare: *xale, Exu, lixa*;

lh: representa um fonema que é uma modificação do que se transcreve pela letra *l*; não há, em nosso alfabeto, uma letra única para figurá-lo. Ex.: *filha* (compare com *fila*), *lhama* (compare com *lama*);

nh: representa um fonema que é uma alteração do que se figura pela letra *n*, não havendo, em nosso alfabeto, letra única para ele. Ex.: *ganha* (compare com *gana*), *sonho* (compare com *sono*);

gu: representa, antes de *e, i*, o mesmo fonema que se figura por *g* antes de *a, o, u*. Ex.: *guerra, preguiça* (compare: *gato, gola, gula*);

qu: representa, antes de *e, i*, o mesmo fonema que se transcreve por *c* antes de *a, o, u*. Ex.: *quebra, quilo* (compare: *cabra, cobra, cubra*);

OBS.: Repare que em palavras como *pague, queda, guia, aqui* etc., o *u* não representa nenhum fonema, pois não se pronuncia: apenas faz parte dos dígrafos *gu, qu*; já em *aguentar, linguiça, frequente, tranquilo, água*, o *u* vale por um fonema, uma vez que se pronuncia, e nestas palavras, portanto, *gu* e *qu* não são dígrafos.

rr e *ss*: entre vogais, representam os mesmos fonemas que se escrevem com *r* e *s* simples no início das palavras. Ex.: *arrastar* (compare *rastro*), *prorrogar* (compare *rogar*), *assaltar* (compare *saltar*), *pressentir* (compare *sentir*), *ressurgir* (compare *surgir*);

sc, sç, xc: entre vogais, podem representar o mesmo fonema que se transcreve também por *c* ou *ç*. Ex.: *florescer* (compare *resplandecer*), *abscesso* (compare *processo*), *floresçam* (compare *esqueçam*), *exceção* (compare *decepção*);

am, an, em, en, im, in, om, on, um, un: representam as vogais nasais. Ex.: *campo, canto*, (compare *lã, cão*), *tempo, lenço, limpo, lindo, fim, tombo, ponto, som* (compare *põe*), *chumbo, fundo, comum*.

Notações léxicas

17. Chamam-se NOTAÇÕES LÉXICAS certos sinais auxiliares da escrita que:

I. Atribuem às letras, **como sinais modificadores**, valor fonético diferente do que têm sem eles. Estão neste caso:

– o *til*, que, sobreposto às letras *a, o*, indica serem elas nasais. Ex.: *manhã, cão, põe, sermões*;

– a *cedilha*, que se coloca debaixo do *c*, antes de *a, o, u*, para lhe dar o valor de *s* inicial. Ex.: *maçã, aço, açude*;

> Note bem!: Antes de e ou *i* o c **nunca** tem cedilha!

As vogais se distinguem umas das outras pelo seu 'timbre'.
V. § 19

– o *acento agudo*, que, sobre e e o, indica terem eles timbre aberto. Ex.: *café, pérola, avó, próximo*;

– o *acento circunflexo*, que, sobre e e o, indica terem eles o timbre fechado. Ex.: *você, pêssego, avô, fôlego*;

II. Sem modificar o valor fonético das letras, se usam convencionalmente para tornar mais clara a língua escrita. Seu uso, atualmente, está regulado pelo Vocabulário Ortográfico da Academia Brasileira de Letras, de 2009. Estão neste caso:

– o mesmo *acento agudo*, que assinala, em certos casos, não timbre aberto, mas as vogais tônicas *a, i, u*. Ex.: *lágrima, pátria, fácil, cajá; tímido, difícil, caí; túmulo, fúria, fútil, baú*;

– o *acento grave*, que indica a crase da preposição *a* com o artigo *a, as*, e com os pronomes demonstrativos *a, as, aquele(s), aquela(s), aquilo*. Ex.: "*Chegando à cidade, fui àquela loja*";

– o *acento circunflexo*, que assinala *a, e, o* tônicos seguidos de *m* ou *n*. Ex.: *câmara, Vênus, cômoda*;

– o *apóstrofo*, que, nuns poucos casos, assinala a supressão de fonema, mais comumente vogal. Ex.: *galinha-d'água, 'tá* (em vez de *está*, quando se quer reproduzir a linguagem popular), *c'roa* (em vez de *coroa*, no verso, quando o poeta deixa de pronunciar o 1º o para obter uma sílaba de menos);

– o *hífen*, que se usa:

a) para unir:

• elementos de palavras compostas. Ex.: *guarda-chuva, bem-te-vi, meia-noite*;

• pronomes átonos a um verbo. Ex.: *pôr-se, levar-te-ei*;

b) para separar os vocábulos no fim da linha. Ex.: car-|ro, pas-|so, má-|-goa, gló-|ria, pa-|lavra ou pala-|vra etc.

FONEMAS DA LÍNGUA PORTUGUESA E SUA REPRESENTAÇÃO ESCRITA

Vogais

18. Os fonemas que se pronunciam livremente, ou seja, em que a corrente de ar que vem dos pulmões não é embaraçada na sua passagem, chamam-se VOGAIS. Verifique esse fato proferindo *a, é, ê, i, ó, ô, u*.

Vogais abertas e fechadas

19. As várias vogais se distinguem umas das outras pelo seu 'timbre', isto é, pela possibilidade de serem mais, ou menos, *abertas* ou *fechadas*. São abertas as vogais que se representam pelas letras *a*, *é*, *ó*; fechadas as que se representam por *ê*, *i*, *ô*, *u*; a mais aberta de todas é o *a*; as mais fechadas são *i* e *u*.

Vogais orais e nasais

20. Quando, ao produzirmos uma vogal, o ar ressoa somente na boca, diz-se que a vogal é ORAL: a, o; se ressoa também nas fossas nasais, a vogal produzida se chama NASAL: ã, õ.

As vogais nasais são todas fechadas em português.

Como se grafam as várias vogais em português

21. As vogais orais, que são sete, escrevem-se assim:

a (aberto): gAto, pArede, dirÁ, fÁcil, prÁtica, Almoço, jAcaré, fAcilmente, Àqueles;

e aberto: nEve, pErto, sEde, papEl, rÉgua, pÉ, pEzinho, rEguinha, bElamente;

e fechado: cEdo, nErvo, sEde, corrEr, cEdinho, pEso, pEsinho, cortEsmente;

i (fechado): Ilha, saIr, saída, lírio, lIriozinho, físico, fIsicamente;

o aberto: fOca, pOrta, avÓ, sOgra, sOzinho, Órfão, Orfãozinho;

o fechado: sOpa, pOrco, avÔ, sOgro, avOzinho, fÔlego, fOlegozinho;

u (fechado): pUlo, Uva, saúde, lúgubre, lUgubremente.

OBS.: Em sílaba átona, muitas vezes o timbre das vogais deixa de ser bastante claro para se notar a diferença entre abertas e fechadas, soando abafadas, ensurdecidas: chamam-se, então, REDUZIDAS. E nestas condições o *e* chega a confundir-se com o *i*, o *o* com o *u*; e o *a* soa menos aberto. Atente aos exemplos:

a reduzido: rosA, disserA, copAcabanA;

e reduzido: sedE, cérEbro, cócEga, passEar, antEdiluviano;

i reduzido: júrI, lápIs, medItar, prátIco, dIgladIar;

o reduzido: ladO, fOrmiga, engOlir, vemOs, fósfOrO;

u reduzido: VênUs, púrpUra, regUlar, lúgUbre.

22. Assim se escrevem as cinco vogais nasais:

ã (a nasal): manhã, maracanã, irmãzinha; tAmpa, lÂmpada, Ângulo, Anguloso;

ẽ (e nasal): tEmpo, sEndo, tÊmpora, pÊndulo, vEnder;

ĩ (i nasal): lImpo, lIndo, fIm, límpido, míngua, lImpidamente, lInguazinha;

õ (o nasal): cOMpra, cONta, tOM, cÔNsul, tÔMbola;

ũ (u nasal): algUM, chUMbo, fUNdo, cÚMplice hÚNgaro, cUMplicemente, hUNgarozinho.

OBS.: Uma vogal tônica soa nasalizada quando seguida de consoante nasal (*m*, *n*, *nh*); cAma, rEmo, lInho, frOnha, rUmo, pUnho.

Como se vê, não é uniforme a maneira de representar na escrita o mesmo fonema; a sua redobrada atenção, meu caro leitor, principalmente aos trechos de leitura, irá habituando-o a não cometer erros e a não sentir maiores embaraços na escrita.

Tome nota desde já:

Na língua portuguesa são as vogais que dão vida às sílabas: não há sílaba sem vogal, e em cada sílaba só pode haver uma vogal.

OBS.: A vogal acima referida pode aparecer como unidade fonética uma vez que na sílaba pode haver um ditongo (p.ex. AI, formado pelas *letras* A e I).

Consoantes

23. As vogais podem vir acompanhadas, nas sílabas, de um ou mais fonemas que se produzem com algum embaraço à corrente de ar, e que, não podendo pronunciar-se sozinhos, **soam com** as vogais, motivo por que recebem o nome de CONSOANTES.

Os fonemas consoantes, em nossa língua, são em número de 19; para alguns deles a escrita é variável, como se pode ver do quadro completo que a seguir damos:

p (pê) — escreve-se sempre *p*: pato, sapo;
b (bê) — escreve-se sempre *b*: bato, lobo;
t (tê) — escreve-se sempre *t*: tuas, teto;
d (dê) — escreve-se sempre *d*: duas, dedo;
f (fê) — escreve-se sempre *f*: faca, garfo;
v (vê) — escreve-se sempre *v*: vaca, cava;
m (mê) — escreve-se sempre *m*: mula, mato, cama;
n (nê) — escreve-se sempre *n*: nula, nato, cana, sono;
nh (nhê) — escreve-se sempre *nh*: nhambu, sonho;
l (lê) — escreve-se sempre *l*: luas, fila, mala;
lh (lhê) — escreve-se sempre *lh*: lhano, filha;
r (rê) — escreve-se sempre *r*: fira, caro, maré, atrás;
rr (rrê) — escreve-se: *r* (no início de vocábulo, depois de consoante, ou depois de vogal nasal): rato, guelra, honra; *rr* (entre vogais): carro, erra;

s (sê)	– escreve-se:	s: secas, valsa, astro;
		ss (entre vogais): passo, assar;
		ç: aço, onça, calçado;
		c: cedo, doce, dance, calcei;
		x: próximo, trouxe;
		sc: descer, crescido;
		sç: desça, cresço;
		xc: excesso, inexcedível;
z (zê)	– escreve-se:	z: zero, dizer, Elza;
		s: rosa, trânsito, obséquio;
		x: exame, êxito;
x (xê)	– escreve-se:	x: xícara, queixo, lixo;
		ch: chave, encher, rocha;
j (jê)	– escreve-se:	g: (antes de e, i): gente, giro;
		j: (em qualquer caso): já, jeito, jiló, João, Juca;
q (quê)	– escreve-se:	c (antes de a, o, u): cabra, cobra, cubra;
		qu (antes de e, i): quebra, quilha;
g (guê)	– escreve-se:	g (antes de a, o, u): gala, gola, gula;
		gu (antes de e, i): segue, segui.

OBS.: A letra *x* pode valer *xê* (*luxo*), *sê* (*trouxe*), *zê* (*exagero*), ou até dois fonemas (*qs*): *fixo*.

Semivogais / Ditongos

24. Dividindo em sílabas o vocábulo *ia* (do verbo *ir*), verificamos que é dissílabo: *i-a*, tendo cada sílaba a sua vogal (sem vogal não há sílaba), na primeira, a vogal *i*, na segunda, a vogal *a*.

Examinemos agora o vocábulo *iaiá*: pode-se dizer, sem hesitação, que é um dissílabo oxítono, com as duas sílabas praticamente iguais, *ia-iá*, e que em ambas a sua parte mais soante é o *a*, que é a sua vogal. E esse *i* que soa com a vogal *a*, na mesma sílaba, será também uma vogal? Não, porque se fosse formaria igualmente sua sílaba (onde há uma vogal há uma sílaba), como no vocábulo *ia*, que vimos acima. Será, então, uma consoante? Rigorosamente, sim, pois *soa com* a vogal; entretanto, como tem o som parecido com o da vogal *i*, é chamado SEMIVOGAL, e forma DITONGO com o *a*.

Neste outro vocábulo – *luar* – também temos duas sílabas, *lu-ar*, e em cada uma delas aparece, acompanhando a vogal indispensável, uma consoante, na primeira sílaba antes da vogal, na segunda depois.

Se perguntarmos quantas sílabas tem o vocábulo *qual*, a resposta será pronta: é um monossílabo. Ora, se tem apenas uma sílaba, terá somente uma vogal (só há **uma** vogal em cada sílaba), que nenhum estudante atento deixará de apontar: o *a*. Mas o *u* que aí aparece não representa igualmente uma vogal? Nem sempre: só quando é a parte mais soante da sílaba, como acontece na primeira sílaba de *luar*; no vocábulo *qual*, como soa com o *a*, é uma verdadeira consoante, mas recebe o nome de SEMIVOGAL por ter o som semelhante ao da vogal *u*, e forma um DITONGO com o *a*.

Outros exemplos:

Comparando as palavras *alarme* e *auto*, *força* e *foice*, verificamos que, em *auto* e *foice*, as letras *u* e *i* não estão com o valor de vogais, mas de consoantes, como o *l* e o *r* das outras duas palavras: são semivogais, ocorrendo aí os ditongos *au* e *oi*.

ENCONTROS VOCÁLICOS

25. Num vocábulo pode dar-se o encontro de:

1) vogal com vogal (*ia*, *luar*, *saída*, *saúde*, *roer*);
2) de semivogal e vogal (*iaiá*, *qual*);
3) de vogal e semivogal (*auto*, *foice*);
4) de semivogal, vogal e semivogal (*iguais*, *saguão*). A esses agrupamentos de vogais e semivogais se dá o nome de ENCONTROS VOCÁLICOS.

Ditongos

26. O encontro, sempre na mesma sílaba, de vogal + semivogal, ou de semivogal + vogal, recebe o nome de DITONGO: *au-la*, *ré-gua*, *cai-xa*, *na-cio-nal*.

Ditongos crescentes e decrescentes

27. Quando a vogal se ouve em primeiro lugar, o ditongo se diz DECRESCENTE: *sei*, *mau*; é, ao contrário, CRESCENTE o ditongo em que a vogal se pronuncia por último: *qua-tro*, *cá-rie*, *qua-se*, *fre-quên-cia*.

Ditongos orais e nasais

28. Assim como as vogais, podem os ditongos ser orais e nasais; ORAIS, quando são orais os seus fonemas: *boi*, *viu*; NASAIS, se os seus fonemas forem nasais: *mão*, *bem*, *muito*, *quan-to*.

Tritongos

29. Se uma vogal vem ao mesmo tempo precedida e seguida de semivogal, o encontro desses três fonemas numa mesma sílaba recebe o nome de TRITONGO: *Uruguai*, *saguão*; o do primeiro exemplo, em que só há fonemas orais, é ORAL; o do segundo, por conter fonemas nasais, é NASAL.

Como se escrevem as semivogais dos ditongos e tritongos

30. Nem sempre as semivogais dos ditongos se representam pelas letras *i* e *u*: ora aparecem escritas com *e* e *o* (mãe, mão), e nalguns casos nem se escrevem (na palavra *jogam*, por exemplo, o ditongo nasal, que é o mesmo que se grafa ão na palavra *órgão*, representa-se por *am*). É de toda a conveniência, portanto, conhecer a ortografia dos ditongos e tritongos:

DITONGOS ORAIS DECRESCENTES	COMO SE ESCREVEM
ai	p*ai*, b*ai*le, C*ae*tano
au	m*au*, Nicol*au*, *ao*, c*ao*s
éi	pap*éi*s, pap*ei*zinhos
ei	s*ei*s, r*ei*
éu	chap*éu*, chap*eu*zinho, L*eo*
eu	com*eu*, r*eu*matismo
iu	sorr*iu*, ab*iu*
ói	her*ói*, ap*oi*o (v.)
oi	f*oi*, ap*oi*o (subst.)
ou	and*ou*, l*ou*sa
ui	distrib*ui*, az*ui*s, acent*ue*

DITONGOS NASAIS DECRESCENTES	COMO SE ESCREVEM
ãi	m*ãe*, c*ãi*bra
ãu	ch*ão*, sót*ão*, olh*am*
ẽi	b*em*, algu*ém*, vint*en*zinho, faz*em*
õi	ladr*ões*, le*õe*zinhos
ũi	m*ui*, m*ui*to, m*ui*tíssimo

Observe que não se assinala de nenhum modo, na escrita, a nasalidade do ditongo nasal *ui*.

TRITONGOS ORAIS	TRITONGOS NASAIS
uai: G*uai*curu, ig*uai*s	uãu: sag*uão*, míng*uam*
uei: averig*uei*	uõi: sag*uões*
uiu: redarg*uiu*	uei: míng*uem*

Hiatos

31. Quando, num vocábulo, se encontram juntas duas vogais ou semivogais, uma terminando uma sílaba, outra começando a sílaba seguinte, estamos em presença de um *hiato*: Sa | ara, sa | ir, ca | í |a, pre | encher, re | al, pi | ada, qui | eto, bri | oso, co | ar, co | elho, Co | imbra, lu | ar, su | or, ru | im, ia | iá, Bocai | uva etc.

OBS.: Também se podem pronunciar como hiatos, em sílaba átona final, os encontros vocálicos *ia, ie, io, ua, ue, uo, oa*, que mais frequentemente são ditongos crescentes. Ex.: *sé-rie* (ditongo crescente se for dissílabo), *sé-ri-e* (hiato se for trissílabo), *nó-doa* (ditongo), *nó-do-a* (hiato) etc.

Observe, porém, que, na partição de fim de linha, não se separam estes encontros: sé | rie, nó | doa etc.

---

32. Também as consoantes podem achar-se agrupadas nos vocábulos, formando os ENCONTROS CONSONANTAIS, de que há dois tipos diferentes:

– Aqueles formados de consoante seguida de *l* ou *r*, que em geral são inseparáveis, constituindo os GRUPOS REAIS; quase todos aparecem tanto no início como no interior dos vocábulos:

bl.: *bloco, rublo*   *gl.*: *glutão, sigla*
br.: *braço, rubro*   *gr.*: *gruta, regra*
cl.: *claro, tecla*   *pl.*: *plano, duplo*
cr.: *cravo, lucro*   *pr.*: *prosa, sopro*
dr.: *droga, vidro*   *tl.*: *atlas*
fl.: *floco, inflar*   *tr.*: *tropa, atrás*
fr.: *frase, cifrão*   *vr.*: *palavra*

São os mais frequentes em nossa língua; em raras palavras compostas alguns deles são separáveis: *sublocar, sublunar, sub-rogar* e poucas mais.

– Os que se constituem de outras consoantes agrupadas entre si (ou combinadas com os grupos reais acima enumerados), e que raramente iniciam vocábulos: como não formam grupos reais, quando no meio de vocábulo, são separáveis, isto é, cada consoante pertence a uma sílaba: *es-pec-ta-dor, pneu, ap-to, rit-mo, as-tro, infec-ção, cons-truir, relap-so, egíp-cio* etc.

OBS.: Repare que em palavras como *onda, campo* não existem encontros de consoantes: o *m* e o *n* são apenas sinais de nasalidade de vogal anterior, funcionando como um til (õda, cãpo) e com ela formando um dígrafo.

Não existem grupos consonantais em palavras como *ro*CH*a, mo*LH*o, vi*NH*o, ca*RR*o, pa*SS*o*: as letras destacadas são dígrafos, ou seja, grupos de duas letras que valem por apenas um som.

Sílaba

33. Quando se pronuncia um vocábulo como *alemão*, por exemplo, sente-se que o fazemos em três jatos, por assim dizer: *a, le, mão*; chamam-se

SÍLABAS essas unidades de sons de que se formam os vocábulos, e que se pronunciam numa só emissão de voz ou expiração.

As sílabas são formadas de fonemas, havendo obrigatoriamente, em português, uma vogal, **e só uma**, em cada sílaba, como elemento mais soante. Assim, em *alemão*, a 1ª sílaba se forma exclusivamente da vogal *a*, a 2ª tem a consoante *l* apoiada na vogal e, e a 3ª tem a vogal *ã*, precedida da consoante *m* e seguida da semivogal *u* (escrita o).

Há sílabas formadas só de vogal (*há, é, um*), só de ditongo (*hei, ao, ui!*), só de tritongo (*uai!*), e da combinação de consoantes e encontros consonantais com vogais, ditongos e tritongos (*má, pé, ar, uns, sei, vou, mão, quais, mons-tro, abs-tê-mio, ai-a, e-gíp-cio, pneu* etc.).

Classificação dos vocábulos quanto ao número de sílabas

34. Conforme o seu número de sílabas, classificam-se os vocábulos em:

MONOSSÍLABOS (formados de uma só sílaba): *a, é, eu, um, me, tu, mãe, dois, três, flor, mal, Deus, pões* etc.;

DISSÍLABOS (formados de duas sílabas): *vi-da, a-mor, car-ro, ru-im, rit-mo, lu-a, Bra-sil, lín-gua, fa-rol, he-rói* etc.

TRISSÍLABOS (formados de três sílabas): *a-lu-no, re-da-ção, lá-gri-ma, pês-se-go*;

POLISSÍLABOS (de mais de três sílabas): *es-tu-dan-te, re-vo-lu-ção, a-rit--mé-ti-ca* etc.

Partição dos vocábulos no fim da linha

35. Quando não sobra espaço no fim da linha para escrever toda uma palavra, pode-se dividi-la em duas partes, usando-se para isso o *hífen*. Esta separação quase sempre obedece à silabação, sendo, em princípio, inseparáveis os elementos de cada sílaba. Mas, como se trata de uma divisão gráfica, de letras, esse princípio não é rigorosamente observado, nalguns casos. É o *Vocabulário Ortográfico* da Academia Brasileira de Letras, aprovado por lei federal, que estabelece (V. regra XV, 47-48) as normas de partição dos vocábulos, que a seguir resumimos:

I. NÃO SE SEPARAM:

– As letras que representam as vogais e semivogais dos ditongos e tritongos: *i-guais, a-guen-tar, lin-gui-ça, mei-os, joi-a, i-dei-a, ca-iu*.

OBS.: Incluem-se nesta regra os encontros vocálicos *ia, ie, io, oa, ua, ue, uo,* quando átonos finais: *gló-ria, sé-rie, rá-dio, má-goa, ré-guas, tê-nues, ár--duo*.

– As letras componentes dos dígrafos *ch*, *lh*, *nh*, *gu*, *qu*, *am*, *an*, *em*, *en*, *im*, *in*, *om*, *on*, *um*, *un*, e dos grupos consonantais reais ou que iniciam o vocábulo: *fi-cha*, *fo-lha*, *ra-i-nha*, *co-quei-ro*, *am-plo*, *co-bra*, *a-tlas*, *chum-bo*, *pran-cha*, *pneu*, *psiu!*, *mne-mô-ni-co*.[1]

– O *x* da vogal que o segue: *li-xo*, *fi-xo*, *e-xa-me*.

II. SEPARAM-SE:

– As letras que indicam vogais e semivogais em hiato: *sa-í-da*, *bi-om-bo*, *Sa-a-ra*, *cai-ais*;

– As letras dobradas *rr*, *ss*, *cc*, *cç*: *cor-rer*, *pas-sar*, *fric-ção*, *fric-cio-nar*;

– As letras dos dígrafos *sc*, *sç*, *xc*: *abs-ces-so*, *ex-ce-ção*, *des-ça*;

– As letras que representam as consoantes de encontros não articulados: *sub-lo-car*, *ab-di-car*, *rap-to*, *rit-mo*, *re-cep-ção*, *mag-ne-tis-mo*;

– O *s*, da consoante ou grupo consonantal que o seguem: *pers-picaz*, *subs-cre-ver*, *abs-tra-to*, *abs-tê-mio*.

NOTA: Se o vocábulo é composto (ou combinado com pronome) com hífen e coincidir o fim da linha com o lugar onde está o hífen, separa-se aí mesmo, podendo repetir-se, neste caso, por clareza, o hífen no início da linha seguinte. Ex.: *ante-sala*: ante-|-sala; *falei-lhe*: falei-|-lhe.

Como se pode ver destas regras e exemplos, a divisão das palavras em fim de linha se faz quase sempre pela silabação, excetuados os casos de *rr*, *ss*, *sc*, *sç* e *xc*, e o curioso caso da letra *x*, quando tem o valor de *qs*, como no vocábulo *fixo*, cuja silabação é *fiq-so*, mas que somos obrigados a partir *fi-xo*.

OBS.: Aconselhamos que evitem, embora não seja erro, escrever uma letra isolada no princípio ou no fim da linha; não se devem, portanto, partir vocábulos como *aí*, *caí*, *ida*, *ilha*, *água*, *rua*, *fio*, *igual* etc.

Palavra e vocábulo

36. O aluno atento há de ter observado que, em nossas lições, temos empregado ora o termo *palavra*, ora *vocábulo*. Há diferença entre ambos? Sim, existe: usa-se *vocábulo* quando não se leva em conta a significação, interessando apenas saber os fonemas e sílabas que o formam, a localização do acento tônico. Ex.: "*Charrua* é um VOCÁBULO trissílabo paroxítono, formado das sílabas *cha*, *rru* e *a*, a 1ª e a 3ª átonas, a 2ª tônica; na 1ª o fonema *xê* é representado pelo dígrafo *ch*, na 2ª há outro dígrafo, *rr*; há hiato da 2ª para a 3ª sílaba (*u-a*); a 3ª sílaba é constituída só de uma vogal etc." — Veja que não nos interessou saber a que classe de palavra pertence o termo, nem a sua significação; se isso passar a preocupar-nos, diremos: "A PALAVRA *charrua* é um substantivo comum, concreto, primitivo, simples, feminino, sin-

---

[1] Consultar um dicionário para a significação das palavras que desconheçam (www.aulete.com.br).

gular, que se aplica a um grande arado de ferro, com certas características etc."

Na linguagem corrente, entretanto, não se distingue com rigor o emprego dos dois termos, e aqui mesmo terei usado um pelo outro.

O acento tônico

37. Entre as sílabas de um vocábulo **de duas ou mais sílabas**, há sempre uma pronunciada com mais força: *caderno*, *português*, *página*. Essa maior intensidade de enunciação é o ACENTO TÔNICO, ou simplesmente ACENTO, e a sílaba em que ele recai é a SÍLABA TÔNICA. As outras sílabas do vocábulo, proferidas com menos força, ou são ÁTONAS (as mais fracas), ou SUBTÔNICAS, que se destacam por um acento secundário. As sílabas subtônicas aparecem mais comumente em palavras derivadas. Assim, no vocábulo *pérfida*, a 1ª sílaba é tônica, as demais são átonas; em *perfidamente* a sílaba tônica é *men*, a 1ª, *per*, é subtônica e as outras são átonas. O esquema a seguir esclarece melhor o que dissemos:

Per – fi – da – men – te

SUBTÔNICA | ÁTONA | ÁTONA | TÔNICA | ÁTONA

Classificação dos vocábulos quanto à localização da sílaba tônica

38. Conforme a ordem em que neles se localiza a sílaba tônica, os vocábulos de duas ou mais sílabas classificam-se em:

OXÍTONOS, em que a sílaba tônica é a última: *sabiá*, *avó*, *aqui*, *Brasil*, *professor*;

PAROXÍTONOS, em que a sílaba tônica é a penúltima: *sabia*, *escola*, *fazem*;

PROPAROXÍTONOS, em que a sílaba tônica é a antepenúltima: *pássaro*, *íamos*.

OBS.: Vocábulos como *sábia*, *nódoa*, *vário* tanto podem classificar-se como paroxítonos (na pronúncia mais comum) quanto como proparoxítonos, dependendo de considerarmos os encontros vocálicos finais como ditongos ou hiatos. — Podemos chamá-los PROPAROXÍTONOS OCASIONAIS.

Monossílabos átonos e tônicos. Dissílabos átonos

39. Há monossílabos sem acento tônico, pronunciados tão fracamente, que, na frase, precisam apoiar-se noutro vocábulo vizinho que possua acento: são os monossílabos átonos. Ex.: *"Traga-me | o livro | de João."*

São sempre monossílabos átonos:

o artigo definido (*o, a, os, as*);

o artigo indefinido *um*;

as preposições *a, de, em, por, sem, com*;

o pronome relativo *que*;

as conjunções *e, nem, mas, que, se*;

as combinações de preposição e artigo (*do, na* etc.);

os pronomes pessoais oblíquos que não podem vir com preposição (*me, te, se, lhe, nos, vos*);

e raras palavras mais.

Os monossílabos que possuem acento próprio, e não precisam, por isso, apoiar-se noutro vocábulo, são os monossílabos tônicos. Ex.: *lá, más, há, vê, vês, vez, vós, ti, si, tu, mim, pôr, flor, dor, sei, vou, mão, mal, fel, quê* (substantivo) etc.

OBS.: Há raríssimos dissílabos que, por virem sempre apoiados na palavra seguinte, se consideram átonos; tais são: o artigo indefinido *uma, umas*; a preposição *para*; as contrações *pelo, pela, pelos, pelas* e a conjunção *porque*.

Exercícios

1. Diante de cada vogal escreva sua classificação, de acordo com os itens numerados abaixo:

(1) vogal fechada;
(2) vogal aberta;
(3) a mais aberta das vogais;
(4) uma das duas vogais mais fechadas.

a ( )   é ( )   ê ( )   i ( )   ó ( )   ô ( )   u ( )

2. Reescreva as palavras abaixo, completando-as com a letra que forma dígrafos: (§ 16)

a) fol……a

b) pas……eio

c) l……mpada

d) ……have

e) o……har

f) ……uiseste

g) gan……ar

h) preg……iça

i) porq……e

j) a.......rasar

k) com.......m

l) lí.......gua

m) ca.......po

n) ca.......to

o) pa.......so

p) de.......ça

q) progres.......o

r) ex.......eder

s) g.......er.......a

t) fize.......se

u) bic.......o

3. Empregue, nos vocábulos em que estejam faltando, as notações léxicas modificadoras (§ 17, I) que sejam necessárias: [Repare como elas alteram o valor fonético das letras.]

a) O acougue vendia file por preco que eu nao podia pagar.

b) Aguentei calado os sermoes de meu avo, que tinha razao de sobra.

c) Ofereca a seu irmao o picole que sua avo lhe deu.

d) macã - cafe - voce - Jose - Ines - tres.

4. Reescreva os vocábulos abaixo, neles utilizando os acentos de sílaba tônica: [Repare que, nestes vocábulos, eles não são modificadores do valor habitual das letras.]

a) varios _____

b) lucido _____

c) Venus _____

d) comoda _____

e) unico _____

f) timido _____

g) lampada _____

h) rigido _____

5. Nas palavras e expressões abaixo estão faltando várias notações léxicas auxiliares não modificadoras do valor das letras; use-as:

a) guarda roupa _____

b) falei lhe _____

c) frango d água _____

d) Joaquim d Almeida _____

6. Adiante de cada vocábulo escreva o valor fonético das letras grifadas (§ 23):

Modelo: asa = zê; léxico = cs (ou qs);

a) trouxe = _____

b) luxo = _____

c) exame = _____

d) passar = _____

e) obséquio = _____

f) cedo = _____

g) acrescentar = _____

h) bexiga = _____

i) flexão = _____

j) cresça = _____

k) exceder = _____

e) fixo = _____

m) trânsito = _____

n) gente = _____

o) dança = _____

p) coser = _____

q) flecha = _____

r) auxiliar = _____

7. Separe os vocábulos que contêm dígrafos (§ 16) e os que possuem encontros consonantais (§ 32):

velho – rocha – clero – manhã – guerra – cobra – ficção – sessão – ritmo – convicto – fixo – ralhar – aspecto – advogado – pneumático

DÍGRAFO:

_____

_____

ENCONTRO CONSONANTAL:

_____

_____

8. Divida em sílabas os vocábulos do exercício 7.

_____

_____

_____

9. Complete convenientemente:

a) As vogais orais fechadas são quatro: ê, ..., ..., ...

b) Um fonema é .... quando o ar ressoa somente na boca.

c) Quando assobiamos produzimos sons, mas não fonemas, porque os sons do assobio, ao contrário dos sons fonemas, não .... uma palavra de outra (§ 14).

d) Em nossa ortografia, o til só se costuma usar sobre as letras .... e ....

e) Nunca se usa ç antes de .... ou ....

f) Em nossa língua não há sílaba sem ...., e só pode haver uma .... em cada sílaba.

g) .... é o único ditongo nasal cuja nasalidade não se assinala na escrita.

10. Escreva, adiante de cada vocábulo, as letras que representam ditongos, esclarecendo se estes são crescentes ou decrescentes, orais ou nasais:

Modelo: *igual* – au, crescente, oral.

a) cheguei _____

b) leais _____

c) frequente _____

d) órgão _____

e) choram _____

f) gratuito _____

g) fazem _____

h) muito _____

i) glutão _____

j) apoio _____

11. Todos os vocábulos abaixo devem ser considerados dissílabos.

Lembrando-se disso, assinale, conforme o modelo, as letras que representam os encontros vocálicos (§§ 25 a 31) que se ouvem:

Modelo: *Caim* – hiato: *a-im*; *iaiá* – ditongo crescente: *ia, iá*; *voei* – hiato: *o-e*; ditongo decrescente: *ei*.

a) suor _____

b) mágoa _____

c) ioiô _____

d) suou _____

e) ruim _____

f) vaiei _____

g) iguais _____

h) luar _____

i) cárie _____

j) voam _____

12. Em três destes vocábulos, as letras destacadas não correspondem a encontros vocálicos, mas fazem parte de dígrafos; assinale os dígrafos e os encontros vocálicos, conforme o modelo:

Modelo: *Miguel* – o u faz parte do dígrafo *gu*; *frequente* – ditongo crescente nasal.

a) tranquilo _____

b) quilo _____

c) quase _____

d) pegue _____

e) igual _____

f) guia _____

13. Agrupe os vocábulos abaixo em: monossílabos, dissílabos e trissílabos:

iguais – reis – quais – ioiô – urutau – fiou – aia – qualquer – caixão – régua – tesoura – peixe – ferreiro – pneu – ritmo – cruéis – aquário – quão – flor – jiboia – Uruguai – praia – caiu.

MONOSSÍLABO

_____

_____

DISSÍLABO

_____

_____

TRISSÍLABO

_____

_____

14. Faça a divisão silábica dos vocábulos do exercício anterior.

15. Dê as duas classificações corretas, quanto ao número de sílabas e acento tônico, que admitem estes vocábulos (V. § 31, OBS.):

a) pátria _____

b) série _____

c) árduo _____

d) planície _____

e) história _____

16. Marque os vocábulos que têm a vogal tônica aberta (A) e os que a têm fechada (F):

a) nozes   (   )   e) desejo   (   )   i) mulher   (   )

b) povo   (   )   f) invejo   (   )   j) posso   (   )

c) povos   (   )   g) espelham   (   )   k) poço   (   )

d) marotos   (   )   h) aconchego-me   (   )   l) [eu] fecho   (   )

17. Separe estes vocábulos, como se estivessem em fim de linha, fazendo todas as partições admissíveis:

Modelo: *subscrever* — subs-|crever, subscre-|ver.

               saída — sa-|ída, saí-|da.

a) astro _____

b) apoiais _____

c) enxaguei _____

d) quaisquer _____

e) joias _____

f) ritmo _____

g) abscesso _____

h) egípcio _____

i) sublocar _____

j) optar _____

k) dispneia _____

l) Ptolomeu _____

m) abstrair _____

n) moinho _____

o) saindo _____

p) adepto _____

q) bisavô _____

r) pneumático _____

18. Liste os vocábulos destas frases ou expressões, conforme sejam:

1) monossílabos tônicos   3) dissílabos átonos   5) paroxítonos
2) monossílabos átonos   4) oxítonos   6) proparoxítonos

a) Chega-te mais ao pé da luz.

b) A sala de visitas é muito clara.

c) Quando para o ônibus para descermos, sou o último a apear-me.

d) Esta luz está incomodando-me.

e) Dê-me a flor que você me prometeu.

f) Procuro saber o porquê das coisas porque quero aprender.

g) Era uma vez uma princesa.

h) O voto que decidiu a sorte do réu foi o seu.

i) Seu olhar tem um quê que seduz.

j) A igreja da Sé se acha em obras.

1) monossílabos tônicos _____

2) monossílabos átonos _____

3) dissílabos átonos _____

4) oxítonos _____

5) paroxítonos _____

6) proparoxítonos _____

19. Marque as colunas com os proparoxítonos permanentes (1), com os ocasionais (2) e os demais vocábulos (3) (§ 38; OBS.):

a) ( ) fácil   g) ( ) úbere   m) ( ) indigno   s) ( ) sacrílego
b) ( ) límpido   h) ( ) caráter   n) ( ) cárie   t) ( ) pátio
c) ( ) istmo   i) ( ) caíamos   o) ( ) ritmo   u) ( ) fizéssemos
d) ( ) fôssemos   j) ( ) tênue   p) ( ) caracteres v) ( ) fazíeis
e) ( ) prefácio   k) ( ) intérprete q) ( ) vocábulo
f) ( ) íngreme   l) ( ) repórter   r) ( ) mágoa

20. Indique os vocábulos oxítonos, paroxítonos e proparoxítonos: (Atente para a sua acentuação gráfica!)

avaro - bávaro - batavo - cátedra - crisântemo - década - êxodo - grácil - hieróglifo - ibero - inaudito - maquinaria - Madagascar - pântano - pegadas (subst.) - pênsil - protótipo - pudico - quadrúmano - rubrica - têxtil - fluido.

OBS.: Procure no dicionário o significado das palavras que você desconhece.

OXÍTONO

_____
_____
_____

PAROXÍTONO

_____
_____
_____

PROPAROXÍTONO

_____
_____
_____

21. O mesmo que o anterior:

Gibraltar – refém – Niágara – cartomancia – perito – sutil – harém – barbaria – barbárie – mercancia – erudito – estratégia – filantropo – circuito – gratuito – aerólito – gárrulo – bólide – espécime – horóscopo – sátrapa – zéfiro – zênite.

OXÍTONO

_____
_____
_____

PAROXÍTONO

_____
_____
_____

PROPAROXÍTONO

_____
_____
_____

OBS.: Hoje em dia, pela força do uso, já se vão aceitando as prosódias aero*li*to, aza*fa*ma, crisa*ne*mo, hiero*gli*fo, quadru*ma*no. Mas o Vocabulário Oficial ainda registra esses vocábulos como proparoxítonos. É injustificável pronunciar *Madagascar* como paroxítono, como recomendam alguns autores.

3

Regras essenciais de ortografia

40. Acentuação

1) Os PROPAROXÍTONOS recebem acento na letra que figura a vogal tônica. Incluem-se nesta regra os vocábulos terminados nos encontros vocálicos que se costumam pronunciar como ditongos crescentes (V. § 31, OBS.):

árvore, mágoa, vários, ficássemos, âmago, aeronáutica; péssimo, sério, éramos, viéssemos, pêssego, prêmio, pêndulo, devêssemos; veículo, lírio, sentíssemos, límpido; cócegas, óleo, fôlego, vômito, insônia, fôramos; úbere, murmúrio, túmulo, túnica, púnhamos.

2) Também recebem acento na letra que representa a vogal tônica os PAROXÍTONOS terminados em:

-i, -is, -us: *júri, lápis, íris, Clóvis, tênis, bônus, Vênus;*

-l, -n, -r, -x, -ps: *fácil, amável, estéril, difícil, Aníbal, dócil, cônsul, útil, Setúbal;* hífen (pl. *hifens* — V. regra 5), *Nélson, Mílton, pólen; mártir, câncer, éter, açúcar, César, Bolívar; fênix, látex, sílex, Félix; bíceps;*

-ã, -ãs, -ão, -ãos: *ímã, órfã, órfãs, órgão, órgãos, Cristóvão, Estêvão, bênção, bênçãos.*

3) Recebem acento agudo no *e* tônico todos os OXÍTONOS que finalizam por *-em, -ens*:

alguém, além, também, armazém, armazéns, Belém, porém (conj.), *refém, reféns,* você *mantém,* ele *obtém,* isso *obtém-se, obténs,* ela *provém.*

OBS.: As formas de 3ª pessoa do plural de *ter, vir* e seus compostos, para se distinguirem da 3ª pessoa do singular, recebem acento circunflexo: eles *obtêm,* elas *provêm,* vocês *mantêm,* estas coisas não *convêm; tem — têm, vem — vêm.*

Pelo Novo Acordo Ortográfico perderam o acento circunflexo as formas de 3ª pessoa do plural dos verbos *dar, ler, crer, ver* (e seus compostos): *deem, leem, creem, veem, releem, descreem* etc.

4) Acentuam-se todos os OXÍTONOS terminados em *-a, -as, -e, -es, -o, -os: preá, atrás, Goiás, Tomás, rapé, através, você, relês, cipó, Queirós, avô, compôs.*

OBS.: Incluem-se nesta regra as formas verbais oxítonas terminadas em *-a, -e, -o,* e unidas por hífen às formas *lo, la, los, las,* do pronome de 3ª pessoa: *estudá-la, contá-las, recebê-la, movê-lo-ei, repô-la.*

5) Não recebem nenhum acento os PAROXÍTONOS terminados em *-em, -ens*:

jovem, jovens, provem (v. *provar*), *Rubem, Rubens, nuvem, nuvens, hifens, item, itens, porem* (v. *pôr*).

6) Não recebem acento as terminações *-oa, -oe, -ua, -uo*:

voa, abençoa, perdoa, coroa, canoa, lagoa, Lisboa, pessoa, broa, ressoa, magoa, magoas, magoam (v. *magoar*); *abençoe, perdoe, perdoem, perdoes, abotoe, magoe, magoem; continua, continuas, continuam, acentuam, averigua; continuo, averiguo, arguo*.

OBS.: Pelo novo Acordo Ortográfico não mais se acentua o o tônico do hiato final *-oo: voo, voos, abençoo, perdoo, magoo, enjoo*.

7) Por ser exatamente igual, na pronúncia, à forma do presente do indicativo, não se acentua nenhuma forma de 1ª pessoa do plural do pretérito perfeito do indicativo da 1ª conjugação.

Ex.: *FicAmos* em casa ontem. *AndAmos* muito esta manhã. Como ele tinha vindo cedo, quando *chegAmos* já o *encontrAmos*.

8) Não se acentuam os vocábulos PAROXÍTONOS a cuja vogal tônica se segue encontro consonantal:

rapto, adepto, aspecto, ritmo, digno, maligno, enigma, resigno-me, indigno-me.

9) Marcam-se com acento agudo o *i* e o *u* TÔNICOS em hiato com vogal anterior, sempre que formam sílaba isolados, ou quando são seguidos de *s*:

ca | í | a	he | ro | í | na	u | ís | que	ba | la | ús | tre
sa | í | da	fa | ís | ca	san | du | í | che	a | ça | í
sa | í | mos	Lu | ís	mi | ú | do	ca | í
ju | í | zo	Lu | í | sa	sa | ú | de	ba | ú
ra | í | zes	pa | í | ses	re | ú | ne	Gra | ja | ú
ru | í | na	sa | ís | se	Ara | ú | jo	a | tra | í | -lo

OBS.: No entanto, pelo novo Acordo Ortográfico, não se acentuam o *i* e o *u* tônicos em vocábulos paroxítonos em hiato quando antecedidos por ditongo decrescente: *fei | u | ra, Sau | i | pe*. Mas *gua | í | ba* (ditongo crescente).

OBS.: a) Nunca se acentua o *i* seguido de *nh*: *bainha, moinho, fuinha*.

b) Em sílaba ÁTONA o *i* e o *u* não se acentuam: *caiçara, sairemos, ajuizado, faiscar, balaustrada*.

10) Não se acentuam, pelo contrário, os hiatos em que o *i* e o *u* vêm acompanhados de alguma letra na mesma sílaba:

ca | ir, ca | in | do, ca | ir | mos, ju | iz, ra | iz, Ra | ul, ru | im, a | men | do | im.

11) Não se acentuam os OXÍTONOS terminados em *i* e *u* que não estejam em hiato (seguidos ou não de *s*):

guarani, jabuti, Paris, Dinis, fugi, consenti, recebi;

tatu, chuchu, Bangu, obus, compus.

OBS.: Incluem-se nesta regra as formas verbais oxítonas terminadas em *i* e *u* (não em hiato), seguidos de *lo, la, los, las*: *ouvi*-lo, *senti*-las, *condu*-lo (= *conduz* + o) etc.

12) Em vocábulos oxítonos levam acento agudo as vogais tônicas abertas dos ditongos, *éi, éu, ói*:

anéis, fiéis, céu, réu, ao léu, constrói;

OBS.: Pelo novo Acordo Ortográfico, as vogais tônicas abertas dos ditongos *ei* e *oi* não levam acento agudo nas palavras paroxítonas: *ideia, europeia, epopeia, proteico, heroico, joia, apoia.*

13) Escreve-se sem acento, nos paroxítonos e oxítonos, a vogal tônica dos ditongos *ei* (e fechado), *eu* (e fechado), *oi* (o fechado), *ou, iu, ui, ai, au*:

lei, leia, Orfeu, leu, foi, apoio (subst.), *touca, atraiu, caiu, inclui, gratuito, circuito, fluido, jandaia, arcaico, judaico, mosaico, Manaus, grau, Nicolau, fauna.*

14) Pelo novo Acordo Ortogáfico não mais recebe acento agudo o *u* tônico dos grupos de letras *gue, gui, que, qui*:

argui, arguis, averigue, averigues.

OBS.: Da mesma forma não recebe acento nos grupos *gua, guo*: *arguo, argua, averiguo, averiguas* etc.

Admitem-se as formas alternativas *averíguo, averíguas, águo* etc.

15) O novo Acordo Ortográfico aboliu o uso do trema no *u* que representa a semivogal no ditongo crescente dos grupos de letras *gue, gui, que* e *qui*: *aguentar, linguiça, sequência, tranquilo* etc.

OBS.: É mantido o trema em palavras e nomes estrangeiros ou deles derivados: *Günter, mülleriano.*

16) Marca-se com acento circunflexo o *o* tônico fechado da forma *pôde* (pretérito perfeito), para distingui-la de *pode* (presente).

17) Pelo novo Acordo Ortográfico, a não ser nos casos específicos já mencionados em 2) e 9), não se usa acento, agudo ou circunflexo, em vocábulos paroxítonos para diferençá-los de outros homógrafos: *pelo, pelos, pela, pelas, polo, polos.*

18) Da mesma forma, não se acentua a sílaba tônica na 3ª pessoa do singular do presente do indicativo do verbo *parar*, que se escreve *para* assim como a preposição *para*, átona.

19) O infinitivo *pôr* se acentua para distinguir-se da preposição *por*, átona e portanto sem acentuação. Os compostos de *pôr*, entretanto, não têm acento: *compor, expor, depor, repor* etc.

Emprego de certas letras

Como já deixamos dito no § 23, o mesmo fonema pode ser representado por mais de uma letra, e uma só letra pode figurar mais de um fonema.

É necessário, pois, que você fixe bem a ortografia de uma série de palavras que se escrevem com certas letras, e a representação correta de alguns fonemas.

A – Maneiras de representar o fonema sê:

1) Com c e ç:

à beça	cessação	docente
açaí	cessão (de ceder)	escocês
acetinado	cesta	Escócia
açu (e todas as palavras com esta terminação)	cetim	exceção
	cidra	excepcional
	cingalês	extinção
açúcar	Cingapura	facínora
almaço	cipó	Iguaçu
assunção	cócegas	incenso
cansaço	concertar (= ajustar, harmonizar)	juçara
ceia		maçada
censo (= recenseamento)	concerto (= reunião musical, acordo)	maçarico
		maciço
censura	convalescença	miçanga
cera	dança	Moçoró
cereal	dançar (e derivadas)	mormaço
cerração (= nevoeiro)	disfarçar	muçulmano
cerzir	disfarce	muçurana

necessidade
paçoca
Pajuçara
Paraguaçu
prevenção
presunção
procissão
rechaçar

resplandecer
ruço (= grisalho)
seção ou secção (= parte de um todo; divisão)
secessão
sobrancelha
soçobrar

Suíça
suíço
terçol
tenção (= intenção)
ressurreição
umedecer
vicissitude

2) Com s:

ânsia
ansiedade
ansioso
ascensão
aspersão
asteca
cansado
cansar
cansaço
compreensão
consertar (= remendar)
conserto (= remendo)
conversa
conversão
descansar
descanso

dissensão
distensão
diversão
excursão
farsa
farsante
Hortênsia
incenso
manso
obsessão
pretensão
pretensioso
pretenso
propensão
recenseamento
remanso

repreensão
salsicha
Sansão
seara
sebe
sebo
seção (ou secção)
selador
senso (= juízo)
Sintra
siso
submersão
suspensão
tensão (= estado do que é tenso)
versão

3) Com ss:

admissão
alvíssaras
apressado
arremessar
asseado
asseio
carrossel
cassino
cessão (de ceder)
compasso
concessão

confissão
demissão
discussão
escassear
escasso
expressão
fossa
fosso
impressão
massapê
massudo

messias
missão
necessidade
obsessão
opressão
permissão
possessivo
potassa
presságio
procissão
profissão

3 . REGRAS ESSENCIAIS DE ORTOGRAFIA

promissor　　　　　*sessão* (= reunião)　　　*sossego*
repercussão　　　　*sessenta*　　　　　　　　*submissão*
ressurreição　　　　*sobressalente*　　　　　　*sucessão*
ressuscitar　　　　　*sobressalto*　　　　　　　*sucesso*
sanguessuga　　　　*sossegar*　　　　　　　　 *vicissitude*

4) Com sc, sç:

abscesso　　　　　*crescer*　　　　　　　　*miscelânea*
acrescentar　　　　*descendência*　　　　　*nascer, nasça, nasço*
acréscimo　　　　　*descer, desça, desço*　　*obsceno*
adolescente　　　　*discente*　　　　　　　 *oscilar*
apascentar　　　　 *disciplina*　　　　　　　 *piscina*
aquiescer　　　　　*discípulo*　　　　　　　 *remanescente*
ascendente　　　　 *efervescência*　　　　　*renascença*
ascensão　　　　　*enrubescer*　　　　　　 *renascimento*
condescender　　　*fascículo*　　　　　　　 *rescindir*
consciência　　　　*fascinante*　　　　　　　*ressuscitar*
consciente　　　　　*florescer*　　　　　　　　*seiscentos*
cônscio　　　　　　*imprescindível*　　　　　*suscetível*
convalescer　　　　*incandescente*　　　　　*suscitar*
cresça, cresço　　　*intumescer*　　　　　　　*víscera*

5) Com xc:

exceção　　　　　*excelso*　　　　　*excesso*
exceder　　　　　*excepcional*　　　　*exceto*
excelente　　　　*excessivo*　　　　　*excitar*

B – Emprego da letra s (com o valor de zê e em fim de palavra):

abrasador　　　　*atrás*　　　　　　*Calasãs*
agasalhar　　　　*atraso*　　　　　　*camponês*
Aluísio　　　　　*através*　　　　　 *Cataguases*
analisar　　　　　*Barbosa*　　　　　*consulesa*
ananás　　　　　*baronesa*　　　　　*convés*
anis　　　　　　　*besouro*　　　　　 *cortês*
apesar de　　　　*Brás*　　　　　　　*cortesia*
arrasar　　　　　*brasa*　　　　　　　*coser* (= costurar)
ás　　　　　　　*burguês*　　　　　　*despesa*
asa　　　　　　　*burguesia*　　　　　*Dinis*

61

Elisa
empresa
Eusébio
freguês
freguesia
frisar
gás
gasolina
Goiás
guisado
hesito (v. hesitar)
Inês
Inesinha
Isabel
Luís
Luísa
manganês
marquês
marquesa
Meneses

montanhês
montês
Neusa
obséquio
obus
paralisar
pedrês
pesar
pesquisa
pesquisar
poetisa
pôs (v. pôr)
princesa
profetisa
pus, puser, pusera, pusesse (v. pôr)
querosene
quis, quiser, quisera, quisesse (v. querer)
represa

revés
reveses
sacerdotisa
Satanás
siso
Sousa
Susana
Teresa
Teresina
Teresinha
Teresópolis
Tomás
trânsito
trás (prep.)
traseiro
usina
vigésimo

C – Emprego da letra *z*:

abalizado
acidez
agonizar
agudeza
algazarra
alteza
altivez
amenizar
amizade
anarquizar
aneizinhos
anõezinhos
aprazível
aridez
aspereza
atroz
audaz
avareza

avidez
azar
azedo
azia
baliza
batizar
buzina
cafuzo
catequizar (mas *catequese*)
civilização
cozer (= cozinhar)
cozido
cozinha
cozinhar
cruz
cruzeiro
deslizar

deslize
desprezar
destreza
dizer
embriaguez
escassez
esvaziar
fazer
feliz
felizmente
florezinhas
folgazão
foz
fuzil
fuzilar
giz
gozo
indenizar

jazida	*prazo*	*solidez*
juízo	*preconizar*	*tenaz*
lambuzar	*prezado*	*tez*
Luzia	*prezar*	*trazer*
Mariz	*proeza*	*tristeza*
matriz	*rapidez*	*utilizar*
Munhoz	*regozijo*	*vazar*
Muniz	*revezamento*	*vazio*
nariz	*revezar*	*vizinho*
polidez	*rezar*	*vizir*
prazenteiro	*rigidez*	*xadrez*
prazer	*rijeza*	
prazeroso	*simpatizar*	

D – Emprego da letra *x*:

1) Com o valor de *ch*:

ameixa	*enxofre*	*puxa-puxa*
bexiga	*enxoval*	*relaxar*
caixa	*enxugar*	*taxa* (= imposto)
caixeiro	*faixa*	*trouxa*
Caxambi	*faxina*	*Xá* (soberano do Irã)
Caxambu	*feixe*	*xadrez*
coxilha	*frouxo*	*xale*
coxo (= capenga)	*graxa*	*xará*
desenxabido	*laxante*	*xavante*
enfaixar	*luxo*	*xereta*
enfeixar	*maxixe*	*xerife*
engraxar	*mexer*	*xícara*
enxada	*muxoxo*	*xingar*
enxergar	*paxá*	*xodó*
enxerto	*praxe*	*xucro*

2) Com o valor de *qs*:

anexo	*convexo*	*intoxicar*
asfixia	*fixo*	*léxico*
axila	*flexão*	*maxilar*
boxe	*fluxo*	*nexo*
complexo	*genuflexão*	*ônix*

oxítono   reflexão   táxi
perplexo   reflexo   tórax
prolixo   sexo   tóxico

3) Com o valor de s:

auxiliar   máximo   sintaxe
auxílio   próximo   trouxe
extrair   sexto   texto

4) Com o valor de z:

exame   exibir   exótico
exegese   exigir   existir
exemplo   exílio   hexágono

E – Palavras em que se usa s e não x:

destreza   esplendor   estranho
destro   espontâneo   estrato
escavar   espremer   justapor
escusar   esquisito   misto
esgotar   estender (mas extensão)   misturar
esplêndido   estrangeiro

OBS.: *Espiar* é espreitar, observar; *expiar* é pagar a culpa. *Espirar* significa "respirar", "soprar"; *expirar* é expelir o ar dos pulmões, ou "morrer".

F – Representação de fonema jê:

1) Com g:
angélico   gíria   rigidez
estrangeiro   herege   selvagem
ferrugem   monge   tigela
fuligem   rabugem   vargem
girafa   rabugice   viagem (subst.)

2) Com j:

ajeitar   berinjela   gorjear
anjinho   canjica   gorjeio

gorjeta	lambujem	projétil
interjeição	laranjeira	rejeitar
jeito	lisonjear	rijeza
jenipapo	lojista	sarjeta
jerimum	majestade	sujo
jiboia	majestoso	traje
jiló	manjedoura	ultraje
jirau	nojo	varejista
laje	pajé	viaje, viajes, viajemos,
Lajes	pajem	viajeis, viajem (v. viajar)

G – Emprego do dígrafo *ch*:

archote	chuva	flecha
charque	cochichar	mecha (subst.)
chimarrão	cocho (vaso de madeira)	mochila
chuchu	encharcar	salsicha
churrasco	facho	tacho

H – Letras com que se representa o grupo de sons *qs*:

1) Escrevem-se com *cc* ou *cç* (e não *x*) estas palavras:

confecção	faccioso	ficcionista
convicção	ficção	friccionar
facção	fricção	infecção

2) Escrevem-se com *x* (e não *cc* ou *cç* ou *cs*):

conexão	flexão	saxão
conexo	reflexão	sufixo

I – Emprego de *e*, *i*, *o*, *u*.

Já dissemos (§ 21, OBS.) que em posição átona muitas vezes se confundem as vogais *e* – *i*, *o* – *u*. Daí as frequentes dúvidas na grafia de palavras em que figuram esses fonemas: *mágoa* ou *mágua*? *crânio* ou *crâneo*? Consulte, pois, atentamente as relações que damos a seguir, anotando a boa grafia das palavras que lhe trazem qualquer embaraço.

1) Escrevem-se com *i*, e não com *e*:

adiantar	dentifrício	incorporar
adiante	diante	inigualável
alumiar	digladiar	inquirir
ansiar	dilapidar	intitular
arriar (= abaixar)	discrição (= qualidade de quem é discreto)	intumescer
balzaquiana		Istambul
caititu	discriminar (= distinguir, diferençar)	Lampião
calcário		lampião
casimira	dispêndio (mas despender)	pior
Casimiro		pontiagudo
cerimônia	escárnio	privilégio
cordial	esquisito	requisito
cordialmente	Eurípides	réstia
crânio	feminino	Sigismundo
Criador	frontispício	siri
criar	Ifigênia	terebintina
criatura	iminente (= próximo)	Tibiriçá
crioulo	incandescente	Virgílio

2) Escrevem-se com *e*, e não com *i*:

abençoe	descortino	paletó
açúcar-cande	desfrutar	paralelepípedo
antecipar	desfrute	parêntese
antediluviano	despautério	periquito
arrear (= pôr arreios)	desperdício	pexote
arrepiar	dessemelhante	Pireneus
averigue	destilação	pontue
baleeira	destilar	quase
candeeiro	eminente (= ilustre)	quepe
cardeais (pontos)	empecilho	rédea
cardeal	encarnação	reentrância
confessionário	Encarnação	repenicar
confete	encarnado	senão
continue	grandessíssimo	sequer
creolina	habitue	umedecer (mas úmido)
cumeada	irrequieto	Zeferino
cumeeira	marceneiro	
descortinar	merceeiro	

3) Palavras que se escrevem com o, e não com u:

bodega	esgoelar-se	poleiro
botequim	esmolambado	polir
bússola	goela	Romênia
caçoar	mágoa	romeno
cobiça	magoar	somítico
cobiçar	mocambo	sortimento
comprimento (= extensão)	molambo	sortir (= abastecer)
	moleque	tribo
engolir, engolimos, engolis	mosquito	zoada
	óbolo	

4) Palavras que se escrevem com u, e não com o:

bruxuleante	cumprimentar	lugar
buliçoso	cúpula	lugarejo
burburinho	curtir	Manuel
chupim	curtume	muamba
bueiro	cutia	pirulito
bulir	entabular	de supetão
camundongo	estadual	surtir (= resultar)
chuviscar	jabuti	tábua
chuvisco	jabuticaba	tabuada
cumbuca	juá	tabuleiro
cumprimento (= saudação)	juazeiro	tabuleta
	Luanda	usufruto

O uso do hífen

A – Ligam-se pelo hífen:

1) Os vocábulos formadores de substantivos e adjetivos compostos. Ex.: *arco-íris, bem-estar, cabra-cega, quinta-feira, conta-gotas, verde-garrafa, azul-marinho, sempre-viva, bem-me-quer, louva-a-deus, melão-de-são-caetano, porto-alegrense, rio-grandense, pão-duro* (=sovina), *luso-brasileiro, amor-perfeito, puxa-puxa* etc.

Mas sem hífen: *vaivém, malmequer, girassol, passatempo, pontapé, viravolta, alvinegro, aeromoça* etc.

2) Os nomes compostos formados com os prefixos ou radicais *além-, ex-*(=que já foi), *grã-, grão-, pré-, recém-, sem-, vice-*. Ex.: *além-mar, ex-voto, grã-fino, grão-duque, recém-nobre, sem-teto, vice-diretor, pré-escolar.*

3) Os compostos formados com os prefixos terminados em vogal, quando seguidos de *h*. Ex.: *sobre-homem, anti-herói, ante-histórico, arqui-hipérbole*.

Em quaisquer outras circunstâncias não se usa o hífen: *anteontem, antebraço, antiácido, sobremesa, sobrepor, arquimilionário, antediluviano* etc.

OBS.: Pelo novo Acordo Ortográfico, com exceção do 3), acima, não se usa mais hífen após prefixos e radicais terminados em vogal, a não ser que o segundo elemento comece com esta mesma vogal. Se o segundo elemento começa com *r* ou *s*, não se usa hífen e se duplica o *r* ou o *s*: *antiaéreo, anti-inflamatório, ultra-apressado, sobre-elevar, antissemita, contrarrevolucionário, multirreligioso, ultrassom* etc.

4) Pelo novo Acordo Ortográfico, os prefixos *co-* e *re-* nunca são seguidos de hífen, nem mesmo quando o segundo elemento começa com *h* ou com as mesmas vogais, respectivamente *o* e *e*: *copiloto, reconstituir, coabitar, reabilitar, coordenar, cooperação, reencontrar, reexaminar* etc.

5) Os compostos formados, com o prefixo *bem-* seguido de palavras que existem independentes, ou quando a pronúncia o exige: *bem-querer, bem-amado, bem-aventurado*.

6) O prefixo *mal-*, quando seguido de *h* ou letra-vogal: *mal-humorado, mal-educado*.

7) Os prefixos *ab-, ob-, sob-* e *sub-*, quando seguido de *b, h* ou *r*: *ab-rogatório, ob-reptício, sob-roja, sub-base, sub-humano, sub-raça, sub-rogar* mas sem hífen noutras circunstâncias: *subdesenvolvido, subchefe, suboficial, subperíodo* etc.

8) Os compostos formados com os prefixos *inter-, hiper-, super, ciber-* e *nuper-* quando seguidos de *h* ou *r*: *inter-hospitalar, super-relacionado, hiper-resistente* etc.

B – Não se usa o hífen:
1) Em palavras começadas com os prefixos *bi-, de-, des-, di-, poli-, re-, pre-, pro-, tri-, uni-* e poucos mais. Ex: *bissemanal, derrogar, dessedentar, dissílabo, ressoar, polissílabo, pressentir, prorromper, trirreme, uníssono*.

OBS.: Não se usa hífen nos prefixos *bi-, di-, poli-* e *tri-* antes de *h* ou *i*.

2) Em locuções: *apesar de, a fim de, de repente, por isso.*

OBS.: Entre outras mudanças instituídas pelo novo Acordo Ortográfico, destacam-se:

1) Não se usa hífen em locuções, a não ser que designem espécies vegetais ou zoológicas, e nas exceções *água-de-colônia, arco-da-velha, cor-de-rosa, mais-que-perfeito, pé-de-meia, ao deus-dará.* Assim: *café da manhã, dona de casa, faz de conta* etc., mas *bem-te-vi, andorinha-do-mar, ervilha-de-cheiro, dinheiro-em-penca* etc.
2) Não se usa hífen nas exceções explícitas (algumas já mencionadas em casos anteriores) *girassol, madressilva, mandachuva, pontapé, paraquedas* (e derivadas), *passatempo.*
3) As compostas formadas com os elementos *ântero-, póstero-, súpero-, ínfero-, êxtero-* etc. perdem o hífen e o acento: *anterossuperior, posterodireito, superoesquerdo, inferodianteiro, exteroinferior* etc.
4) O prefixo *circum-* (assim como *pan-*, que já seguia essa regra) leva hífen quando seguido de *h, m, n,* e vogal: *circum-adjacente, circum-hospitalar, circum-mediterrâneo, circum-navegar.*

Observações sobre os nomes próprios de pessoas

Os substantivos próprios estão sujeitos às mesmas regras dos comuns. Apenas, para resguardar direitos individuais, a Lei garante a quem tenha sido registrado oficialmente de maneira incorreta a continuar escrevendo seu nome erradamente em qualquer documento... Mas fora de documentos oficiais somos obrigados a grafar corretamente tais nomes. Assim, devemos escrever, por exemplo, *Manuel Filipe Barbosa Dinis* todas as vezes que nos referimos a um indivíduo que, por ignorância, capricho ou tradição, tiver sido registrado como "*Manoel Phelippe Barboza Diniz*", cabendo apenas ao próprio o direito de assinar desta última forma.

Exercícios

1. Envolva a única palavra da relação a seguir que não está corretamente escrita:

| Sousas | abalizado | deslizar | guisado | arrasar |
| Assis | embriaguês | Meneses | frisar | alisar (v.) |

2. Complete cada palavra com c, ç, s, ss, sc, sç:

1) preten.....ioso	9) mu.....ulmano	17) ma.....i.....o	25) à be.....a
2) reverde.....er	10) descan.....o	18) re.....uscitar	26) profi.....ão
3) .....erzir	11) interce.....ão	19) a.....teca	27) can.....a.....o
4) ob.....ecado	12) Hortên.....ia	20) ví.....eras	28) vici.....itude
5) sei.....entos	13) ascen.....ão	21) an.....ioso	29) fa.....ínora
6) flore.....am	14) recen.....eamento	22) exce.....ão	30) e.....tender
7) dan.....arino	15) can.....ado	23) deze.....ete	31) excur.....ão
8) .....etim	16) esco.....ês	24) discu.....ão	32) arma.....ão

3. Explique por que se escrevem com s **ou** z **estas palavras:**

a) limpidez _____

b) Teresina _____

c) freguesia _____

d) cafezal _____

e) pesquisar _____

f) braseiro _____

g) camponês _____

h) felizmente _____

i) revezar _____

j) legalizar _____

k) gasômetro _____

l) Luisinho _____

4. Complete com s, z **ou** x, **no seu caderno, acentuando se necessário:**

1) catequi.....ar	3) envie.....ado	5) bu.....inar	7) parali.....ar
2) embriague.....	4) ob.....équio	6) corte.....ia	8) quero.....ene

3 . REGRAS ESSENCIAIS DE ORTOGRAFIA

9) Luí.....a
10) pu.....este
11) atrave.....
12) despre.....o
13) despra.....er
14) marque.....a
15) he.....itar

16) Lu.....ia
17) bali.....a
18) pedre.....
19) anali.....ar
20) ê.....ito
21) tra.....er
22) alte.....a

23) si.....udo
24) ra.....oável
25) rego.....ijo
26) ami.....ade
27) reve.....ar
28) apra.....ível
29) ga.....olina

30) feli.....ardo
31) bati.....ar
32) atra.....o
33) Satana.....
34) u.....ina
35) go.....ado
36) obu.....

5. Complete o pontilhado com e ou i:

1) pr.....vilégio
2) d.....ss.....melhante
3) .....mpecilho
4) dent.....frício
5) pont.....agudo
6) cum.....eira

7) Euríp.....des
8) d.....stilado
9) um.....decer
10) in.....gualável
11) d.....spender
12) bal.....eira

13) cer.....mônia
14) d.....spêndio
15) abenço.....
16) cait.....tu
17) lamp.....ão
18) Lamp.....ão

19) esqu.....sito
20) Cas.....miro
21) pát.....o
22) crân.....o
23) rést.....a
24) cas.....mira

6. Entre as palavras da relação, uma não está grafada corretamente; marque qual é:

a) laje
b) manjedoura
c) pagem

d) pajé
e) granjear
f) ultraje

g) lisonjear
h) gorjeio
i) rijeza

j) jirau
k) canjica
l) gorjeta

7. Complete as palavras com o ou u:

a) b.....rb.....rinho
b) s.....rtimento
c) r.....meno
d) reb.....liço
e) c.....rtume

f) jab.....ti
g) tab.....leta
h) estad.....al
i) b.....eiro
j) tab.....ada

k) eng.....lir
l) p.....limento
m) m.....cambo
n) Man.....el
o) .....rtiga

p) g.....ela
q) c.....biça
r) c.....tia
s) Pásc.....a
t) m.....ela

8. **Envolva os vocábulos grafados corretamente:**

   a) xavante | chavante

   b) enxada | enchada

   c) xuxu | chuchu

   d) capixaba | capichaba

   e) xará | chará

   f) xarque | charque

   g) mexer | mecher

   h) paxá | pachá

   i) enxergar | enchergar

   j) faixa | faicha

   k) flexa | flecha

   l) xícara | chícara

   m) puxa-puxa | pucha-pucha

   n) queixo | queicho

9. **Conjugue na 3ª pessoa do plural do presente do indicativo os verbos:**

   a) prover _____

   b) provir _____

   c) suster _____

   d) ler _____

   e) crer _____

   f) rever _____

10. **Corrija a palavra incorretamente grafada:**

    desumano – inhalante – reaver – desonesto – inóspito – sub-humano

    _____

11. **Indique qual a forma correta de cada grupo:**

    a) a pesar de
       a-pesar-de
       apesar de

    b) de vagar
       devagar
       de-vagar

    c) a fim de
       a-fim-de
       afim de

    d) derrepente
       de repente
       de-repente

    e) vai-e-vem
       vai-vem
       vaivém

    f) porisso
       por isso
       por-isso

g) Foi um deus nos acuda   melão de São Caetano

   Foi um deus-nos-acuda   melão-de-São-Caetano

   Foi um "Deus nos acuda" melão-de-são-caetano

12. Estão faltando os devidos acentos em algumas das palavras abaixo; acentue-as:

a) gracil   e) jovens   i) harem   m) quadrumano

b) prototipo   f) mercancia   j) refem   n) misantropo

c) pegada   g) torax   k) textil   o) recem-chegado

d) aerolito   h) rubrica   l) obus

13. Dentre estes substantivos próprios, um não está devidamente acentuado; assinale qual é:

Raul – Nobel – Madagascar – Nelson – Balcãs – Salonica

14. Faça a ligação, acentuando se necessário:

a) irmã + zinha _____   d) pás + zinhas _____

b) pães + zinhos _____   e) lápis + inho _____

c) país + inho _____   f) inglês + inho _____

15. Acentue quando convier.

a) frenesi   g) tenis   m) impar (adj.)   s) eu apoio

b) eco   h) dor   n) semissabio   t) Jerusalem

c) doce   i) o revolver   o) Iguaçu   u) carater

d) biblioteca   j) teto   p) maquinaria   v) caracteres

e) o ser   k) o comboio   q) colmeia   w) arguo

f) tatu   l) guarani   r) mosaico   x) averiguas

16. Assinale, corretamente, as palavras que estão erradamente grafadas.

a) adequado	f) inquirir	k) equestre	p) ventriloquia
b) delínquir	g) quatorze	l) tu arguis	q) questão
c) líqüido	h) equitação	m) averigúem	r) distinguir
d) ambíguo	i) lângüido	n) iníquo	s) vós arguis
e) ungüento	j) apazigúe	o) ventríloquo	t) qüinqüênio

17. Em cada grupo de vocábulos coloque o acento onde se faz necessário:

a) por (verbo)   - por (preposição)

b) pela (subst.)   - pela (v. *pelar*)   - pela (contração)

c) para (verbo)   - para (preposição)

d) pelo (verbo)   - pelo (subst.)   - pelo (contração)

18. Com os sufixos -*inho* ou -*zinho*, forme o diminutivo destes nomes:

a) país _____   d) português _____ _____

b) os lápis _____   e) ananás _____

c) cores _____   f) armazéns _____ _____

19. Acentue convenientemente as palavras:

a) feiura	g) constituiu	m) sueco	s) Lisboa
b) Araguaia	h) miudeza	n) amendoim	t) o fluido
c) moinho	i) coorte	o) constituia	u) raizinha
d) Guianas	j) raizes	p) condoido	v) raiz
e) proeza	k) voo	q) gratuito	w) arcaico
f) Bocaiuva	l) heroina	r) Caim	x) saiu

20. Dentre os homógrafos abaixo, acentue os que convier:

a) cedo (v.) | cedo (adv.)

b) aconchego (subst.) | aconchego (v.)

c) deveras (v.) | deveras (adv.)

d) espelho (subst.) | espelho (v.)

e) apoio (subst.) | apoio (v.)

f) fora (v.) | fora (adv.)

g) seres (v.) | seres (pl. de ser)

h) ser (v.) | ser (subst.)

i) porem (v. pôr) | porem (conj.)

j) vedes (v. ver) | vedes (v. vedar)

k) segredo (v.) | segredo (subst.)

l) pode (pres. ind. de poder) | pode (pret. perf. ind. de poder) | pode (v. podar).

21. Em alguns vocábulos o hífen não está usado corretamente; escreva a grafia correta:

Todo-poderoso – mal-me-quer – mal-humorado – sobre-humano – auto-biografia – a-fim-de – pão-duro – pan-americano – anti-ácido – ultra-som – auto-retrato – mal-educado – super-homem – ante-ontem – ante-sala – além-mar – contra-regra – pré-escolar – ex-presidente

_____

_____

22. Faça a ligação dos elementos indicados:

a) auto+sugestão _____

b) ante+braço _____

c) contra+senso _____

d) pro+rogar _____

e) bi+semanal _____

f) anti+gripal _____

g) semi+vogal _____

h) sub+desenvolvido _____ _____

i) re+soar _____

j) intra+muscular _____

Atividades de revisão

23. Explique por que se acentuam, ou se deixam de acentuar, estes vocábulos:

Íris – tupis – cedo – coroa – mês – meses – neste – etíope – pinguim – contribuiu – plácido – lençóis – modelos – cajazeira – notável– cascavel– revólver – contribuía – contribuinte – moinho – saísse – saía – saíste – túnel – tonel – área – reúne – parabéns – hifens – látex – está – há – órgão – ímã – faiscazinha – juiz – juízes – país – países – eco – judaico – voo – têm – contém – contêm – crê – creem – vocês – compôs – rói – roem – pelo – pelo – pelos – apoio – apoio – côas – pôr – compor.

4
Morfologia

INTRODUÇÃO

41. Se você encontrar, numa leitura, uma palavra desconhecida, há de querer, por certo, procurar saber-lhe o significado. E o caminho mais aconselhável será consultar um dicionário.[2]

Mas já deve ter verificado que certas palavras — que você conhece como VARIÁVEIS — não são encontradas no dicionário em todas as suas variações ou FLEXÕES.

Sejam, p. ex., na leitura nº 33, "O elefante e as formigas", as palavras *argutas* e *aspirou*: mesmo na hipótese de não conhecer o que significam, você já sabe, pelo seu aspecto, pela sua parte final ou terminação, que a 1ª deve ser um nome (substantivo ou adjetivo) e a 2ª um verbo; e no dicionário você vai procurar a 1ª no masculino singular — *arguto* —, e a 2ª no infinitivo *aspirar* (veja-as no dicionário).

Já outras palavras, como por exemplo *e*, *de*, *sem*, *com* — você também já aprendeu isso — nunca se apresentam sob outra forma — são INVARIÁVEIS.

Sabendo isso, você demonstra que já tem certo conhecimento da flexão das palavras.

Pois bem: o estudo sistemático (isto é: ordenado) da classe a que pertencem as palavras e da sua possível variação de forma se faz numa parte da Gramática chamada *Morfologia*. É o que vamos ver agora.

Palavras primitivas e derivadas / Radical e sufixo

42. Observe:
PEDRa → PEDRada - PEDRaria - PEDReira - PEDReiro;
REAL → REALizar - REALismo - REALmente - REALeza;
CRIAr → CRIAdor - CRIAção - CRIAnça - CRIAtura.

As primeiras palavras de cada grupo — o substantivo *pedra*, o adjetivo *real*, o verbo *criar* — não se formam de nenhuma outra em português: são palavras PRIMITIVAS.

---

[2] Recomendamos-lhe o *Novíssimo Aulete - Dicionário contemporâneo da língua portuguesa*, da Lexikon Editora, ou o *Caldas Aulete - Dicionário escolar da língua portuguesa*, ou a versão digital do Caldas Aulete www.aulete.com.br

De cada uma dessas palavras primitivas, como se vê dos exemplos, podem, com o auxílio de certos grupos de fonemas — os sufixos —, derivar-se outras que, por isso mesmo, se chamam DERIVADAS.

Repare que os grupos de palavras derivadas de outras têm uma parte comum, o RADICAL: *pedr-*, *real-*, *cria-*, que lhes dá um ar de pertencerem à mesma família e lhes dá também alguma coisa de comum na sua significação.

A parte variável de cada grupo, que acrescenta uma nova ideia ao radical, permitindo que as palavras formadas sejam agrupadas numa nova classificação, é o SUFIXO.

Assim, de *pedra*, substantivo que designa uma substância, se derivam: *pedraria* (*pedra* + *-aria*), substantivo coletivo; *pedreira* (*pedra* + *-eira*), substantivo que designa o lugar donde se extrai pedra; *pedreiro* (*pedra* + *-eiro*), o que trabalha com pedra; *pedrada* (*pedra* + *-ada*), golpe dado com pedra; e assim por diante.

Prefixos / Palavras simples e compostas

43. Examine os exemplos

Pôr → *compor*; feliz → *infeliz*; passar → *ultrapassar*; homem → *super-homem*.

Chama-se PREFIXO ao grupo de fonemas, providos de certa significação, que se põe **antes** do radical para modificar-lhe o sentido; por exemplo: nas palavras *compor, infeliz, ultrapassar, super-homem* os elementos *com-, in-, ultra-* e *super-* são prefixos.

Em português os prefixos têm o valor aproximado de uma preposição ou de um advérbio, e na maior parte dos casos não existem como palavras isoladas, usando-se apenas como elemento de composição. Assim, o prefixo *com-*, que também se escreve *con-* (ex.: *con*ter) e *co-* (ex.: *co*laborar), tem o mesmo significado da preposição *com*; *in-* equivale ao advérbio *não*; *ultra-* corresponde a *além de*, e *super-* a *sobre*.

44. A palavra que possui apenas um radical se denomina SIMPLES, seja primitiva, seja derivada: *pedra, pedreira, tinta, tinteiro, ponta, pé, fazer, capaz, som*.

Será COMPOSTA, ao contrário, se contiver dois ou mais radicais, ou radical e prefixo: *pedra-pomes, caneta-tinteiro, pontapé, surdo-mudo, vaivém, consoante, desfazer, incapaz, ultrassom*.

OBS.: a) Nem sempre as palavras compostas se formam de palavras completas, aparecendo às vezes apenas o radical.

Ex.: *planalto* (a palavra *plano* está incompleta), *alvinegro* (de *alvo* + *negro*).

b) Há radicais que não aparecem nunca em palavras isoladas, mas apenas como elemento de composição.

Ex.: *frutífero* (composto do radical de *fruto* + *fero*, que quer dizer "produtor", mas não existe como palavra em nossa língua).

c) A significação das palavras compostas corresponde quase sempre à combinação do significado dos radicais e prefixos que a formam.

Exemplos:
caneta-tinteiro é uma *caneta* que traz um *tinteiro* dentro de si;
pontapé é uma pancada que se dá com a *ponta* do *pé*;
surdo-mudo é aquele que é ao mesmo tempo *surdo* e *mudo*;
vaivém é o movimento, como o de um balanço, em que um objeto se afasta (*vai*) e se aproxima (*vem*) alternadamente;
consoante é o fonema que só se pronuncia (*soa*) acompanhado (*com*) de vogal; e assim por diante.

Entretanto, em muitas palavras, principalmente quando compostas com o auxílio de preposição, pode o sentido atual ser inteiramente diferente da significação das palavras simples componentes.

Exemplos:
1) com significação independente:
pé de moleque é o nome de um doce;
água-de-colônia é um perfume que não se faz de água nem vem necessariamente da cidade de Colônia (na Alemanha);
2) com a significação ainda ligada aos componentes:
orelha-de-pau é o nome de um cogumelo que cresce no tronco (*pau*) das árvores, e cuja forma lembra a de uma *orelha*;
louva-a-deus é um inseto cujas patas dianteiras têm postura semelhante à de quem está ajoelhado, *louvando a Deus*.

45. Eis os prefixos mais comuns em português:

PREFIXO	SIGNIFICAÇÃO	EXEMPLOS
A	prep. *a*; prep. *sem*; advérbio *não*:	*aproximar, amontoar, amoral, anormal*;
ANTE	loc. prep. *antes de*:	*anteontem, antebraço*;
ANTI	preposição *contra*:	*antiácido, antigripal*;
AUTO	*por si próprio*:	*automóvel, autorretrato*;
COM (ou CON, ou CO)	preposição *com*:	*conterrâneo, comprovar, colaborar*;
CONTRA	preposição *contra*:	*contraprova, contrassenso*;

BI	*dois, duas vezes:*	*biforme, bicicleta;*
DES	*advérbio não:*	*desligar, deselegante;*
CIRCUM	*em volta de:*	*circum-navegação;*
EM (ou EN) e IM	*dentro, ou para dentro, ou prep. em:*	*embarcar, enterrar, importar;*
ES e EX	*fora de, ou para fora:*	*esgotar, exportar, expatriar;*
EXTRA	*mais do que, além de:*	*extrafino, extraordinário;*
IM (ou I, IN)	*advérbio não:*	*imperfeito, injusto, ilegal;*
INTRA	*dentro de:*	*intramuscular, intravenoso;*
PER	*através de:*	*perfurar, percorrer;*
PEN	*quase:*	*penumbra, península;*
PRE e PRÉ	*antes, antes de:*	*prever, prefixo, pré-histórico;*
RE[1]	*para trás:*	*recuar, refluxo;*
RE[2]	*advérbio novamente:*	*reler, refazer;*
SEMI	*meio, mais ou menos:*	*semicírculo, semicerrado;*
SUB	*abaixo de, debaixo de:*	*subterrâneo, submúltiplo;*
SUPER	*sobre, acima de:*	*superpor, superfino;*
TRANS, TRAS (ou TRES)	*além de, através de:*	*transatlântico, traspassar, tresnoitar;*
TRI	*três (vezes):*	*trirreme, trimensal;*
ULTRA	*além de:*	*ultramarino, ultrapassar;*
UNI	*um:*	*uniforme, unicelular;*
VICE	*em lugar de:*	*vice-presidente.*

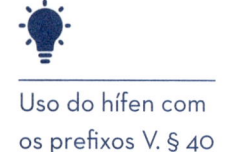

Uso do hífen com os prefixos V. § 40

Desinências / Flexão

46. As palavras variáveis são também chamadas flexionais, porque, além do radical que lhes dá a significação básica e dos prefixos e sufixos que as modificam, possuem a parte final, ou terminação variável, flexível, isto é, com flexão. Os elementos que indicam essa flexão ou variação de uma mesma palavra são, de maneira geral, as DESINÊNCIAS, que exprimem, nos nomes, o gênero, o número e o grau, e, nos verbos, o modo e o tempo, o número e a pessoa.

Assim, sabemos que uma palavra como *caríssimos* está no grau superlativo absoluto e é do masculino plural porque, em seguida ao radical *car-*, apresenta flexões, expressas por estas desinências:

1) -*íssim*, que indica superlativo;
2) -o, que designa masculino;
3) -s, que denota plural.

Para exemplos de desinências verbais, V. o § 143

4. MORFOLOGIA

A análise gramatical ou léxica

47. Chamava-se tradicionalmente ANÁLISE LÉXICA o processo de classificar as palavras de uma frase levando em conta:

1) o número de sílabas, a localização da sílaba tônica; certas particularidades fonéticas e gráficas;

2) a classe ou categoria a que pertence (substantivo, pronome, verbo etc.), sua classificação dentro dessa categoria (comum, próprio, abstrato, coletivo etc.).

3) a flexão (invariável; variável — em gênero, número, grau, pessoa, modo, tempo).

O 1º item é uma análise FONÉTICA; os demais, análise MORFOLÓGICA.

Modelo: Os *alunos estavam esperançosos.*

Os — monossílabo átono; artigo definido, masculino, plural;

alunos — trissílabo paroxítono; sílaba tônica: *lu*; substantivo comum, concreto, primitivo, simples; masculino plural;

estavam — trissílabo paroxítono; sílaba tônica: *ta*, a última sílaba, átona, contém o ditongo nasal decrescente ão, grafado *am*; verbo es*tar*, da 1ª conjugação, irregular, auxiliar; 3ª pessoa do plural do pretérito imperfeito do indicativo;

esperançosos — polissílabo paroxítono, sílaba tônica: *ço*; adjetivo simples, derivado do substantivo *esperança*, masculino, plural.

Exercícios

1. Encontre um derivado para cada uma das palavras abaixo, utilizando uma só vez um dos sufixos indicados:

Sufixos: *-eiro, -ar, -oso, -vel, -dade, -ino, -zal, -ismo, -mente, -izar, -ada, -udo, -ura, -dão, -eza.*

ferro _____ escola _____

amar _____ sério _____

café _____ herói _____

real _____ pedra _____

largo _____ reto _____

estudo _____   cabeça _____

S. João _____   grande _____

fixo _____

2. Escreva numa coluna as palavras primitivas; noutra as palavras derivadas; numa terceira os radicais e sufixos destas últimas:

semente – papelada – cascavel – escada – real – somente – geográfico – rival – filial – realizar – folhagem – barril – viagem – primaveril.

PRIMITIVA	DERIVADA	SUFIXO
_____	_____	_____
_____	_____	_____
_____	_____	_____
_____	_____	_____
_____	_____	_____
_____	_____	_____
_____	_____	_____

3. Da leitura 4, "A mentira", separe seis palavras derivadas, indicando a primitiva e o sufixo.

Modelo: americano: *América + ano*.

4. Adiante de cada uma destas palavras compostas escreva os radicais ou prefixos que as formam:

Modelo: extrafino: *extra* + *fino*; colaborar: *co* + *laborar*.

a) condiscípulo _____

b) submarino _____

c) antepassado _____

d) pontiagudo _____

e) transatlântico _____

f) alvinegro _____

g) expor _____

h) frutífero _____

i) autolotação _____

j) benfazejo _____

k) pernalta _____

l) manuscrito _____

5. Combine um dos prefixos da 1ª coluna com uma das palavras da 2ª escrevendo o resultante; as palavras assinaladas com um asterisco precisam ainda de um sufixo:

a) a | atacar: _____

b) ante | ferrolho*: _____

c) com | cortesia: _____

d) contra | diluviano: _____

e) des | provar: _____

f) em, en | posição: _____

g) es | tarde*: _____

h) in | gota*: _____

i) re | feliz: _____

j) sub | barco*: _____

k) super | passar: _____

l) trans | meter: _____

m) ultra | atlântico: _____

6. Das seguintes palavras, escreva todos os derivados que conheça:

a) terra _____

b) mar _____

c) cavalo _____

d) casa _____

e) água _____

f) vidro _____

g) livro _____

7. Atentando no valor dos prefixos (§ 45), procure dar o significado destas palavras; consulte o dicionário.

a) expatriar _____

b) transpacífico _____

c) premeditar _____

d) perpassar _____

e) interestadual _____

f) pressentir _____

g) circunvizinhança _____

h) semisselvagem _____

i) reedição _____

j) antiácido _____

k) circum-navegação _____

l) subcutâneo _____

8. Substitua as expressões entre parênteses por uma palavra composta de sentido equivalente (com um prefixo):

a) O Brasil goza de boa fama (entre as nações) _____ .

b) Descobriram-se restos de gigantescos animais (que viveram antes do Dilúvio) _____ _____ .

c) Depois de pronto, o vinho foi (posto em garrafas) _____ .

d) Para proteger os pedestres, construiu-se uma galeria (debaixo da terra) _____ _____ .

e) (Fiquei mudo) _____ de susto.

f) Vai ser preciso (tornar mais larga) _____ a rua.

g) As injeções (dentro do músculo) _____ são mais doloridas que as (dentro da veia) _____ .

h) Costumo ler a (história da própria vida) _____ dos grandes homens.

A SIGNIFICAÇÃO DAS PALAVRAS

Sinônimos e antônimos

48. Se você substituir a primeira das frases seguintes pela segunda, verificará que o pensamento expresso continua praticamente o mesmo:

1ª) "Achei um lindo passarinho perto da varanda";
2ª) "Encontrei uma graciosa avezinha próximo da sacada".

Isso acontece porque as palavras substituídas têm significação semelhante à das substitutas.

Chamam-se SINÔNIMOS palavras como essas, de significação parecida, o que permite sejam empregadas umas pelas outras sem prejudicar o sentido geral da frase. (V. nota à leitura 31, "O riacho cristalino".)

49. Há palavras que, ao revés, têm sentido contrário. Ex.: livro *velho* / livro *novo*; sala *clara* / sala *escura*; ideia *feliz* / ideia *infeliz*; *emigrante* / *imigrante*: são os ANTÔNIMOS.

Os antônimos podem ser indicados por:

1) palavras diferentes: *alto* / *baixo*, *bonito* / *feio*;

2) palavras da mesma família (com o mesmo radical), uma delas com um prefixo negativo: *cortês* / DES*cortês*, *regular* / IR*regular*;

3) palavras da mesma família, com prefixos de sentido contrário: EX*portar* / IM*portar*, SIM*pático* / ANTI*pático*.

Homônimos / Homógrafos / Homófonos

50. HOMÔNIMOS são palavras de sentido muito diferente que, no entanto, se pronunciam do mesmo modo.

Ex.: Cheguei *cedo* (adj.) — *Cedo*-lhe (v.) a minha vez. — Pena de *aço* (subst.) — *Asso* (v.) as castanhas.

Quanto à forma escrita, se os homônimos se escrevem com as mesmas letras recebem o nome de HOMÓGRAFOS: *São* (v.) duas horas — Chegou *são* (adj.) e salvo; quando se escrevem de maneira diferente são apenas HOMÓFONOS: *Cesta* de papéis — *Sexta* prateleira.

Às vezes a única diferença entre dois vocábulos consiste na localização da sílaba tônica, ou no fato de um ter aberta e o outro fechada a vogal tônica. A esses homônimos imperfeitos se dá o nome de HOMÓGRAFOS não homófonos.

Ex.: *sábia, sabiá;* (o) *governo,* (eu) *governo;* (eu) *acordo,* (o) *acordo.*

Exercícios

(Consulte o pequeno dicionário no fim deste livro, ou o seu dicionário.)

1. Marque quais são, na coluna da direita, os sinônimos das palavras à esquerda:

a) *melancólico:* severo – triste – taciturno – expansivo

b) *fulgir:* esplender – polir – escapar – brilhar

c) *tranquilidade:* apatia – quietação – alvoroço – embevecimento

d) *adverso:* inverso – desfavorável – reverso – contrário

e) *abominável:* indomável – feio – detestável – execrável

f) *vacilar:* hesitar – vacinar – vaticinar – oscilar

g) *daninho:* maninho – maléfico – benéfico – selvagem

h) *efêmero:* transitório – passageiro – perene – curto

i) *salubre:* inóspito – salobro – salgado – saudável

j) *grácil:* gracioso – delgado – delicado – engraçado

4 . MORFOLOGIA

2. Descubra dois sinônimos da palavra ou locação grifada.

a) Seu esforço foi *infrutífero*. _____ _____

b) *Raramente* o vejo. _____ _____

c) Escureceu *pouco a pouco*. _____ _____

d) É uma história *verídica*. _____ _____

e) *Remir* os pecados. _____ _____

f) Felicidade *perene*. _____ _____

3. De acordo com a sua significação, associe com as palavras numeradas as da relação abaixo:

(1) fértil   (2) semelhante   (3) prever   (4) calmo   (5) pastor   (6) saudável

a) símil ( )   d) pegureiro ( )   g) análogo ( )   j) úbere ( )

b) plácido ( )   e) adivinhar ( )   h) tranquilo ( )   k) zagal ( )

c) salubre ( )   f) produtivo ( )   i) antever ( )   l) salutar ( )

4. Associe cada palavra da coluna à esquerda com o sinônimo respectivo da coluna à direita:

a) aspirar a   ( ) polido

b) esparzir   ( ) pretender

c) esturricado   ( ) sedento

d) sequioso   ( ) espalhar

e) expurgado   ( ) tostado

f) brunido   ( ) limpo

5. Entre as palavras à direita, sublinhe uma que corresponda à definição da esquerda:

a) Esconderijo de feras.   *floresta - gruta - covil - buraco*

b) Perfume suave das flores.   *viço - fragrância - seiva - beleza*

c) Sinal que deixam os ferimentos.   *marca - verruga - cravo - cicatriz*

d) Aquilo que dirige os animais em suas ações.   *instinto - vocação - consciência - raciocínio*

e) Pessoa que toma parte em um banquete.   *convidado - comensal - conviva - comilão*

f) Pessoa a quem se deve dinheiro.   *usurário - agiota - devedor - credor*

g) Período de cem anos.   *cento - centena - século - milênio*

h) Doença que surge rapidamente num lugar e ataca ao mesmo tempo grande número de pessoas.   *enfermidade - impaludismo - epidemia - sintoma*

i) Rochedo à flor da água.   *penedo - escolho - arquipélago - ilhota*

j) Período de dez anos.   *decano - decálogo - década - dízima.*

6. Depois de procurar no dicionário o seu significado, forme uma frase com cada uma destas palavras:

viço - seiva - vocação - usurário - agiota - milênio - sintoma - decano - decálogo - dízima

_____
_____
_____
_____
_____
_____
_____
_____

7. Escolha, dentre as palavras da coluna da esquerda, a que corresponde à definição dada na coluna da direita:

(a) cruzada   (   ) Lugar por onde um rio corre.

(b) vale   (   ) Lugar onde se recolhem as ovelhas.

(c) curtume   (   ) Instrumento que mede a pressão atmosférica.

(d) termômetro   (   ) Expedição militar em defesa do Cristianismo.

(e) barômetro   (   ) Estabelecimento onde se preparam os couros.

(f) leito   (   ) Conjunto de animais de uma região.

(g) fauna   (   ) Instrumento que mede a temperatura.

(h) flora   (   ) Conjunto de vegetais de uma região.

(i) campanário   (   ) Torre da igreja onde ficam os sinos.

(j) aprisco   (   ) Planície entre montes.

8. Assinale os sinônimos (S) e os antônimos (A) das palavras à esquerda:

a) *prestígio*:   (   ) fama (   ) importância (   ) desprestígio (   ) influência

b) *natural*:   (   ) espontâneo (   ) artificial (   ) afetado (   ) simples

c) *fixo*:   (   ) trêmulo (   ) oscilante (   ) instável (   ) imóvel (   ) firme

d) *libertar*:   (   ) liberar (   ) apresar (   ) livrar (   ) capturar (   ) aprisionar

e) *cortesia*:   (   ) grosseria (   ) civilidade (   ) polidez (   ) urbanidade (   ) indelicadeza

f) *lento*:   (   ) célere (   ) lesto (   ) lerdo (   ) tardo (   ) moroso

g) *impensado*:   (   ) ponderado (   ) irrefletido (   ) premeditado (   ) inconsiderado

h) *contemporâneos*:   (   ) coevos (   ) pósteros (   ) antepassados (   ) coetâneos

i) *corajoso*:   (   ) destemido (   ) impávido (   ) arrojado (   ) ousado (   ) intrépido
(   ) poltrão

j) *cauteloso*:   (   ) prevenido (   ) imprevidente (   ) precatado (   ) prudente
(   ) descuidoso

k) *medroso*:   (   ) destemeroso (   ) covarde (   ) audaz (   ) ignavo

l) *jeitoso*:   (   ) destro (   ) inábil (   ) desajeitado (   ) canhestro (   ) habilidoso

m) *desconhecido*: (   ) ignoto (   ) ignorado (   ) sabido (   ) incerto

n) *semelhante*:   (   ) idêntico (   ) igual (   ) diferente (   ) dissímil (   ) conforme

o) *fértil*:   (   ) árido (   ) improdutivo (   ) maninho (   ) feraz (   ) fecundo (   ) estéril

p) *modéstia:* ( ) singeleza ( ) luxo ( ) pompa ( ) imodéstia ( ) fausto
( ) suntuosidade

q) *verdadeiro:* ( ) fictício ( ) suposto ( ) postiço ( ) real ( ) fabuloso ( ) quimérico

r) *exaltar:* ( ) amesquinhar ( ) denegrir ( ) dignificar ( ) aviltar ( ) enaltecer

s) *comum:* ( ) insólito ( ) raro ( ) excepcional ( ) trivial ( ) vulgar ( ) frequente

t) *clemência:* ( ) mercê ( ) misericórdia ( ) indulgência ( ) severidade ( ) rigor

9. Marque a palavra antônima ou as antônimas correspondentes a cada grupo:

a) *magnitude* { mansuetude, grandeza, insignificância }

c) *verossímil* { semelhante, inverossímil, dissímil }

b) *leviano* { sensato, pesado, ligeiro }

d) *assomar* { surgir, desaparecer, sumir }

10. Procure um antônimo da palavra grifada:

a) *excluído* da lista. _____ na lista.

b) rezar com *fervor*. rezar com _____

c) *imergir* na água. _____ da água.

d) agir com *prudência*. agir com _____

e) no *exterior*. no _____

11. Leia cada grupo de palavras e depois indique o(s) sinônimo(s) e o(s) antônimo(s) da palavra grifada:

detestar – pretextar – exercer – estimar – prezar.

a) *execrar* sin.: _____ ant.: _____

brando – liso – suave – áspero – mole – duro – rígido.

b) *macio*   sin.:_____ ant.: _____

filantropia – otimismo – pessimismo – egoísmo – misantropia.

c) *altruísmo*   sin.: _____ ant.: _____

ambíguo – claro – manifesto – dúbio – inequívoco – enigmático – nítido.

d) *confuso*   sin.: _____ ant.: _____

12. Encontre o sinônimo e os antônimos das palavras grifadas:

1) fonte *inesgotável*:

a) sin.: fonte _____

b) ant.: fonte _____

c) ant.: fonte _____

2) desejo *irreprimível*:

a) sin.: desejo _____

b) ant.: desejo _____

c) ant.: desejo _____

3) vida *venturosa*:

a) sin.: vida _____

b) ant.: vida _____

c) ant.: vida _____

4) trabalho *profícuo*:

a) sin.: trabalho _____

b) ant.: trabalho _____

c) ant.: trabalho _____

5) torrente *impetuosa*:

a) sin.: torrente _____

b) ant.: torrente _____

c) ant.: torrente _____

6) movimentos *contínuos*:

a) sin.: movimentos _____

b) ant.: movimentos _____

c) ant.: movimentos _____

7) vontade *indomável*:

a) sin.: vontade _____

b) ant.: vontade _____

c) ant.: vontade _____

8) subida *íngreme*:

a) sin.: subida _____

b) ant.: subida _____

c) ant.: subida _____

9) felicidade *ilusória*:

a) sin.: felicidade _____

b) ant.: felicidade _____

c) ant.: felicidade _____

10) atenção *constante*:

a) sin.: atenção _____

b) ant.: atenção _____

c) ant.: atenção _____

FLEXÃO E CLASSIFICAÇÃO DAS PALAVRAS

51. As palavras de uma língua costumam ser agrupadas em classes ou categorias, segundo a sua função ou a sua forma.

Se se apresentam sempre com a mesma forma dizem-se INVARIÁVEIS; são VARIÁVEIS as que apresentam flexão ou variação da forma.

Palavras variáveis

52. Sob a denominação genérica de NOME, há duas classes de palavras:

SUBSTANTIVO (nome independente), que designa os seres em geral, nomeando-os.

ADJETIVO (nome dependente do substantivo), que indica as qualidades dos seres.

Os nomes são variáveis em gênero, número e grau. Ex.:
SUBST.: *índio, índia, índios, índias, indiazinha*;
ADJ.: *belo, bela, belos, belas, belíssimos*.

PRONOME: designa os seres, sem nomeá-los nem qualificá-los, relacionando-os às três pessoas gramaticais. Podem variar os pronomes em pessoa, gênero e número. Ex.:
eu, tu, você, ele, ela, nós, vós, vocês, eles, elas;
meu, teu, seu, minha, tua, sua, nossa, vossa, suas;
este, esta, estes, estas, aquele, aquela;
todo, toda, todos, todas, qualquer, quaisquer etc.

ARTIGO:
a) DEFINIDO: usa-se ao lado de um substantivo para indicar que se trata de um ser bem determinado; varia em gênero e número: *o* livro, *a* caneta; *os* livros, *as* canetas;
b) INDEFINIDO: usa-se também ao lado de substantivo para indicar que nos referimos a qualquer ser da espécie; varia em gênero e número: *um* livro, *uma* caneta, *uns* livros, *umas* canetas.

NUMERAL: palavra referente ao número dos seres; os numerais podem variar em gênero e número: Ex.: *um, uma, dois, duas, quinto, -a, -os, -as.*

VERBO: palavra que designa fenômenos, ações, estados através do tempo. Varia em modo, tempo, número, pessoa, voz.
Ex.: *amar, amo, amas, amemos, és amado.*

Palavras invariáveis

53. São invariáveis estas classes:

ADVÉRBIO: basicamente, modifica um verbo: Acordei *cedo*; Chegaram *agora*.
Alguns advérbios modificam os adjetivos e até o próprio advérbio: *muito* aplicado; *bem* cedo.
OBS.: Alguns advérbios, na linguagem afetiva, podem apresentar forma de diminutivo e de superlativo: *agorinha, cedinho; muitíssimo* aplicado. Nem por isso, contudo, devem ser incluídos entre as palavras variáveis.

PREPOSIÇÃO: subordina uma palavra ou oração a outra. Ex.: "Livro *de* Português", "Foi aprovado *sem* esforço"; "Foi aprovado *sem* esforçar-se".

CONJUNÇÃO:
a) COORDENATIVA: liga palavras ou orações do mesmo valor e função: "caderno e lápis"; "João trabalha, *mas* não estuda";
b) SUBORDINATIVA: liga orações subordinadas a uma principal: "Tirei boa nota *porque* estudei".

INTERJEIÇÃO: palavra que exprime nossos sentimentos e emoções: *ai!; oh!*

54. Quadro sinóptico da flexão das palavras

	CLASSE	VARIÁVEL EM:
VARIÁVEIS	Substantivo	gênero, número, grau
	Artigo	gênero e número
	Adjetivo	gênero, número e grau
	Numeral	gênero e número
	Pronome	gênero, número e pessoa
	Verbo	modo, tempo, número, pessoa, voz
INVARIÁVEIS	Advérbio	(grau)
	Preposição	
	Conjunção	
	Interjeição	

OBS.: O advérbio só apresenta variação de grau, e em casos muito limitados, motivo por que se inclui entre as palavras invariáveis.

AS CLASSES DE PALAVRAS

[Leitura: "Lenda da vitória-régia", p. 268]

O SUBSTANTIVO

55. Já vimos (§ 3º) que, numa frase, o nome que não depende de outro, ou do qual outro nome depende, se chama SUBSTANTIVO. Observe:

estranha FLOR aquática	VITÓRIA-RÉGIA
LENDA maravilhosa	AMAZONAS
INDIAZINHA bonita	NAIÁ
CÉU infinito	ESTRELA
MERGULHO ansioso	RIO
trágico	ACONTECIMENTO

É fácil verificar que o substantivo é a palavra com que designamos os *seres* em geral.

a) pessoas: *índia, Naiá*;
b) animais: *onça, raposa, jacaré*;
c) vegetais: *flor, vitória-régia*;
d) substâncias: *água, sal, terra*;
e) lugares: *rio, Amazonas, monte*;
f) coisas e objetos: *céu, estrela, casa, livro.*

Aquilo que a nossa imaginação apresenta como um ser:

a) ações ou atos: *mergulho, acontecimento, casamento;*
b) fenômenos: *nascimento, morte;*
c) estados e sentimentos: *tristeza, juventude, gratidão, pena, ansiedade;*
d) qualidades: *beleza, altura, largura;*
e) instituições e convenções: *tribo, semana, dia, noite.*

Aquilo que a reflexão ou a fantasia humana concebe ou imagina como um ser: *Deus, demônio, anjo; sereia, fada, lobisomem.*

OBS.: Um substantivo se reconhece numa oração porque pode vir precedido de artigo (*o, a, os, as*) ou de pronome adjetivo (*este, esta,* por exemplo): *a onça, um rio, este livro.*

Qualquer classe de palavra pode ser substantivada: "Soltou *um* ai desconsolado." — "Quem ama *o* feio, bonito lhe parece." — "Terrível palavra é *um* não."

Substantivos comuns e próprios

56. Uma palavra como *rio* se aplica a qualquer curso de água com certa extensão; já uma palavra como *Amazonas* só serve para designar um determinado rio. Chama-se *índia* a qualquer criatura humana do sexo feminino descendente dos nativos das terras americanas; *Naiá*, ao contrário, aplica-se exclusivamente a uma determinada índia, que tem esse nome como seu próprio.

Pois bem: substantivos como *rio, índia,* aplicáveis a todos os seres da mesma espécie, ou que apresentam os mesmos caracteres, são substantivos COMUNS; nomes como *Amazonas* ou *Naiá*, que distinguem um ser determinado dentre outros da mesma espécie, são substantivos PRÓPRIOS.

Outros exemplos de substantivos comuns: *aluno, professora; onça, raposa, jacaré; flor, rosa; cidade, país; estrela, planeta; dia, semana; tribo.*

Exemplos de substantivos próprios: *Adão, Eva; Rio de Janeiro, Brasil; Três-Marias, Vênus; Natal, Ano-Bom.*

Substantivos concretos e abstratos

57. Já fizemos ver que certos substantivos designam seres de existência real ou que assim imaginamos: *João, Maria, homem, mulher, peixe-boi, mula sem cabeça, vitória-régia, fada, anjo, dia, noite.* — São os substantivos CONCRETOS.

Substantivos abstratos

58. Muitas vezes, a um substantivo concreto podemos atribuir:

a) qualidades: *mulher* BELA, *homem* ALTO, *rio* LARGO, *frutas* DOCES;

b) sentimentos e estados: *índia* JOVEM, *olhos* TRISTES, *aluno* SATISFEITO, *pessoa* MORTA;

c) uma ação: *rapaz* TRABALHADOR, APLICADO, ESFORÇADO; *anjo* PROTETOR, *solo* PRODUTIVO, *país* CONQUISTADOR, *gênio* CRIADOR etc.

Essas qualidades, sentimentos, estados e ações, que acima aparecem como adjuntos de substantivos, podem também ser abstraídas (isto é, "tiradas", "separadas") deles, como se fossem um ser: a *beleza* da mulher, a *largura* do rio, a *juventude* da índia, a *tristeza* dos olhos, a *satisfação* do aluno etc.

Repare: 1º) nunca encontramos a beleza, a satisfação etc. por si mesmas; o que encontramos são pessoas belas, altas, jovens, satisfeitas; coisas largas, duras, doces; 2º) os substantivos com que se designam essas qualidades, estados, sentimentos e ações são geralmente palavras derivadas: *beleza* (de *belo*), *doçura* (de *doce*), *satisfação* (de *satisfeito*) etc.

Podemos concluir:

> Os substantivos que nomeiam 'seres' que não podem existir por si mesmos, mas que podemos representar como separados dos seres em que se acham, são ABSTRATOS.

OBS.: Muitas vezes se apaga em nossa mente a distinção entre substantivos concretos e abstratos, porque podemos imaginar qualidades, ações, estados etc. como verdadeiros seres. Compare estas frases: 1ª) "A morte do justo é bela, porque ele tem a consciência limpa." 2ª) "A morte, com a sua foice implacável, rondava a casa do justo." Na segunda frase, imaginamos a morte como um ser mais ou menos preciso — e portanto concreto; na primeira, sentimo-la ligada à pessoa do justo: é um novo estado para o qual ele se passou, por um fenômeno natural; somente separando-a do ser morto podemos considerá-la também como um ser, mas de modo vago, impreciso — e portanto abstrato.

A mesma coisa sucede em fábulas e apólogos — histórias em que podemos considerar qualidades e ações como personagens concretos. (V., p. ex., a leitura nº 29, "O pastorzinho adormecido".)

Substantivos coletivos

59. Repare:

um rebanho de carneiros — *a rapaziada*.

Os substantivos *rebanho* e *rapaziada*, pela sua forma, são do singular, como se pode ver da sua terminação e do artigo que os acompanha; mas não se aplicam a um único ser: *rebanho* é uma porção de carneiros e ovelhas; *rapaziada* é um grupo de rapazes.

Substantivos como *rebanho* e *rapaziada*, que, sob a forma de singular, designam um conjunto de seres da mesma espécie, são chamados COLETIVOS.

Coletivos há que se aplicam só a determinada espécie de seres, e por isso mesmo são ESPECÍFICOS.

Muitos coletivos específicos são derivados do nome do ser a que se aplicam, com o auxílio dos sufixos *-ada, -al* ou *-zal, -agem, -edo, -aria*: *papelada, cafezal, ramada, ramagem, ramaria, arvoredo*.

OBS.: Quando o coletivo não é do mesmo radical do nome primitivo, pode nomear-se a pessoa ou coisa a que se refere: "*manada* de bois" (ou de búfalos, ou de elefantes), "*quadrilha* de malfeitores"; se, porém, o coletivo é da mesma família da palavra primitiva, não se nomeiam os seres que o formam: "A *boiada* caminha placidamente", "O Cruzeiro do Sul é uma *constelação*", "O vento fazia balançar a *folhagem*".

Outro tipo de substantivos coletivos é o dos que designam não agrupamento, mas certas instituições sociais criadas para determinado fim, as entidades coletivas: *conclave* (reunião de cardeais para eleição do papa), *consistório* (assembleia de cardeais sob a presidência do papa), *congregação* (assembleia de professores ou de religiosos), *clero* (a classe dos sacerdotes), *júri* (de jurados) etc.

60. Eis os coletivos específicos mais comuns:

alcateia (de lobos)
armada (de navios de guerra)
arquipélago (de ilhas)
atilho (de espigas)
batalhão (de soldados)
boiada (de bois)

cáfila (de camelos)
cardume (de peixes)
chusma (de populares)
colmeia (de cortiços de abelhas)
constelação (de estrelas)
corja (de vadios)

esquadra (de navios de guerra)
exército (de soldados)
fato (pequeno rebanho de cabras)
fauna (os animais de uma região)
flora (as plantas de uma região)
girândola (de fogos de artifícios)
hinário (de hinos)
horda (de invasores)
manada (de gado grosso – bois, búfalos, elefantes)
matilha (de cães de caça)
multidão (de pessoas)
quadrilha (de salteadores)
ramalhete (de flores)
rebanho (de gado)
récua (bestas de carga)
resma (500 folhas de papel)
tribo (de nativos)
tripulação (de tripulantes de um navio)
vara (de porcos)

Instituições e corporações:
cabido (conjunto de cônegos de uma catedral)
clero (a classe dos sacerdotes)
conclave (assembleia de cardeais para eleger o papa)
concílio (assembleia de bispos católicos em que se discutem assuntos de doutrina e de disciplina interna da Igreja)
Congresso = reunião conjunta da Câmara (= conjunto dos deputados) e do Senado (= conjunto dos senadores)
sínodo (assembleia de párocos convocada por um superior)

E estes numerais: *tríduo* (período de três dias), *semana, novena, quinzena, mês, ano, biênio* (dois anos), *triênio* (três anos), *quadriênio* ou *quatriênio* (quatro anos), *quarentena* (40 dias), *lustro* ou *quinquênio* (período de cinco anos), *década* (dez anos), *século* (cem anos), *milênio* (mil anos).

Outros são GERAIS, não exprimem a espécie a que se aplicam: *acervo* (de coisas amontoadas, de tolices) — *bando, cacho, caravana, legião, grupo, porção*.

E estes numerais: *par, parelha, casal, dezena, dúzia, centena, grosa* (= doze dúzias), *milheiro*.

A concordância dos coletivos

61. É preciso não esquecer que os coletivos, embora exprimam vários seres, têm a forma do singular e, como sujeito de uma oração, deixam no singular o verbo.

Ex.: Minha *família* COMEMOROU o Natal.
Um *grupo* alegre SAIU a passeio.
SURGIU de repente grande *multidão*.

Somente quando alguns coletivos vierem seguidos de um adjunto NO PLURAL será opcional levar o verbo para o plural.

Ex.: Um *grupo de alunos* SAÍRAM (ou *saiu*) a passeio.

Grande *multidão de retirantes* INVADIU (ou *invadiram*) a cidade.

Substantivos primitivos e derivados (Releia o § 42)

62. É PRIMITIVO o substantivo que, em português, não provém de outra palavra: *livro, terra, pedra, máquina, árvore, folha*.

DERIVADO é o que se forma, em nossa língua, de outra palavra, com o auxílio de sufixo: *livraria, terreiro, pedreira, maquinista, arvoredo, folhagem*.

Substantivos simples e compostos (Releia os §§ 43-44)

63. Chama-se SIMPLES o substantivo que possui apenas um radical, e, portanto, é formado de uma só palavra: *livro, guarda, flor, planície, pedra, tinteiro, palmeira*.

COMPOSTO é o que contém prefixo e radical ou mais de um radical, podendo, pois, ser formado de mais de uma palavra: *contrassenso, couve-flor, planalto, pedra-ume, caneta-tinteiro, palma-de-santa-rita, vitória-régia, pernilongo*.

GÊNERO DO SUBSTANTIVO

64. Todos os substantivos de nossa língua pertencem ou ao gênero masculino ou ao gênero feminino.

São masculinos todos aqueles a que se pode antepor o artigo *o, os*. Ex.: *homem, gato, príncipe, dia, mar, céu, jasmim, professor, cílios, café, pó, óculos, dó*.

São femininos todos aqueles a que se pode antepor o artigo *a, as*. Ex.: *mulher, gata, princesa, noite, tribo, professora, sobrancelhas, costas, fé, avó, grama* (= relva).

OBS.: Na língua popular do Brasil, *grama*, unidade de peso, que é do gênero masculino, usa-se mais como feminino: *duas gramas, duzentas gramas*.

Formação do feminino

65. Os substantivos que designam pessoas e animais podem flexionar-se em gênero, isto é, têm geralmente uma forma para indicar os seres do sexo masculino e outra para indicar os do sexo feminino: *homem → mulher, aluno → aluna, bode → cabra, galo → galinha*.

São variados os processos de formação do feminino. Para facilitar nosso estudo, agruparemos a todos em alguns tipos característicos.

1) Modelo: aluno → aluna, gato → gata.
REGRA: A maioria dos substantivos terminados em -o átono formam o feminino substituindo-se o -o por -a.
Ex.: noivo → noiva, lobo → loba, menino → menina, pombo → pomba.

2) Modelo: professor → professora, freguês → freguesa.
REGRA: Os substantivos terminados em -ês, e muitos terminados em -or, formam o feminino com o **acréscimo** da desinência -a.
Exemplos:

aviador	- aviadora	leitor	- leitora
senhor	- senhora	remador	- remadora
cantor	- cantora	pastor	- pastora
camponês	- camponesa	pintor	- pintora
marquês	- marquesa	senador	- senadora

Notem-se, porém, estes femininos:
ator → atriz   cantador → cantadeira
embaixador → embaixatriz   arrumador → arrumadeira
imperador → imperatriz

3) Substantivos terminados em ão.
a) Modelo: irmão → irmã.
REGRA: A maior parte dos substantivos terminados em -ão forma o feminino substituindo -ão por -ã.
Exemplos:

aldeão	- aldeã	charlatão	- charlatã
anão	- anã	cidadão	- cidadã
ancião	- anciã	cristão	- cristã
anfitrião	- anfitriã	escrivão	- escrivã
campeão	- campeã	órfão	- órfã
castelão	- castelã	pagão	- pagã

b) Modelo: leão → leoa.
REGRA: Uns poucos substantivos que no masculino terminam em -ão substituem essa desinência, no feminino, por -oa.
Exemplos:

ermitão	- ermitoa	pavão	- pavoa
hortelão	- horteloa	abegão	- abegoa
patrão	- patroa		

c) Modelo: valentão → valentona.

REGRA: Alguns substantivos terminados em -ão mudam essa desinência, no feminino, em -ona.

Exemplos:

bonachão	- bonachona	mocetão	- mocetona
comilão	- comilona	resmungão	- resmungona
folgazão	- folgazona	respondão	- respondona
glutão	- glutona	sabichão	- sabichona
mandrião	- mandriona	solteirão	- solteirona

d) Outros: sultão faz sultana, cão → cadela, ladrão → ladra, perdigão → perdiz, lebrão → lebre.

4) Certos substantivos que designam títulos de nobreza, dignidades ou profissão formam o feminino com as desinências -esa, -essa, -isa.

Exemplos:

abade	- abadessa	duque	- duquesa
barão	- baronesa	poeta	- poetisa
conde	- condessa	profeta	- profetisa
cônsul	- consulesa	sacerdote	- sacerdotisa

Outros substantivos são uniformes: estudante, cliente etc. V. § 66

5) Modelo: hóspede → hóspeda. Alguns substantivos terminados em -e, no feminino trocam-no em -a.

Exemplos:

elefante	- elefanta	monge	- monja
infante	- infanta	parente	- parenta
mestre	- mestra	presidente	- presidenta

Substantivos uniformes

Modelo: o estudante → a estudante; o mártir → a mártir.

66. Os substantivos uniformes, isto é, que têm uma só forma para os dois gêneros, distinguindo-se apenas pela presença de um adjunto de forma feminina ou masculina, como o artigo, denominam-se COMUNS DE DOIS GÊNEROS.

Exemplos:

aborígine	dentista	motorista
agente	estudante	pianista
artista	imigrante	protestante
camarada	indígena	repórter
cliente	intérprete	selvagem
colega	jornalista	servente
crente	mártir	silvícola

Substantivos de um só gênero

67. *Para pessoas.* Há um pequeno grupo de substantivos que são sempre do mesmo gênero, quer se refiram a pessoas do sexo masculino, quer do feminino: são os SOBRECOMUNS.

Exemplos:

o apóstolo	o algoz	o carrasco	o cônjuge
a criança	a criatura	a testemunha	a vítima

OBS.: Se houver necessidade de discriminar o sexo, diz-se, por exemplo: "Uma criança do sexo masculino", "A testemunha mulher" etc.

68. *Para animais e plantas.* Substantivos de um só gênero que designam animais e plantas de ambos os sexos chamam-se EPICENOS.

Ex.: a águia, a cobra, o jacaré, o rouxinol, o tigre, a pulga, o mamoeiro, a palmeira.

OBS.: Se for necessário distinguir o sexo, diz-se: o *macho da cobra* (ou *cobra macho*), a *fêmea do tigre* (ou *tigre fêmea*), o *mamoeiro macho* etc.

Femininos de radicais diferentes

69. Alguns femininos apresentam, em lugar de flexão, uma forma inteiramente diferente do masculino. Convém aprender estas formas de feminino:

bode	– cabra	cavalo	– égua	marido	– mulher
boi (e touro)	– vaca	compadre	– comadre	padrasto	– madrasta
cão	– cadela	frade	– freira	padrinho	– madrinha
carneiro	– ovelha	frei	– soror	pai	– mãe
cavaleiro	– amazona	genro	– nora	zangão	– abelha
cavalheiro	– dama	homem	– mulher		

Femininos irregulares

70. Anote estes femininos:

ateu	– ateia	plebeu	– plebeia	judeu	– judia
pardal	– pardoca	deus	– deusa	réu	– ré
avô	– avó	rapaz	– rapariga	juiz	– juíza
pigmeu	– pigmeia	herói	– heroína	sandeu	– sandia
czar	– czarina	rei	– rainha		

> Nomes como *europeu*, *português*, *alemão* são estudados entre os adjetivos. V. § 96.

Exercícios

1. Dê a classe das palavras grifadas dizendo se se apresentam flexionadas (variáveis) ou não flexionadas (invariáveis); das variáveis, diga que flexão podem apresentar:

Modelo: *Aqui*: advérbio invariável; *se*: pronome pessoal da 3ª pessoa do singular, reflexivo.

a) "*Aqui* se estende o campo *indefinidamente*
_____

b) *Sobre* o dorso do serro e sobre o *vale* em sombra;
_____

c) *A* vista se dilata e repousa *indolente*
_____

d) Na floresta *que*, ao *longe*, exalça a verde alfombra.
_____

e) *Tudo* é vasto, tranquilo e morno nesta estância;
_____

f) Aqui e *além*, deitado à sombra das figueiras,
_____

g) O gado *ruminando*; além, *mais* à distância,
_____

h) Muares repousando *exaustos* das carreiras."
_____

2. Escreva abaixo os substantivos próprios encontrados nas 15 primeiras linhas da leitura 23, "Meu carneiro Jasmim".

_____

_____

3. Dos adjetivos abaixo, forme, com o auxílio dos sufixos indicados, substantivos abstratos:

Sufixos: *-agem, -ão, -dade, -dão, -eira, -ez, -eza, -ia, -iça, -mento, -ura.*

1) contente _____
2) insalubre _____
3) volúvel _____
4) rebelde _____
5) doce _____
6) sólido _____
7) modesto _____
8) fértil _____
9) escuro _____
10) belo _____
10) fiel _____
12) útil _____
13) sensato _____
14) bravo _____

15) vadio _____
16) alto _____
17) afável _____
18) difícil _____
19) humilde _____
20) nu _____
21) grato _____
22) eterno _____
23) leal _____
24) mau _____
25) valente _____
26) cego _____
27) justo _____
28) dócil _____

29) imenso _____
30) caridoso _____
31) sólido _____
32) moço _____
33) louco _____
34) franco _____
35) branco _____
36) certo _____
37) límpido _____
38) feliz _____
39) rápido _____
40) triste _____
41) teimoso _____
42) preciso _____

4. Escreva o substantivo abstrato correspondente a estes substantivos concretos:

a) advogado _____
b) presidente _____
c) cientista _____
d) sacerdote _____
e) mestre _____
f) mãe _____
g) acusado _____
h) preguiçoso _____

i) diretor _____
j) autor _____
k) homem _____
l) ofensor _____
m) patriota _____
n) tirano _____
o) monarca _____
p) benfeitor _____

q) escravo _____
r) culpado _____
s) sábio _____
t) mentiroso _____
u) devoto _____
v) médico _____
w) rei _____
x) inocente _____

5. Faça uma relação dos substantivos concretos do exercício anterior que são adjetivos substantivados, e use-os como adjunto de um substantivo:

Modelo: *preguiçoso* – aluno *preguiçoso*.

_____
_____
_____
_____
_____
_____
_____
_____
_____

6. Relacione o nome derivado que se dá a quem fabrica ou vende:

(a) mesas e cadeiras   (   ) cesteiro

(b) pastéis   (   ) carvoeiro

(c) joias   (   ) costureira

(d) cestas   (   ) tanoeiro

(e) funis   (   ) oleiro

(f) chapéus   (   ) marceneiro

(g) telhas e tijolos   (   ) padeiro

(h) pipas e barris   (   ) funileiro

(i) vestidos   (   ) joalheiro

(j) carvão   (   ) pasteleiro

(k) pão   (   ) relojoeiro

(l) relógios   (   ) chapeleiro

7. Complete as orações com o substantivo concreto adequado:

a) O .... trata dos dentes.

b) O .... cuida da horta.

c) O .... corta cabelo.

d) Que lindo quadro a óleo fez aquele ....

e) O .... cultiva a terra.

8. Relacione os coletivos da esquerda com os substantivos da direita:

a) exército   anjos

b) quinquênio   dois bois

c) resma   cinco anos

d) legião   500 folhas de papel

e) junta   soldados

9. Complete as orações com os coletivos apropriados:

a) O .... de abelhas zumbia assustadoramente.

b) Os pescadores tiveram a sorte de encontrar um .... de sardinhas.

c) São perigosíssimas as .... de elefantes.

d) A .... de mercadores conduzia suas mercadorias numa imensa .... de camelos.

e) A .... de cães perseguia as lebres apavoradas.

f) Foi difícil conduzir ao destino aquela numerosa .... de porcos.

10. Diga qual o nome da instituição coletiva que se define:

a) A classe dos sacerdotes. ....

b) Conjunto de cônegos de uma catedral. ....

c) Assembleia de cardeais para eleger o papa. ....

d) Assembleia de bispos católicos em que se tratam assuntos de doutrinas ou disciplina interna da Igreja. ....

e) Assembleia de párocos convocada por um superior. ....

f) Reunião conjunta da Câmara dos Deputados e do Senado. ....

11. Com o auxílio de um sufixo apropriado, forme o coletivo dos substantivos seguintes:

a) folhas _____

b) árvores _____

c) crianças _____

d) facas _____

e) ramos _____

f) galhos _____

g) papéis _____

h) bois _____

i) teclas _____

j) pés de milho _____

k) pés de café _____

l) algodoeiros _____

m) pinheiros _____

n) roseiras _____

o) pés de jabuticabas _____

p) vasilhas _____

q) hinos _____

r) tripulantes _____

s) ferros _____

t) velas de um navio _____

12. Complete as orações com o verbo indicado, atendendo à concordância dos coletivos:

a) Toda a família .... (reunir-se, pres. ind.) nas festas de Natal.

b) Um grupo numeroso .... (realizar, pret. perf. ind.) uma excursão a Petrópolis.

c) Meu pessoal .... (preferir, pret. perf. ind.) ir a Teresópolis.

d) A imensa multidão de trabalhadores .... (aplaudir, pret. imp. ind.) seu líder.

e) Aquela pobre família de imigrantes não .... (ter, pret. imp. ind.) onde morar.

f) Muita gente não .... (conseguir, pret. imp. ind.) lugar.

g) A maior parte .... (seguir, pret. perf. ind.) a pé.

h) Toda a população .... (*prestar*, pret. perf. ind.) homenagem ao presidente.

i) O povo .... (*encher*, pret. imp. ind.) as ruas.

j) Um grande bloco de foliões .... (*sambar*, pret. imp. ind.) sem descanso.

13. Forme, com sufixos, dois derivados destes substantivos primitivos:

a) casa _____   d) campo _____

b) monte _____   e) prata _____

c) cidade _____   f) parente _____

14. Assinale os substantivos simples (S) e os compostos (C):

a) ( ) onda   i) ( ) girassol   q) ( ) guarda-móveis
b) ( ) planalto   j) ( ) beija-flor   r) ( ) terça-feira
c) ( ) vaivém   k) ( ) vice-rei   s) ( ) gostar
d) ( ) livraria   l) ( ) sempre-viva   t) ( ) subdiretor
e) ( ) planície   m) ( ) alimentício   u) ( ) inspetor
f) ( ) passatempo   n) ( ) leitura   v) ( ) sobremesa
g) ( ) paraquedas   o) ( ) aguardente   w) ( ) pernalta
h) ( ) moinho   p) ( ) viajante   x) ( ) palmípede

15. Dos substantivos simples do exercício acima, separe os que são primitivos e os derivados.

SUBSTANTIVO PRIMITIVO | SUBSTANTIVO DERIVADO

_____ | _____

_____ | _____

_____ | _____

_____ | _____

_____ | _____

4 . MORFOLOGIA

16. Indique os substantivos masculinos (M) e os femininos (F), antepondo o artigo conveniente (o, a, um, uma):

a) ( ) .... telefonema

b) ( ) .... tribo

c) ( ) .... cometa

d) ( ) .... delta

e) ( ) .... análise

f) ( ) .... eclipse

g) ( ) .... diadema

h) ( ) .... milhar

i) ( ) .... alface

j) ( ) .... tomate

k) ( ) .... enxó

l) ( ) .... dó

m) ( ) .... caudal

n) ( ) .... lema

o) ( ) .... talismã

p) ( ) .... quilograma

q) ( ) .... televisão

r) ( ) .... lotação (carro)

s) ( ) .... grama (peso)

t) ( ) .... acne

u) ( ) .... champanhe

17. Passe para o feminino os substantivos grifados, fazendo a concordância dos adjuntos e predicativos:

a) Um *tenista* brasileiro sagrou-se campeão.

_____.

b) Aquele *frade* francês era um mártir da Fé.

_____.

c) Os *cidadãos* valentes tornam-se heróis.

_____.

d) Frei *Luís* era tido como profeta.

_____.

e) O *réu* judeu foi perdoado.

_____.

f) Os dois *burgueses* eram compadres.

_____.

g) O *cônsul* alemão é meu padrinho.

_____.

h) O *servente* era um camponês hostil.
_____.

i) O *poeta* árabe era mau escritor.
_____.

j) O antigo *imperador* da Rússia chamava-se 'czar'.
_____.

18. Assinale os substantivos sobrecomuns (1) e os comuns de dois gêneros (2):

   a) (   ) criança   e) (   ) colega   i) (   ) criatura

   b) (   ) selvagem   f) (   ) testemunha   j) (   ) intérprete

   c) (   ) vítima   g) (   ) servente   k) (   ) jovem

   d) (   ) crente   h) (   ) artista   l) (   ) imigrante

19. Determine com a os femininos, com o os masculinos:

   a) .... fruta-pão   d) .... papel-moeda   g) .... carta-bilhete

   b) .... cajá-manga   e) .... vale-transporte h) .... relógio-pulseira

   c) .... pedra-ímã   f) .... lápis-tinta   i) .... alto-mar

20. Os substantivos abaixo têm uma forma feminina de sentido diferente da masculina; explique, com o auxílio de um dicionário, a significação de ambas:

   a) fruto e fruta _____
   _____

   b) lenho e lenha _____
   _____

   c) ovo e ova _____
   _____

   d) marujo e maruja _____
   _____

e) cerco e cerca _____

_____

f) poço e poça _____

_____

21. Conforme o gênero, cada um destes substantivos sofre alteração de sentido; procure sua significação num dicionário e forme uma frase com cada um:

a) o capital – a capital

_____

_____

b) o cabeça – a cabeça

_____

_____

c) o guia – a guia

_____

_____

d) o águia – a águia

_____

_____

e) o cisma – a cisma

_____

_____

f) o cura – a cura

_____

_____

g) o lente – a lente

_____

_____

22. Dê o feminino destes substantivos:

a) cristão _____   e) anão _____   i) barão _____

b) cavalheiro _____ _____   f) leitão _____   j) solteirão _____

c) ancião _____   g) cavaleiro _____ _____   k) aldeão _____

d) sultão _____   h) genro _____   l) frade _____

NÚMERO DO SUBSTANTIVO

71. Quanto à flexão de número, podem os substantivos apresentar-se: no SINGULAR, quando a eles se pode antepor o artigo o, a: *aluno, escola, povo*; no PLURAL, quando se pode antepor o artigo os, as: *alunos, escolas, povos*.

Os do singular em geral designam um único ser, excetuando-se o caso dos coletivos (§ 59); os do plural, mais de um ser.

Em nossa língua, a característica do plural é -s, que se acrescenta à forma do singular.

Nem sempre, porém, se adiciona simplesmente s ao singular: conforme a terminação do substantivo, a desinência do plural pode sofrer certas alterações, como se verifica nestas regras:

REGRA GERAL:

Se o substantivo termina em vogal ou ditongo oral, acrescenta-se s à forma do singular.

Exemplos:

casa(s)   café(s)   rei(s)
sabiá(s)   pau(s)   bebê(s)
pai(s)   tupi(s)   cavalo(s)
série(s)   júri(s)   réu(s)

OBS.: *Avô tem dois plurais:* 1º) *avôs (o avô paterno e o materno):* 2º) *avós (o avô e a avó). Avós também designa a avó paterna mais a avó materna.*

REGRAS ESPECIAIS:

I. Substantivos terminados em -ão.

1) A maior parte muda -ão em -ões.
Exemplos:

anão	– anões	leão	– leões
botão	– botões	nação	– nações
balão	– balões	mamão	– mamões
canção	– canções	sermão	– sermões
confissão	– confissões	questão	– questões
coração	– corações	roupão	– roupões
eleição	– eleições	tubarão	– tubarões
espião	– espiões	opinião	– opiniões
estação	– estações	verão	– verões
fração	– frações	vulcão	– vulcões
gavião	– gaviões	zangão	– zangões

todos os aumentativos: garrafão – garrafões, paredão – paredões etc.

2) Um pequeno grupo — entre os quais os paroxítonos — recebe simplesmente o acréscimo de -s.
Exemplos:

acórdão(s)	zangão(s)	grão(s)
bênção(s)	cidadão(s)	irmão(s)
órfão(s)	cristão(s)	mão(s)
órgão(s)	corrimão(s)	pagão(s)
sótão(s)	cortesão(s)	vão(s)

OBS.: *Zângão* (forma desusada) só faz *zângãos* quando paroxítono.

3) Num terceiro grupo se troca -ão por -ães.
Exemplos:

alemão	– alemães	capitão	– capitães
bastião	– bastiães	escrivão	– escrivães
caimão	– caimães	guardião	– guardiães
cão	– cães	pão	– pães
capelão	– capelães	sacristão	– sacristães
charlatão	– charlatães	tabelião	– tabeliães

NOTA: Alguns substantivos terminados em -ão ainda não têm forma indiscutível para o plural, embora na maior parte dos casos se venha dando preferência ao plural mais comum, em -ões. Eis alguns deles:

aldeão — aldeões (e aldeãos, aldeães);
ancião — anciãos (e anciões, anciães);
castelão — castelões (e castelãos, castelães);
sultão — sultões (e sultãos, sultães);
vilão — vilões (e vilãos).

II. Substantivos terminados em consoante:

1) Acrescenta-se -es à forma do singular nos que terminam em -r, -s (oxítonos) e -z.
Exemplos:

mar	— mares	deus	— deuses
mártir	— mártires	adeus	— adeuses
mulher	— mulheres	raiz	— raízes
diretor	— diretores	rapaz	— rapazes
país	— países	voz	— vozes
mês	— meses	vez	— vezes

OBS.: *Cós* tem dois plurais: *coses* (mais comum) e *cós*;
Caráter faz *caracteres* (sílaba tônica -*te*-);
Cais, monossílabo, é invariável.

2) Os paroxítonos terminados em -s e -x são invariáveis:
atlas – lápis – oásis – ônus – pires – ônix – fênix – tórax.

3) Os substantivos terminados em -m recebem -s no plural, devendo notar-se que, na grafia, a nasalidade passa a representar-se por -n:

homem	— homens	anum	— anuns
jardim	— jardins	álbum	— álbuns
dom	— dons	armazém	— armazéns

4) Substantivos terminados em -*al*, -*el*, -*ol*, -*ul* mudam o -*l* em -*is*.
Exemplos:

canal	— canais	anzol	— anzóis
móvel	— móveis	paul	— pauis
papel	— papéis	azul	— azuis

OBS.: *Mal* faz *males*, *cônsul* → *cônsules*, *real* (moeda antiga) → *réis*.

5) Substantivos oxítonos terminados em -il mudam o -l em -s.
Exemplos:

funil	– funis	barril	– barris
fuzil	– fuzis	projetil	– projetis

OBS.: A palavra *projetil* tem a variante *projétil*, cujo plural segue a sexta regra: *projéteis*.

6) Substantivos paroxítonos terminados em -il trocam esta terminação em -eis.
Exemplos:
réptil – répteis; fóssil – fósseis.

OBS.: A palavra *réptil* tem a variante *reptil* (menos usada), cujo plural segue a quinta regra: *reptis*.

Plural de diminutivos e aumentativos

72. Nos diminutivos e aumentativos formados com sufixos começados por -z- (-zão, -zinho, -zito), tanto o substantivo primitivo como o sufixo vão para o plural, suprimindo-se, porém, na escrita, o -s do plural do substantivo primitivo:

pão	– pãezinhos (pães + zinhos);
anel	– aneizinhos (anéis + zinhos);
balão	– balõezinhos (balões + zinhos);
barril	– barrizinhos (barris + zinhos);
colar	– colarezinhos (colares + zinhos).

OBS.: Já são comumente usados, entretanto, plurais como *florzinhas* (e *florinhas*), *mulherzinhas*.

Substantivos que só costumam usar-se no singular ou no plural

73. Certos substantivos abstratos e nomes de substâncias não se usam habitualmente no plural: *juventude, fé, coragem, chumbo, ferro, ouro, cortesia, avareza*. Se às vezes se usam no plural, ocorre mudança de *sentido*: *ferros* quer dizer ferramenta, conjunto de objetos de ferro; *cortesias* significa cumprimentos, mesuras, e não delicadeza, urbanidade.

Outros substantivos só se empregam no plural: *arredores, cãs, exéquias, férias, núpcias, bodas, olheiras, pêsames, víveres, óculos, manes, pagos* etc.

OBS.: Os nomes próprios também se usam no plural: Havia na classe três *Joões* e dois *Manuéis*; os *Andradas*, os *Gusmões*.

Os nomes das letras, no plural, ou se escrevem, normalmente, como: "todos os *eles* e *erres*". "Pôr os pontos nos *is*", ou duplicando-se a letra que se pluraliza: os *ff*, os *ii*.

74. Substantivos compostos

Se os elementos componentes não se ligam por hífen, o plural se forma como se o substantivo fosse simples:

aguardente	– aguardentes	malmequer	– malmequeres
vaivém	– vaivéns	planalto	– planaltos
pontapé	– pontapés	lobisomem	– lobisomens

Quando o 1º elemento do composto é verbo ou palavra invariável, e o 2º um nome, só o 2º vai para o plural:

guarda-roupa	– guarda-roupas	arranha-céu	– arranha-céus
bate-boca	– bate-bocas	abaixo-assinado	– abaixo-assinados
sempre-viva	– sempre-vivas	para-lama	– para-lamas
grão-duque	– grão-duques	alto-falante	– alto-falantes
quebra-mar	– quebra-mares	vice-presidente	– vice-presidentes
ave-maria	– ave-marias	recém-nascido	– recém-nascidos

Quando os elementos componentes se ligam por preposição, só o primeiro recebe flexão do plural:

orelha-de-pau	– orelhas-de-pau
pé de moleque	– pés de moleque
pão de ló	– pães de ló
mula sem cabeça	– mulas sem cabeça

Se o composto se forma de substantivos, ou de substantivo e adjetivo, de duas formas iguais de verbo, *em geral* ambos se pluralizam.
Exemplos:

couve-flor	– couves-flores	bole-bole	– boles-boles
amor-perfeito	– amores-perfeitos	corre-corre	– corres-corres
gentil-homem	– gentis-homens	treme-treme	– tremes-tremes
terça-feira	– terças-feiras	tenente-coronel	– tenentes-coronéis
água-marinha	– águas-marinhas		
vitória-régia	– vitórias-régias	cachorro-quente	– cachorros-quentes
joão-grande	– joões-grandes		

75. Plural duplo

Há substantivos compostos em que o segundo elemento limita ou determina o primeiro: entre os dois se pode subentender uma preposição ou locução prepositiva. Sirvam de exemplo:

banana-maçã (com cheiro ou gosto de maçã);
café-concerto (com concerto);
caneta-tinteiro (com tinteiro);
fruta-pão (semelhante a pão);
guarda-marinha (de marinha);
escola-modelo (para modelo);
mestre-sala (de sala);
laranja-pera (em forma de pera);
palavra-chave (à maneira de chave).

76. Nessas condições, tradicionalmente, as gramáticas ensinavam que só o primeiro elemento varia. Modernamente, porém, a tendência é pluralizar os dois nomes, como se pode ver no dicionário Aulete.

bananas-maçãs ou *bananas-maçã*;
cafés-concertos ou *cafés-concerto*;
canetas-tinteiros ou *canetas-tinteiro*;
frutas-pães ou *frutas-pão*;
guardas-marinhas ou *guardas-marinha*;
escolas-modelos ou *escolas-modelo*;
mestres-salas ou *mestres-sala*;
laranjas-peras ou *laranjas-pera*;
palavras-chaves ou *palavras-chave*.

OBS.: São raros os substantivos compostos desse tipo em que só costuma variar o primeiro elemento, como *salário-família* → *salários-família*.

77. Alguns plurais especiais:

á-bê-cê → á-bê-cês   bem-te-vi → bem-te-vis
bê-á-bá → bê-á-bás   bem-me-quer → bem-me-queres

78. Plural com mudança de timbre.

Alguns nomes, cuja vogal tônica é o fechado, além de receberem a desinência -s, mudam, no plural, o o fechado para o aberto.

Ex.: *corpo* → *corpos*, *porto* → *portos*.

abrolho	esforço	miolo	povo
caroço	estorvo	olho	reforço
corcovo	fogo	osso	rogo
despojo	forno	ovo	socorro
destroço	fosso	poço	tijolo
escolho	imposto	porco	
corvo	jogo	posto	

OBS.: *Contorno, toco, torno* e *troco* hoje em dia se pluralizam sem mudança de timbre.

GRAU DO SUBSTANTIVO

79. Atente para estes exemplos:

faca	{ facão faquinha	colher	{ colherão colherinha
rato	{ ratão ratinho	rapaz	{ rapagão rapazinho
casaco	{ casacão casaquinho	mulher	{ mulherona mulherzinha

faca *pequena* → faca *grande*; rato *enorme* → rato *miúdo*.

Se compararmos entre si vários seres da mesma espécie, poderemos verificar, tomando para modelo os que consideramos normais, que uns se apresentam, em relação a eles, maiores ou mais fortes, ou mesmo desproporcionados e grosseiros; outros, ao contrário, são menores, ou mais fracos e delicados.

Os substantivos podem, com o auxílio de certos sufixos, ter a sua forma habitual ou normal "graduada" para significar:

a) o tamanho aumentado ou exagerado dos seres a que se aplicam, e então se dizem no grau AUMENTATIVO: *facão, casacão, colherão, ratão, rapagão, mulherona*;

b) o tamanho diminuído, ou a pequenez e delicadeza dos seres a que se aplicam, e então se dizem no grau DIMINUTIVO: *faquinha, casaquinho, colherinha, ratinho, rapazinho, mulherzinha*.

Também com o auxílio de adjetivos que significam aumento ou diminuição se podem expressar o aumentativo e o diminutivo: *sala grande, casaco pequeno, rato miúdo, mulher enorme, mulher minúscula.*

O grau formado com auxílio de sufixo, e portanto numa só palavra, se diz SINTÉTICO; se formado com o adjetivo, em duas palavras, se diz ANALÍTICO.

O aumentativo

80. O aumentativo SINTÉTICO, isto é, simples, numa só palavra, se exprime em português pelos sufixos seguintes:

-ão – o mais comum: *facão, pastelão, febrão, peixão, pranchão.*

OBS.: Nalguns casos o fonema final da palavra primitiva se modifica: rapaz → rapagão, nariz → narigão, chapéu → chapelão.

-*alha*: fornalha;
-*alhão*: amigalhão, porcalhão, vagalhão, dramalhão;
-*arrão* e -*zarrão*: doidarrão, gatarrão, santarrão; canzarrão, homenzarrão;
-*eirão*: boqueirão, vozeirão;
-*aço*: ricaço, doutoraço, morenaço, balaço;
-*aça*: barcaça, fumaça, populaça, vidraça, barbaça;
-*agão*: espadagão;
-*arra*: bocarra, naviarra;
-*aze* -*arraz*: pratarraz, canaz;
-*ázio*: balázio, copázio;
-*orra*: beiçorra, cabeçorra;
-*aréu*: fogaréu, cacaréu, povaréu, lumaréu;
-*anzil*: corpanzil;
-*la*: beiçola, camisola;
-*ança*: festança;
-*uça*: dentuça.

81. Às vezes, o substantivo no aumentativo não exprime apenas tamanho maior, mas uma expansão de intimidade (*amigalhão*); e, frequentemente, a noção é de desprezo (*sabichão, moleirão, poetaço*), dizendo-se, neste último caso, que a palavra tem sentido PEJORATIVO ou DEPRECIATIVO.

Repare que muitas vezes a ideia de desproporção é auxiliada pela mudança de gênero no aumentativo: *a casa, o casarão; a mulher, o mulherão; o beiço, a beiçorra.*

82. Muitos nomes com sufixos aumentativos se derivam não de substantivos, mas:

1) de adjetivos usados substantivamente (*valentão, pobretão, santarrão, bobão, bobalhão, sabichão, velhacaz*);

2) de verbos (*comilão, beberrão, chorão, adulão, brigão, fujão, mandão, resmungão, respondão, trapalhão*).

83. Aumentativos dignos de nota (não citados ainda):

alegria	– alegrão	médico	– medicastro (pejorativo)
cara	– caraça	rata	– ratazana
fatia	– fatacaz	rocha	– rochedo
ladrão	– ladravaz	vara	– varejão
mão	– manzorra	vilão	– vilanaço, vilanaz

OBS.: *Avejão*, que alguns apontam erradamente como aumentativo de *ave*, é palavra primitiva que significa "visão", "fantasma".

O diminutivo

84. O diminutivo sintético se exprime em português por numerosos sufixos, dentre os quais salientamos os seguintes:

-inho e -zinho (e fem.), o mais comum: *gatinho, livrinho, florinha* ou *florzinha, cafezinho, Zezinho, Joãozinho, Luisinha*;

-ito (e fem.), mais usado em Portugal: *cabrito, Manuelito, senhorita, Anita*;

-eto, -ete (e fem. eta): *livrete, saleta, poemeto, reizete, maleta*;

-el, -ela: *cordel, ruela, viela, magricela*;

-im: *espadim, selim, flautim, cornetim* (repare que as palavras primitivas são femininas);

-inhola: *portinhola*;

-ola: *rapazola, sacola, bandeirola*;

-ote, -ota: *saiote, frangote, aldeota, rapazote, rapagote, ilhota*;

-ebre: *casebre*;

-eco (pejorativo): *livreco, jornaleco*;

-ejo: *lugarejo, animalejo*;

-oca: *boboca, beijoca, engenhoca*;

-ico: *burrico, nanico*;

-isco: *chuvisco*;

-oila: *moçoila*;

-acho: *riacho, penacho, fogacho*;

-ucho: *papelucho, gorducho*;

-ilho, -ilha: *pecadilho, esquadrilha, sonetilho*.

85. Muitas vezes o diminutivo não exprime tamanho reduzido, mas:

1) carinho, ternura, afetividade; e neste caso se aplica também, na linguagem familiar, a adjetivos e advérbios. Ex.: *mãezinha, filhinho, amiguinho, novinho, certinho, fininho; cedinho, agorinha*;

2) desprezo (depreciativos ou pejorativos): *papelucho* (papel que não vale nada), *livreco* (livro sem valor).

86. Na linguagem científica, sobretudo, usam-se ainda os sufixos *-ulo* e *-culo*:

raiz	– radícula	questão	– questiúncula
globo	– glóbulo	animal	– animálculo
corpo	– corpúsculo	gota	– gotícula
verme	– vermículo	febre	– febrícula
monte	– montículo	verso	– versículo
nó	– nódulo	pele	– película
homem	– homúnculo		

São os chamados DIMINUTIVOS ERUDITOS, isto é, usados, quase sempre, exclusivamente na língua escrita, por pessoas cultas, ou na linguagem científica.

Mudança de significação

87. Muitas palavras, a princípio diminutivas ou aumentativas de outras, perderam esse valor e passaram a indicar coisa diferente do substantivo de que se derivam, e não devem ser analisadas como aumentativos ou diminutivos.

Exemplos:
cartão é coisa diferente de "carta grande";
caixão nem sempre é "caixa grande";
papelote é coisa diferente de "papelzinho";
florão é coisa diferente de "flor grande";
joguete é coisa diferente de "jogo pequeno";
vidrilho é coisa diferente de "vidrinho";
lingueta é coisa diferente de "linguinha";
corpete é coisa diferente de "corpo pequeno";
portão nem sempre é "porta grande".

> Veja no dicionário a significação das palavras que você desconhece

88. Outros diminutivos que oferecem dificuldade, ou mais de uma forma:

abano	–	abanico;
aldeia	–	aldeiazinha, aldeola, aldeota;
animal	–	animalzinho, animalejo, animálculo;

árvore	-	arvoreta, arvorezinha, arbusto;
arpão	-	arpãozinho, arpéu;
barba	-	barbinha, barbicha;
caixa	-	caixinha, caixeta, caixote;
canal	-	canalzinho, canalete;
casa	-	casinha, casinhola, casebre, casucha;
cão	-	cãozinho, canito, canicho;
canção	-	cançoneta, cançãozinha;
farol	-	farolete, farolzinho;
galé	-	galeota, galeote;
história	-	historieta;
ilha	-	ilhazinha, ilhéu, ilhota;
laje	-	lajota;
mastro	-	mastrinho, mastaréu;
pequeno	-	pequenino, pequeninho, pequenote, pequerrucho, pequenininho;
prancha	-	pranchinha, prancheta;
raiz	-	raizinha, radicela, radícula;
ramo	-	raminho, ramilhete, ramalhete, ramilho, ramúsculo;
rapaz	-	rapazinho, rapazelho, rapazola, rapagote, rapazote;
rei	-	reizinho, reizete, régulo;
sino	-	sininho, sineta;
vara	-	varinha, vareta;
vala	-	valinha, valeta;
verão	-	verãozinho, veranico;
verso	-	versinho, versículo;
vila	-	vilazinha, vilarejo.

Exercícios

Número

1. Forme o plural destes substantivos:

a) gavião _____   c) vulcão _____   e) cristão _____

b) cidadão _____ d) pagão _____   f) capelão _____

g) sacristão_____ ____   k) oásis _____   o) projetil _____

h) guardião_____ ____   l) atlas _____   p) tórax _____

i) caráter _____   m) ônibus _____   q) adeus _____

j) cais _____   n) projétil _____ ____   r) fóssil _____

2. Cite três substantivos terminados em *-ão* que apresentem mais de um plural, registrando-os todos.

a) _____

b) _____

c) _____

3. Ponha no diminutivo plural:

a) papel _____   d) alemão _____ _____

b) botão _____   e) mulher _____ _____

c) funil _____   f) país _____

4. Forme o plural destes substantivos compostos:

a) vaivém _____   h) bem-te-vi _____

b) sempre-viva _____   i) segunda-feira _____

c) malmequer _____   j) amor-perfeito _____

d) ave-maria _____   k) para-lama _____

e) grão-duque _____   l) alto-falante _____

f) pé de moleque _____ _____   m) vitória-régia _____

g) carta-bilhete _____   n) caneta-tinteiro _____ _____

5. Envolva a vogal tônica e escreva o plural dos seguintes substantivos:

a) contorno _____ _____   c) escolho _____

b) consolo _____   d) forno _____

e) gosto _____   h) socorro _____

f) poço _____   i) sogro _____

g) rogo _____   j) imposto _____

Grau

6. Utilizando um dos sufixos do § 80 (exceto -ão), forme o aumentativo sintético destes substantivos:

a) amigo _____   e) bala _____   i) beiço _____

b) copo _____   f) fogo _____   j) caco _____

c) boca _____   g) corpo _____   k) drama _____

d) prato _____   h) vaga _____   l) fatia _____

7. Diga quais dos aumentativos formados no exercício anterior têm sentido pejorativo.
_____

8. Use no aumentativo analítico cinco dos substantivos do exercício 6.
_____
_____

9. Forme dois diminutivos sintéticos com cada um destes sufixos:

a) -ete _____   e) -ola _____

b) -im _____   f) -eta _____

c) -eco _____   g) -ote _____

d) -ico _____   h) -ucho _____

10. Complete as frases com o diminutivo erudito conveniente:

a) No sangue humano há milhões de .... (*globo*) vermelhos.

b) A gripe que apanhei me trouxe apenas uma .... (*febre*).

c) Na fruta estragada se viam numerosos .... (*verme*).

d) Muitas vezes nos aborrecemos por causa de .... (*questão*) sem valor.

e) Aqueles pigmeus, verdadeiros .... (*homem*), nem parecem da espécie humana.

f) O orvalho deixara graciosas .... (*gota*) nas pétalas das flores.

g) Divertia-se em fazer na areia dezenas de .... (*monte*).

h) Com a chuvarada, a água ficou cheia de .... (*corpo*).

11. Ponha na forma normal, sem grau, estes aumentativos e diminutivos:

a) penhasco _____   d) engenhoca _____   g) viela _____

b) rochedo _____   e) boqueirão _____   h) nanico _____

c) sineta _____   f) selim _____   i) lumaréu _____

12. Ponha no diminutivo plural:

a) lençol _____   e) leitão _____

b) coração _____   f) papel _____

c) automóvel _____   g) lápis _____

d) cão _____   h) sabiá _____

13. Sublinhe os substantivos que estão no grau diminutivo analítico das frases abaixo:

a) Na mesinha de cabeceira havia uma pequena jarra cheia de florezinhas.

b) Diminutas manchas de sangue apareciam no seu colarinho.

c) Joãozinho ganhou de presente um pequeno avião de madeira.

d) Aquele carrinho só transporta pequenos volumes.

O ARTIGO

O artigo definido

89. Veja estes exemplos:

A professora de português trouxe *o* livro prometido.

Os alunos e *as* alunas ficaram radiantes.

As palavras *o, a, os, as*, que se antepõem a substantivos e indicam que nos referimos a seres bem determinados entre vários da mesma espécie, recebem o nome de ARTIGO DEFINIDO.

O artigo indefinido

90. Observe:

Um aluno e *uma* aluna haviam trazido *uns* livros e *umas* gravuras, para a classe.

As palavras *um, uma, uns, umas*, quando se antepõem a substantivos para indicar que nos referimos a seres indeterminados entre vários da mesma espécie, recebem o nome de ARTIGO INDEFINIDO.

Os artigos são sempre adjuntos de um substantivo.

Exercícios

1. Em lugar dos pontilhados, use a forma adequada do artigo:

".......... agulha e .... linha.

Era .... vez .... agulha que disse a .... novelo de linha: — Por que está você com esse ar, para fingir que vale alguma coisa neste mundo? — Que lhe importa .... meu ar? Cada qual tem .... ar que Deus lhe deu.

Estavam nisto, quando .... costureira chegou à casa d.......... baronesa. Não sei se disse que isto se passava em casa de .... baronesa."

2. Envolva os artigos definidos acompanhados do substantivo a que se referem:

"Importe-se com a sua vida e deixe a dos outros — disse a linha."

"Veio a noite do baile, e a baronesa vestiu-se. A costureira, que a ajudou a vestir-se, levava a agulha espetada no corpinho, para dar algum ponto necessário. E, enquanto compunha o vestido da bela dama, e puxava a um lado ou outro, a linha, para mofar da agulha, perguntou-lhe: — Ora agora, diga-me quem é que vai ao baile, no corpo da baronesa, fazendo parte do vestido e da elegância?"

3. Reescreva as frases sem os artigos indefinidos desnecessários; repare como a frase fica mais leve e agradável sem eles:

a) Um certo dia, tive uma rara oportunidade de comprar umas conchas coloridas que um pobre pescador apregoava a um preço ínfimo.

_____

_____

b) Um aluno novo, que viera de um colégio particular de um subúrbio, tinha o rosto pálido e umas olheiras profundas de uma forte gripe que apanhara indo a um banho de mar em um dia de chuva.

_____

_____

c) Sempre o víamos dominado de uma tristeza que era um sinal visível de uma doença que uns remédios caseiros não conseguiam curar.

_____

_____

d) Gostava muito de uma boneca de pano que uns parentes trouxeram de uma viagem por um lugarejo de um estado do Norte.

_____

_____

4. Distinga do numeral homógrafo o artigo indefinido, substituindo o numeral por um algarismo:

a) Um a um, foram passando para uma sala, onde esperava uma professora que, com uma lista na mão, fez a chamada.

_____

b) À uma hora, ouviu-se uma balada tão forte que uma aluna mais distraída levou um susto.

_____

c) Uma tarde, em um restaurante de São Paulo, acompanhado de um colega, pedi um jantar para um, mas uma distração do garçom fez surgir comida para três.

_____

O ADJETIVO

91. Repare nestes exemplos:
ESTRANHA *flor* AQUÁTICA — *lenda* maravilhosa.
O *céu* estava AZUL e de repente ficou CINZENTO.

As palavras que se referem ao substantivo, indicando as qualidades que nele se encontram, o seu estado, modo de ser ou aparência recebem a denominação de nomes adjetivos, ou simplesmente ADJETIVOS. Noutras palavras: o adjetivo nos diz COMO são ou estão os seres.

Locuções adjetivas

92. Muitas vezes, no lugar de um adjetivo simples pode usar-se, com o mesmo sentido e valor, uma expressão formada de preposição + substantivo. Ex.: dia *de primavera* (= primaveril), força *de leão* (= leonina), forma *de homem* (= humana), cabeça *sem cabelo* (= calva). Algumas vezes a locução adjetiva não tem equivalente preciso: carioca *da gema*; negócio *da China*; homem *das arábias*.

93. Conforme já vimos nos §§ 41 e 42, o adjetivo, quanto à sua formação, pode ser:

primitivo: *limpo, belo*;
derivado: *formoso (de forma), cearense (de Ceará)*;
simples: *surdo, mudo, alvo, negro*;
composto: *surdo-mudo, alvinegro*.

Adjetivos de naturalidade ou pátrios

94. Dentre os adjetivos derivados, convém salientar os que indicam a raça, o país (ou lugar) de origem (ou moradia) — que se conhecem por ADJETIVOS PÁTRIOS ou GENTÍLICOS — os quais se formam com o auxílio, entre outros, dos seguintes sufixos:

- *-ano*: acriano, baiano, americano;
- *-ês*: francês, chinês, português;
- *-ense*: amazonense, recifense;
- *-ista*: paulista, santista, campista, nortista;
- *-eiro*: brasileiro, mineiro, campineiro.

Alguns exemplos:

a) Brasileiros (dos estados e suas capitais, e outros menos conhecidos):

Acre – *acriano*
Alagoas – *alagoano*
Amapá – *amapaense*
Amazonas – *amazonense*
Angra dos Reis – *angrense*
Aracaju – *aracajuano*
Bahia – *baiano*
Belém – *belenense*
Belo Horizonte – *belo-horizontino*
Brasília – *brasiliense*; *candango* se usa como substantivo, e familiarmente
Cataguases – *cataguasense*
Curitiba – *curitibano*
Espírito Santo – *espírito-santense*, *capixaba*
Fortaleza – *fortalezense*
Florianópolis – *florianopolitano*
Goiânia – *goianiense*
Goiás – *goiano*
Juiz de Fora – *juiz-forano*
Macapá – *macapaense*
Maceió – *maceioense*
Manaus – *manauense*
Marajó – *marajoara*
Maranhão – *maranhense*
Niterói – *niteroiense*
Ouro Preto – *ouro-pretano*

Pará – *paraense*, *paroara* (na Amazônia)
Paraíba – *paraibano*
Paraná – *paranaense*
Pernambuco – *pernambucano*
Poços de Caldas – *poços-caldense*
Porto Alegre – *porto-alegrense*
Porto Velho – *porto-velhense*
Recife – *recifense*
Rio Branco – *rio-branquense*
Rio Grande do Norte – *norte-rio-grandense*, *rio-grandense-do-norte*, *potiguar*, *papa-jerimum* (pejorativo)
Rio Grande do Sul – *sul-rio-grandense*, *rio-grandense-do-sul*, *gaúcho*
Rio de Janeiro (estado) – *fluminense*
Rio de Janeiro (cidade) – *carioca*
Roraima – *roraimense*
Salvador – *salvadorense*, *soteropolitano*
Santa Catarina – *catarinense*, *barriga-verde* (pejorativo)
São João del-Rei – *são-joanense*
São Luís – *são-luisense*
São Paulo (estado) – *paulista*
São Paulo (capital) – *paulistano*
Sergipe – *sergipano*

b) Estrangeiros:

Abissínia - *abissínio, abexim*
Alasca - *alasquenho*
Alemanha - *alemão, germânico*
Argélia - *argelino*
Bagdá - *bagdali*
Batávia - *batavo*
Baviera - *bávaro*
Bélgica - *belga*
Estados Unidos da América - *norte-americano, americano, ianque*
Grécia - *grego, helênico*
Israel - *israelense*
Japão - *japonês, nipônico*
Java - *javanês, jaú*
Judeia - *judeu, judaico, hebreu*
Lima - *limenho*
Lisboa - *lisbonense, lisboeta*
Londres - *londrino*
Madagascar - *madagascarense, malgaxe*
Madri - *madrileno* ou *madrilenho*
Marrocos - *marroquino*
Mônaco - *monegasco*
Moscou - *moscovita*
Nazaré - *nazareno*
Pérsia - *persa, pérsico*
Paris - *parisiense*
Portugal - *português, luso, lusitano*
Rio da Prata - *platino, platense*
Romênia ou Rumânia - *romeno* ou *rumano*
Rússia - *russo, soviético*
Turquia - *turco, otomano*

c) De alguns países da América Latina:

Chile - *chileno*
El Salvador - *salvadorenho*
Equador - *equatoriano*
Guatemala - *guatemalteco*
Haiti - *haitiano*
Honduras - *hondurenho*
Nicarágua - *nicaraguense*
Panamá - *panamenho*
Peru - *peruano*
Venezuela - *venezuelano*

Concordância do adjetivo

95. Examine estes exemplos: aluno estudioso → alunas estudiosas.

Quando é masculino o substantivo ao qual se aplica um adjetivo, também este fica no masculino; se o substantivo for feminino, igualmente feminino terá de ser o adjetivo; e conforme esteja o substantivo no singular ou no plural, assim também ficará o adjetivo.

Esse acordo necessário entre o adjetivo e o substantivo é o que se chama CONCORDÂNCIA. É por isso que se diz:

O adjetivo concorda em gênero e número
com o substantivo a que se aplica.

GÊNERO DO ADJETIVO

96. Na sua maior parte, os adjetivos são biformes, isto é, possuem duas formas, uma para o masculino, outra para o feminino: aluno es*tudioso*, aluna es*tudiosa*; povo *português*, nação *portuguesa*.

O processo de formação do feminino dos adjetivos é igual ao dos substantivos. Desse modo:

1) os que terminam em -o trocam-no por a: papel *branco* → roupa *branca*;

2) os que terminam em -ês, -or e -u GERALMENTE recebem a no feminino: francês → francesa, encantador → encantadora, cru → crua.

OBS.: São invariáveis, porém: *hindu, cortês, montês, pedrês, anterior, exterior, incolor, inferior, interior, maior, melhor, multicor, menor, pior, posterior, superior, bicolor, tricolor.*

Usa-se o feminino *superiora* ao nos referirmos à freira que dirige um convento: "A madre *superiora* era ainda bastante jovem." Ou então com valor de substantivo: "Muito enérgica, a *superiora* mantinha disciplina férrea."

Mau faz *má*.

Trabalhador faz *trabalhadeira*; *cantador* → *cantadeira*.

3) Os que terminam em -ão fazem o feminino ora em -ã, ora em -ona, e raros em -oa.

Exemplos:

são – sã   alemão – alemã
chorão – chorona   comilão – comilona
mandrião – mandriona beirão – beiroa

> Releia o § 3º, em que se explica que o substantivo e o adjetivo são *nomes*

OBS.: Muitas vezes pode o adjetivo ser empregado na frase como substantivo. Distinga:

"A língua *alemã* (adj.) é difícil." — "A *alemã* (subst.) que conheci era doceira exímia." — "O menino *comilão* (adj.) adoece frequentemente." — "O *comilão* (subst.) adoeceu." — Um livro *velho* (adj.) — Um *velho* (subst.) doente — Uma prova *difícil* (adj.). — "O *difícil* (subst.) foi fazer aquela prova."

4) Os que terminam em -eu trocam esta desinência por -eia.

Ex.: *europeu* → *europeia*; *plebeu* → *plebeia*.

Mas: *judeu* → *judia*; *sandeu* → *sandia*; *ilhéu* → *ilhoa*; *tabaréu* → *tabaroa*.

Adjetivos uniformes

97. Certos adjetivos apresentam uma única forma para os dois gêneros, chamando-se, por isso, UNIFORMES.

São em regra uniformes os que terminam em *-a, -e, -l, -m, -r, -s* e *-z*.

Exemplos:

O instrumento *agrícola*.	A atividade *agrícola*.
O homem *prudente*.	A mulher *prudente*.
O aluno *ágil*	A aluna *ágil*.
Um sabor *ruim*.	Uma prova *ruim*.
O menino *exemplar*.	A menina *exemplar*.
O vestido *simples*.	A roupa *simples*.
O pássaro *veloz*.	A borboleta *veloz*.

E assim: *doce, humilde, inteligente, célebre, leve, comum, selvagem, leal, fácil, difícil, juvenil, gentil, particular, amável, terrível, audaz, feroz* etc.

Exceções: *espanhol* → *espanhola*; *bom* → *boa*; *andaluz* → *andaluza*.

Adjetivos compostos

98. Nos adjetivos compostos, somente o último elemento recebe a flexão de feminino, quando o primeiro vale como simples radical.

anglo-americano	– anglo-americana
luso-brasileiro	– luso-brasileira
médico-dentário	– médico-dentária

Se ambos valem como adjetivos, variam os dois: *surdo-mudo* → *surda-muda*; *católico-romano* → *católica-romana*.

Mudança de timbre no feminino

99. Alguns adjetivos que no masculino têm vogal tônica o fechado, além de receberem a desinência -a, no feminino, mudam o o fechado em o aberto, mudança que não se assinala na escrita.

Exemplos:

formoso – formosa	grosso – grossa
morno – morna	disposto – disposta

NÚMERO DO ADJETIVO

100. Os adjetivos simples, na formação do plural, seguem as mesmas regras dos substantivos, como se pode ver nestes exemplos:

certo	– certos	encantador	– encantadores
leve	– leves	feliz	– felizes
bom	– bons	legal	– legais
são	– sãos	espanhol	– espanhóis
valentão	– valentões	azul	– azuis
alemão	– alemães	infantil	– infantis
fácil	– fáceis	simples	– simples

101. Nos adjetivos compostos, somente o último elemento recebe a flexão de plural, se o 1º tem o valor de puro radical.

Exemplos:

castanho-claro	– castanho-claros
luso-brasileiro	– luso-brasileiros
anglo-americano	– anglo-americanos
médico-dentário	– médico-dentários
azul-escuro	– azul-escuros

Se ambos são adjetivos, variam os dois: *surdo-mudo* → *surdos-mudos*; *católico-romano* → *católicos-romanos*.

OBS.: São invariáveis certos compostos referentes a cor: fazendas *azul-marinho*; flores *cor-de-rosa*, uniformes *verde-oliva*, raios *ultravioleta*.

Exercícios

1. Sublinhe os nomes que estão em função de adjetivo:

   a) Um estudante aplicado.
   b) Um soldado estudante.
   c) Um estudante jovem.
   d) Um jovem amável.
   e) Um guerreiro bravo.
   f) Um povo guerreiro.
   g) Um livro pequeno.
   h) Um rico misericordioso.
   i) Um burguês rico.
   j) Um estudante burguês.
   k) Um burguês estudante.
   l) Um palhaço engraçado.
   m) Mulher devota.
   n) A devota fiel.
   o) O pastor alemão.
   p) Um alemão alegre.
   q) Um tolo convencido.
   r) Um conselho tolo.

2. Assinale os adjetivos derivados (D) e os compostos (C):

   a) (   ) feroz
   b) (   ) cor-de-rosa
   c) (   ) amável
   d) (   ) cinzento
   e) (   ) todo-poderoso
   f) (   ) amazonense
   g) (   ) descortês
   h) (   ) branco
   i) (   ) estudioso
   j) (   ) carioca
   k) (   ) alvinegro
   l) (   ) terrestre
   m) (   ) celeste
   n) (   ) difícil
   o) (   ) cruel

p) ( ) leonino	t) ( ) róseo	x) ( ) nacional
q) ( ) bonito	u) ( ) solar	y) ( ) fértil
r) ( ) infeliz	v) ( ) saboroso	z) ( ) pluvial
s) ( ) auriverde	w) ( ) exemplar	z¹) ( ) alegre

3. **A cada adjetivo primitivo do exercício anterior junte um substantivo que lhe convenha:**

   Modelo: animal *feroz*; cabelos *brancos*.

   _____   _____

   _____   _____

   _____   _____

4. **Substitua as expressões entre parênteses pelo adjetivo correspondente:**

   a) As praias .... (do Nordeste)

   b) As paisagens .... (da cidade do Rio de Janeiro)

   c) A indústria .... (dos Estados Unidos)

   d) As montanhas .... (do Chile)

   e) Moça .... (do Equador)

   f) Os lagos .... (do Canadá)

   g) Também são americanos os .... (do Panamá), os .... (do Haiti), os .... (da Costa Rica), os .... (de Honduras), os .... (da Guatemala) e os .... (da Nicarágua)

   h) Os povos .... (da Ásia)

   i) São famosas as igrejas .... (de Ouro Preto)

   j) Os rebanhos .... (de Marajó)

   k) O povo .... (de Israel), com o seu trabalho, transformou desertos em oásis.

4. MORFOLOGIA

Gênero e número

5. Marque os adjetivos uniformes (X); escreva o feminino dos biformes:

a) ( ) cortês

b) ( ) encantador

c) ( ) tricolor

d) ( ) cru

e) ( ) hindu

f) ( ) veloz

g) ( ) contente

h) ( ) montês

i) ( ) melhor

j) ( ) brilhante

k) ( ) escocês

l) ( ) andaluz

FEMININO DOS BIFORMES

_____

_____

6. Ponha no feminino plural:

a) judeu alemão _____

b) guri exemplar _____

c) garoto ágil _____

d) burguês mau _____

e) frade europeu _____

f) réu cristão _____

7. Passe para o feminino estas expressões:

a) cavalheiro amável _____

b) jovem chorão _____

c) rei bonachão _____

d) marido modelar _____

e) homem simples _____

f) servente trabalhador _____

g) leão feroz _____

h) rapaz cortês _____

i) barão sandeu _____

8. Ponha no plural o adjetivo composto entre parênteses:

a) uniformes .... (azul-marinho)

b) relações .... (luso-brasileira)

c) crianças .... (surdo-mudo)

d) cabelos .... (castanho-escuro)

e) saraus .... (artístico-literário)

f) fardas .... (verde-oliva)

GRAU DO ADJETIVO

102. Já sabemos que o adjetivo é o nome que exprime a qualidade, ou o estado, de um ser: Maria é *alta*. João é *alto*. Eva é *baixa*.

O comparativo

Às vezes somos levados a comparar a mesma qualidade (ou estado) entre dois seres, indicando que essa qualidade é:

a) igual em ambos: Maria é tão *alta* COMO ou QUANTO João;

b) superior num dos seres comparados: João é MAIS *alto* (DO) QUE Eva;

c) inferior num dos seres comparados: Eva é MENOS *alta* (DO) QUE João.

É o que se chama GRAU COMPARATIVO dos adjetivos, e que pode, como vimos, ser de IGUALDADE, de SUPERIORIDADE e de INFERIORIDADE.

O superlativo absoluto

103. A qualidade de um ser pode também ser elevada a um grau muito alto, fora do comum — o SUPERLATIVO ABSOLUTO — que se exprime:

a) numa só palavra, com sufixo apropriado (SUPERLATIVO ABSOLUTO SINTÉTICO): João é *altíssimo*;

b) em duas palavras, a primeira das quais é um advérbio de intensidade (SUPERLATIVO ABSOLUTO ANALÍTICO): João é *muito* alto, *extraordinariamente* alto.

O superlativo relativo

104. Também se pode tomar a qualidade de um ser indicando que é maior, ou menor, em relação a todos os demais que a possuem: é o SUPERLATIVO RELATIVO, que pode exprimir:

a) SUPERIORIDADE: Eva é A MAIS *baixa* DE minhas alunas; João é o MAIS *alto* DE todos;

b) INFERIORIDADE: Eva é A MENOS *alta* DE minhas alunas; João é o MENOS *baixo* DE todos.

105. Formação do comparativo

De IGUALDADE: ao adjetivo se antepõe *tão* e se pospõe *como* ou *quanto*: Ela parece TÃO *inteligente* COMO (ou QUANTO) o irmão.

De SUPERIORIDADE: ao adjetivo se antepõe *mais* e se pospõe *que* ou *do que*: Ela é MAIS *inteligente* (DO) QUE ele.

De INFERIORIDADE: ao adjetivo se antepõe *menos* e se pospõe *que* ou *do que*: Ele é MENOS *inteligente* (DO) QUE ela.

106. Comparativo irregular sintético (numa só palavra)

Em português há quatro adjetivos que possuem forma simples e irregular do comparativo de superioridade:

bom, que faz *melhor*; *grande*, que faz *maior*; *mau*, que faz *pior*; *pequeno*, que faz *menor*.

OBS.: Embora menos frequentemente, ainda se usa a forma regular *mais pequeno*.

Quando se comparam duas qualidades do mesmo ser, usam-se as formas analíticas desses quatro adjetivos: Ele é *mais bom* que inteligente; *mais mau* do que bom; *mais grande* que pequeno.

107. Formação do superlativo relativo

De SUPERIORIDADE: ao adjetivo se antepõe o *mais* e se pospõe *de*: Ele é o MAIS *alegre* DOS alunos.

De INFERIORIDADE: ao adjetivo se antepõe o *menos* e se pospõe *de*: Ele é o MENOS *alegre* DE todos.

OBS.: Os adjetivos *bom*, *mau*, *grande* e *pequeno* têm, como para o comparativo, formas sintéticas anômalas, isto é, irregularíssimas: O MELHOR, O PIOR, O MAIOR ou O MÁXIMO, O MENOR ou O MÍNIMO de todos.

108. Formação do superlativo absoluto

ANALÍTICO: ao adjetivo se antepõe um advérbio de intensidade, como *muito, extremamente, extraordinariamente*: Ele é *muito* (ou *extremamente* ou *extraordinariamente*) estudioso.

SINTÉTICO: à forma normal do adjetivo (que pode às vezes sofrer alteração mais ou menos forte) se agrega um dos sufixos *-íssimo, -érrimo* ou *-imo*, conforme as normas que damos a seguir:

1) Os adjetivos terminados em -e, -o (fem. -a) perdem a vogal final antes de receber o sufixo -íssimo, -íssima:

largo → larguíssimo; claro → claríssimo; fraca → fraquíssima; clara → claríssima; forte → fortíssimo; pio → piíssimo.

2) Os que terminam em -vel mudam este sufixo em -bil antes de receber -íssimo:

notável → notabilíssimo; terrível → terribilíssimo.
OBS.: *Provável* faz *probabilíssimo*.

3) Aos que terminam em -r, -l (fora o caso anterior) e -u se acrescenta simplesmente o sufixo -íssimo:

vulgar → vulgaríssimo; natural → naturalíssimo; útil → utilíssimo; cru → cruíssimo.
OBS.: *Fácil* e *difícil* fazem *facílimo* e *dificílimo*.

4) Os que terminam em -z mudam esta consoante em -c antes de receber -íssimo:

feroz → ferocíssimo; feliz → felicíssimo; feraz → feracíssimo.

5) Os que terminam em -ão mudam previamente esta terminação em -an:

vão → vaníssimo; pagão → paganíssimo.

6) Os que terminam em -m mudam-no em -n:

bom → boníssimo; comum → comuníssimo.

Superlativos irregulares

109. Há numerosos adjetivos cujos radicais também sofrem certas alterações antes de receberem o sufixo de superlativo. Eis os principais, observando-se que os assinalados com um asterisco possuem também a forma regular:

a) acre - acérrimo   cristão   - cristianíssimo
   célebre - celebérrimo   cruel   - crudelíssimo
   humilde* - humílimo   frio*   - frigidíssimo
   íntegro - integérrimo   inimigo   - inimicíssimo
   antigo* - antiquíssimo   pessoal   - personalíssimo
   negro* - nigérrimo   soberbo*   - superbíssimo
   pobre* - paupérrimo   doce*   - dulcíssimo
   salubre - salubérrimo   magro*   - macérrimo
   úbere - ubérrimo   livre   - libérrimo

OBS.: Como superlativo de 'magro' também é vulgar a forma *magérrimo*.

b) amargo* – amaríssimo   sagrado – sacratíssimo
amigo* – amicíssimo   simples – simplicíssimo ou
geral   – generalíssimo   simplíssimo
nobre – nobilíssimo

c) benéfico – beneficentíssimo   malévolo – malevolentíssimo
benévolo – benevolentíssimo   maléfico – maleficentíssimo
magnífico – magnificentíssimo   sábio   – sapientíssimo

Superlativos anômalos

110. Os adjetivos seguintes têm, ao lado do superlativo absoluto sintético regular, outro anômalo, isto é, irregularíssimo, pois que formado de radical diferente.

REGULAR		ANÔMALO
bom	– boníssimo	ótimo
mau	– malíssimo	péssimo
grande	– grandíssimo	máximo
pequeno	– pequeníssimo	mínimo

OBS.: Na linguagem familiar se usa ainda a forma *grandessíssimo*.

Adjetivos aumentativos e diminutivos

111. Conforme já vimos ao tratar do grau dos substantivos, há certos adjetivos que admitem flexão de aumentativo (e neste caso geralmente têm sentido pejorativo: *valentão, moleirão, bobalhão, fracalhão, atrevidaço, velhacaz*) ou de diminutivo (exprimindo, então, carinho ou afeto: *bonitinho, baixinho*).

Adjetivos que não se flexionam em grau

112. A própria significação de certos adjetivos não permite que se flexionem em grau. Assim os que se referem:

   a) a divisões de tempo: *diário, semanal, mensal, anual, secular*;

   b) à sua duração: *momentâneo, passageiro, eterno, perpétuo*;

   c) a certos estados que não admitem variação de intensidade: *casado, solteiro, viúvo*.

OBS.: Na linguagem familiar, entretanto, estes últimos podem apresentar-se no diminutivo afetivo: *casadinho de fresco, solteirinho da silva*.

Exercícios

1. Complete com o que se pede:

a) Superlativo relativo (de superioridade):

O *flamboyant* é .... bela árvore que floresce no verão.

Josefina, ... estudiosa aluna da turma, foi premiada.

O sabiá é .... harmonioso dos pássaros canoros do Brasil.

b) Comparativo de igualdade:

Doce .... mel.

.... preto .... carvão.

Esta lição é .... fácil .... a primeira.

c) Comparativo de superioridade:

O ouro é .... precioso .... o ferro, porém este é .... útil.

Alagoas é .... Pernambuco.

O doente está hoje .... ontem, pois a febre e a tosse aumentaram.

d) Superlativo absoluto analítico (com advérbios diferentes):

Os coqueiros são .... comuns nas praias do Nordeste.

Sua ideia é .... feliz.

Em certos trechos, as águas do São Francisco são .... encachoeiradas.

4 . MORFOLOGIA

2. Em lugar dos pontos, escreva o grau superlativo absoluto sintético dos adjetivos grifados:

a) As terras de São Paulo são extremamente *férteis*, são ....

b) O clima de Nova Friburgo é (*saudável*) .... mas o de Campos do Jordão é ainda mais *salubre*, é ....

c) O cheiro de fumaça é muito *acre*, é ....

d) De um solo muito fértil se diz que é (*úbere*) ....

e) Há substâncias de sabor muito *amargo*; o fel, a mais amarga de todas, é ....

f) Este solo é (*feraz*) ....

3. Indique as duas formas de superlativo sintético destes adjetivos:

a) humilde _____

b) negro _____

c) pobre _____

d) amigo _____

e) antigo _____

f) frio _____

g) soberbo _____

4. Indique se cada adjetivo grifado está no comparativo de superioridade (1), comparativo de inferioridade (2), superlativo relativo (3):

a) A formiga é mais *laboriosa* que a cigarra. (   )

b) O leite é o mais *substancial* dos alimentos. (   )

c) Este banqueiro é o mais *rico* da cidade. (   )

d) O Paraguai é menos *adiantado* que o Uruguai. (   )

e) O Amazonas é o menos *povoado* dos nossos estados. (   )

f) A Lua é *menor* do que a Terra. (   )

g) Vencer-se a si próprio é a mais *difícil* das vitórias. (   )

h) A palmeira é a mais *alta* árvore deste lugar. (   )

i) Guardei as *melhores* recordações daqueles dias de férias. (   )

j) Conhecer os próprios defeitos é mais *difícil* do que reparar nos alheios; (   ) o conhecimento dos próprios defeitos é, talvez, a mais *difícil* das ciências. (   )

5. Em lugar do comparativo de igualdade use o de superioridade:

a) É tão bom como o irmão. _____

b) É tão bom quanto inteligente. _____

c) É tão grande como delicado. _____

d) É tão grande como o pai. _____

e) É tão mau quanto vingativo. _____

f) É tão mau como ele. _____

g) É tão pequeno quanto estudioso. _____

h) É pequeno como um anão. _____

6. Ponha no superlativo absoluto sintético:

a) notável _____ e) feroz _____

b) doce _____ f) áspero _____

c) fácil _____ g) mau _____

d) difícil _____ h) benévolo _____

O NUMERAL

113. Examine estes exemplos:

"Minha turma tem *trinta* alunos e *uma* professora; Abel é o *primeiro* nome da chamada, e Zulmira o *trigésimo*."

As palavras *trinta* e *uma* designam determinado NÚMERO de seres, *primeiro* e *trigésimo* referem-se ao NÚMERO DE ORDEM de outros.

Chamam-se NUMERAIS as palavras que se referem a certo número de seres e ao seu número de ordem.

Quando apenas nomeiam o número de seres, dizem-se CARDINAIS: *um, dois, três..., trinta*; se determinam a ordem que o ser ocupa numa série, chamam-se ORDINAIS: *primeiro, segundo, terceiro..., trigésimo*.

Certos numerais exprimem a ideia de que um número é MÚLTIPLO de outro: "Trinta é o *dobro* de quinze e o *triplo* de dez"; chamam-se, por isso, MULTIPLICATIVOS.

Outros, ao contrário, indicam uma fração: "Dez é *um terço* de trinta e a *metade* de vinte": são os FRACIONÁRIOS.

Flexão dos numerais

114. Dentre os cardinais, são variáveis em GÊNERO: *um* (fem. *uma*), *dois* (fem. *duas*) e as centenas de *duzentos* em diante (*duzentas, trezentas* etc.).

Todos os ordinais variam em gênero e número: *primeiro, primeira, primeiros, primeiras*.

O mesmo acontece com os fracionários: a TERÇA *parte*; *dois* QUINTOS etc.

Numerais coletivos

115. Certos numerais substantivos, que indicam número exato de determinados seres, são COLETIVOS: *novena, semana, quinzena, quarentena, dúzia, cento, grosa, milhar, milheiro*.

OBS.: Os numerais coletivos flexionam-se em número: *dúzias, centos* etc. *Ambos* é um numeral que significa "os dois".

116. Quadro dos numerais

1. CARDINAIS E ORDINAIS

ALGARISMOS		CARDINAIS	ORDINAIS
Romanos	*Arábicos*		
I	1	um	primeiro
II	2	dois	segundo
III	3	três	terceiro
IV	4	quatro	quarto
V	5	cinco	quinto
VI	6	seis	sexto
VII	7	sete	sétimo
VIII	8	oito	oitavo
IX	9	nove	nono
X	10	dez	décimo
XI	11	onze	undécimo ou décimo primeiro
XII	12	doze	duodécimo ou décimo segundo
XIII	13	treze	décimo terceiro
XIV	14	quatorze ou catorze	décimo quarto
XV	15	quinze	décimo quinto
XVI	16	dezesseis	décimo sexto
XVII	17	dezessete	décimo sétimo
XVIII	18	dezoito	décimo oitavo
XIX	19	dezenove	décimo nono
XX	20	vinte	vigésimo
XXI	21	vinte e um	vigésimo primeiro
XXX	30	trinta	trigésimo
XL	40	quarenta	quadragésimo
L	50	cinquenta	quinquagésimo

LX	60	sessenta	sexagésimo
LXX	70	setenta	septuagésimo ou setuagésimo
LXXX	80	oitenta	octogésimo
XC	90	noventa	nonagésimo
C	100	cem	centésimo
CC	200	duzentos	ducentésimo
CCC	300	trezentos	tricentésimo ou trecentésimo
CD	400	quatrocentos	quadringentésimo
D	500	quinhentos	quingentésimo
DC	600	seiscentos	seiscentésimo ou sexcentésimo
DCC	700	setecentos	septingentésimo ou setingentésimo
DCCC	800	oitocentos	octingentésimo
CM	900	novecentos	nongentésimo
M	1 000	mil	milésimo
X	10 000	dez mil	décimo milésimo
C	100 000	cem mil	centésimo milésimo
M	1 000 000	um milhão	milionésimo
M	1 000 000 000	um bilhão (ou bilião)	bilionésimo

2. MULTIPLICATIVOS	3. FRACIONÁRIOS
duplo ou dobro	meio ou metade
triplo	terço
quádruplo	quarto
quíntuplo	quinto
sêxtuplo	sexto
séptuplo	sétimo
óctuplo	oitavo
nônuplo	nono
décuplo	décimo
undécuplo	onze avos
duodécuplo	doze avos
cêntuplo	centésimo

OBS.: Só se costumam usar os multiplicativos até *sêxtuplo*; em lugar dos outros se emprega habitualmente o numeral cardinal seguido da palavra *vezes*: *sete vezes*, *doze vezes* etc.; *cêntuplo* é usual.

Exercícios

1. Escreva por extenso os numerais ordinais indicados:

20º _____

57º _____

60º _____

75º _____

89º _____

253º _____

450º _____

590º _____

930º _____

O PRONOME

As pessoas gramaticais ou do discurso

[Leitura: "O macaco e o gato", p. 261]

117. A pessoa que fala ou escreve, que comunica alguma coisa a outra, chama-se, em Gramática, a *1ª pessoa (do discurso)*; a pessoa a quem se fala ou escreve, que nos escuta ou nos lê, é a *2ª pessoa do discurso*; a pessoa que não toma parte na conversação, mas a quem o falante e o ouvinte, ou o escritor, se referem, é a *3ª pessoa do discurso*.

Na fábula que se acaba de ler, o autor da fábula é a 1ª pessoa; nós, que o lemos, a 2ª; os seres a que ele se refere, a 3ª; nos diálogos, quem fala é a 1ª; quem escuta, a 2ª; e os seres a que ambos se referem, a 3ª pessoa.

Repare nas palavras que destacamos:

1) "*Um* furta coisas, *outro* arranha os tapetes" — percebe-se facilmente que *um* está substituindo "Simão, o macaco", e *outro* substitui o nome "Bichano, o gato"; ambas as palavras são da 3ª pessoa;

2) "Disse o macaco: — *Você*, que tem uma pata jeitosa, tire as castanhas do fogo." — Neste caso, o macaco, que está falando, é a 1ª pessoa; o gato, a quem ele se dirige, é a 2ª pessoa, e por isso recebe o tratamento *você*;

3) "O gato *as* tirava, mas quem *as* comia era o macaco." — A palavra *as*, que substitui *castanhas*, designa a 3ª pessoa do discurso. — "Agora *aquela* de lá ... E mais *a* da esquerda, *que* estalou. "A palavra *aquela* indica um ser da 3ª pessoa, de quem os personagens falam, a castanha; evitam, igualmente, que se repita o substantivo *castanha* as palavras *a* e *que*;

4) "Para *mim* foi péssima." — É o gato, agora que fala, a 1ª pessoa, e usa *mim* para referir-se a si mesmo.

As palavras que se referem aos seres, como os nomes, mas não indicam as propriedades, as características dos seres a que se aplicam e, apenas, APONTAM-NOS COMO "PESSOAS DO DISCURSO", são chamadas PRONOMES.

PRONOMES PESSOAIS

118. Examine com atenção estes exemplos:

"Por que não nasci *eu* um simples vaga-lume?"

"Deixa-*me*, fonte — dizia a flor a chorar."

"*Você* deve cuidar de *si*."

"Quem és *tu*? Não *te* conheço ainda, mas simpatizei *contigo*."

"Era uma vez um homem que saiu por uma noite escura em busca de fogo... Quis *ele* abeirar-se mais do fogo. — Compadece-*te* de *mim*, e deixa-*me* levar algumas brasas. Minha mulher acaba de ter um filho, e *eu* precisava acender fogo, para agasalhar a *ela* e ao pequenino."

Em todas essas frases, os pronomes grifados representam **diretamente** uma das três pessoas gramaticais: *eu, me, mim* — a 1ª pessoa; *tu, te, contigo, você, si* — a 2ª pessoa; *ele, ela* — a 3ª pessoa.

As palavras que, no discurso, representam diretamente as pessoas gramaticais recebem o nome de PRONOMES PESSOAIS.

119. Os pronomes pessoais, conforme sua função na oração, podem ser:

1) RETOS, quando servem de sujeito; são estes:

	SINGULAR	PLURAL
1ª pessoa	*eu*	*nós*
2ª pessoa direta	*tu*	*vós*
2ª pessoa indireta	*você*	*vocês*
3ª pessoa	*ele, ela*	*eles, elas*

OBS.: Chamamos de 2ª pessoa indireta os pronomes que, embora se refiram à pessoa com quem se fala, levam o verbo para a 3ª pessoa. A ela pertencem, além de *você, vocês*, vários pronomes DE TRATAMENTO, como *o senhor, a senhora, Vossa Senhoria, Vossa Excelência, Vossa Alteza, Vossa Majestade* etc.

Na 3ª pessoa, os pronomes de tratamento têm estas formas: *Sua Senhoria, Sua Excelência, Sua Alteza, Sua Majestade* etc.

A maioria dos pronomes de tratamento se costuma escrever abreviadamente. Eis suas abreviaturas e a indicação do seu emprego:

SINGULAR		PLURAL	
V.S.ª	= Vossa Senhoria	V.S.ªˢ	= Vossas Senhorias
S.S.ª	= Sua Senhoria	S.S.ªˢ	= Suas Senhorias
V.Ex.ª	= Vossa Excelência	V.Ex.ªˢ	= Vossas Excelências
S.Ex.ª	= Sua Excelência	S.Ex.ªˢ	= Suas Excelências
V.A.	= Vossa Alteza	VV.AA.	= Vossas Altezas
S.A.	= Sua Alteza	SS.AA.	= Suas Altezas
V.M.	= Vossa Majestade	VV.MM.	= Vossas Majestades
S.M.	= Sua Majestade	SS.MM	= Suas Majestades
V.S.	= Vossa Santidade		
S.S.	= Sua Santidade		
V.Rev.ª	= Vossa Reverência	V.Rev.ªˢ	= Vossas Reverências
S.Rev.ª	= Sua Reverência	S.Rev.ªˢ	= Suas Reverências
V.Em.ª	= Vossa Eminência	V.Em.ªˢ	= Vossas Eminências
S.Em.ª	= Sua Eminência	S.Em.ªˢ	= Suas Eminências

O tratamento "Senhoria" se dá a pessoas de certa cerimônia, a oficiais até coronel e a funcionários graduados (diretores, chefes de seção etc.); "Excelência" se usa para generais, ministros, presidente da República, deputados e senadores, bispos e arcebispos; "Eminência", para cardeais; "Reverência" ou "Reverendíssima" para sacerdotes.

2) OBLÍQUOS, quando servem de complemento ou adjunto de um verbo. Tais são:

a) ÁTONOS (usados sem preposição):

	OBJ. DIRETO		OBJ. INDIRETO	
1ª pessoa	me	nos	me	nos
2ª pessoa direta	te	vos	te	vos
2ª pessoa indireta	o, a	os, as	lhe	lhes
3ª pessoa	o, a	os, as	lhe	lhes
	(sing.)	(pl.)	(sing.)	(pl.)

b) TÔNICOS (usados com preposição):

a, de, em etc.	com	*a* etc.	com
(a) *mim*	*comigo*	a *nós*	*conosco*
(a) *ti*	*contigo*	a *vós*	*convosco*
(a) *você*	(com) *você*	a *vocês*	com *vocês*
(a) *ele*	(com) *ele*	a *eles*	com *eles*
(sing.)	(sing.)	(pl.)	(pl.)

c) REFLEXIVOS (o complemento é DA MESMA PESSOA do sujeito):

	OBJETO	C/PREPOSIÇÃO	PREPOSIÇÃO COM
1ª pessoa	me	de *mim*	*comigo*
2ª p. direta	te	de *ti*	*contigo*
2ª p. indireta	se	de *si*	*consigo*
3ª pessoa	se	de *si*	*consigo*
1ª pessoa	nos	em *nós*	*conosco*
2ª p. direta	vos	em *vós*	*convosco*
2ª p. indireta	se	em *si*	*consigo*
3ª pessoa	se	em *si*	*consigo*

120. Exemplos, em frases, dos pronomes oblíquos:

1) ÁTONOS:

a) como objeto direto: Ele *me* (ou *te*) chamou; Ninguém *o* (*a, os, as*) tolera;

b) como objeto indireto: Ela *me* (ou *te*) agrada; Ninguém *lhe*(s) falou; Nada *lhe*(s) agrada.

2) TÔNICOS: A *mim* (a *ti*, a *você*, a *ele*) ninguém engana; Sairás *comigo* (ou *conosco*); Sairei *contigo* (ou *com você, com ela, convosco*).

3) REFLEXIVOS:

penteio-*me*	penteia-*se*	penteai-*vos*
penteias-*te*	penteamo-*nos*	penteiam-se

Eu cuido de *mim*. Cuida de *ti*. Você cuide de *si*.
Ela cuida de *si*. Cuidemos de *nós*. Cuidai de *vós*.
Vocês cuidem de *si*. Eles cuidem de *si*.

Preocupo-me *comigo*.
Preocupa-te *contigo* mesmo.
Preocupe-se (você) *consigo*.
Ele se preocupa *consigo*.
Preocupamo-nos *conosco*.

Preocupai-vos *convosco*.
Preocupem-se (vocês) *consigo* mesmos.
Eles se preocupam *consigo*.

OBS.: Como já dissemos, o pronome reflexivo é **sempre** da mesma pessoa do sujeito: *Eu* cuido de *mim*, *você* cuide de *si*.

Por isso é fácil conhecê-los se for possível acrescentar-lhes na frase o pronome *mesmo*, que serve de reforço: Eu cuido de mim *mesmo*, você cuide de si *mesma*.

Não é bem aceito, no Brasil, o emprego da forma reflexiva em frase como "Não estou falando *consigo*", ou "Para *si* farei um preço mais barato", pois o sujeito é da 1ª pessoa e o complemento da 2ª (indireta).

Deve dizer-se: "Não estou falando com *você*, com o *senhor*" ou "Para *você*, para o *senhor* farei um preço mais barato".

Em Portugal, porém, é construção de uso corrente.

Outras formas do pronome da 3ª pessoa

121. O pronome oblíquo átono de 3ª pessoa, *o, a, os, as* toma outras formas, de acordo com a terminação do verbo que o antecede. Assim, transforma-se em:

1) *lo, la, los, las* quando se segue a formas verbais terminadas nas consoantes *r, s* e *z* (as quais, então, são suprimidas). Ex.:

Vou *fazê*-LO (= *fazer* + *o*); *Copiemo*-LA (= *copiemos* + *a*); O ônibus *condu*--LOS (= *conduz* + *os*) ao colégio.

OBS.: Esta última forma não tem uso no Brasil; prefere-se "O ônibus os conduz."

2) *no, na, nos, nas*, quando se liga a formas verbais terminadas em ditongo nasal. Ex.:

Põe-NO (= *põe* + *o*); *fazem*-NA (= *fazem* + *a*); *estimam*-NOS (= *estimam* + *os*); *contam*-NAS (= *contam* + *as*).

Omissão do pronome sujeito

122. Quando a desinência do verbo (§ 143) é suficiente para indicar-nos a pessoa gramatical, ou quando o sujeito já foi citado anteriormente, é inútil usar o pronome reto correspondente, que só se deve empregar no caso de ser necessária ou conveniente a insistência. A frase em que desnecessariamente se repetem os pronomes sujeitos fica pesada e desagradável. Verifique:

"*Eu* cheguei à casa de meus primos de manhãzinha. Lá *eu* os encontrei à minha espera; *eu* cumprimentei meus tios e primos, e, depois de *nós* trocarmos a roupa, *nós* saímos para pescar no lago."

(Leia o trecho acima, sem os pronomes grifados, e veja como fica mais leve.)

Colocação correta dos pronomes átonos

123. Na língua escrita, o uso dos bons escritores vem, desde muito tempo, estabelecendo certas normas, às vezes diferentes do que ocorre na língua falada, para a colocação dos pronomes átonos em relação ao verbo. Para escrever com correção, neste particular, você deve observar estas regras:

1) Não se começa uma frase com pronome átono. Escreva, portanto: "Diga-*me* uma coisa..."; "Espere-*me*."; "Esperei-*te* longo tempo, procurei-*te* por toda a parte e fui-*me* embora."; "Disseram-*me* que ele está doente."; "Entregaram-*lhe* a encomenda."; "Perdoe-*nos*."

OBS.: Na língua FALADA se usa a anteposição (*próclise*) do pronome: " — *Me* diga uma coisa..."; "— *Me* espere."

2) Se houver uma palavra NEGATIVA na frase (*não, nunca, ninguém, nada* etc.) **o pronome se coloca ANTES do verbo.** Ex.: "Não ME aborreça!; "Nunca O vi tão alegre."; "Ninguém TE chamou."; "Nada ME detém."; "Jamais TE esquecerei."

3) Também se coloca o pronome átono ANTES do verbo se este vier precedido de pronome relativo (*que, quem, cujo, onde...*) **ou de conjunção subordinativa** (*que, porque, como, se, embora, ainda que, mesmo que, antes que, para que* etc.). Ex.: "Desejo *que* TE saias bem no exame a *que* TE submeteste."; "*Mesmo que* ME convides, não poderei ir, *porque* meu pai ME proibiu."; "*Se* ME chamarem, pede *que* ME esperem."

4) O pronome fica igualmente ANTES do verbo nas frases começadas com os pronomes e os advérbios interrogativos (*que, quem, como, quando, onde, por que, quanto*). Ex.: "*Quem* TE chamou?"; "*Que* LHE aconteceu?";

"*Como* TE *arranjaste?*"; "*Quando* O *verei outra vez?*"; "*Por que* NOS *perseguem?*"; "*Não sei por que* NOS *perseguem.*"

5) **Também costuma o pronome anteceder o verbo se a frase contiver certos pronomes indefinidos e advérbios como**: *tudo, alguém, cada um, cada qual, bastante, muito, pouco, sempre, já, aqui, hoje, amanhã, também, talvez, só, somente* etc. Ex.: "*Devagar* SE *vai ao longe.*"; "*Sempre* O *admirei.*"; "*Já* TE *disse...*"; "*Bastante* ME *alegrou tua carta.*"; "*Muito* ME *admira!*"; "*Também* SE *morre de velhice.*"; "*Só* TE *peço uma coisa.*"; "*Tudo* NOS *une, nada* NOS *separa.*"

6) **Nas frases que exprimem desejo** (= optativas) **fica também o pronome ANTES do verbo**. Ex.: "*Deus* TE *acompanhe.*"; "*Que a sorte* O *ajude.*"

7) **Nunca se coloca um pronome átono depois de um verbo no futuro (do presente ou do pretérito); se for possível** (regras 2ª a 6ª), **coloca-se antes**: "*Nunca* TE *esquecerei.*"; "*O pedido que* TE *faria ...* "; **se não for possível, então se intercala o pronome no verbo** (= mesóclise): "*Esquecer-*ME*-ás um dia?*"; "*Pedir-*TE*-ia um favor.*"

8) **Nunca se coloca um pronome átono depois de um particípio**. Escreve-se, pois: "*Tenho-*TE *procurado*" ou "*Tenho* TE *procurado*" (esta última forma, que é a colocação brasileira, injustificavelmente, não é aceita por alguns); "*Ele* ME *havia feito uma observação*" ou "*Ele havia-*ME *feito uma observação*".

9) **Sempre é correto colocar um pronome átono depois de infinitivo não flexionado, mesmo em casos em que se usa também a anteposição.** Assim, poderá escrever-se: "*Para não incomodar-*TE" ou "*Para não* TE *incomodar*"; "*Devias vê-*LO"; "*Por que descuidar-*SE *do estudo*" ou "*Por que* SE *descuidar do estudo?*"

10) **É indiferente a colocação quando o sujeito, em orações declarativas, é um pronome pessoal ou um substantivo.** Ex.: "*Ela* ME *disse*" ou "*Ela disse-*ME"; "*João* TE *procura*" ou "*João procura-*TE", "*Os alunos* SE *retiraram*" ou "*Os alunos retiraram-*SE".

OBS.: A anteposição do pronome ao verbo chama-se PRÓCLISE; a posposição, ÊNCLISE; a interposição, MESÓCLISE.

Exercícios

Pronomes pessoais

1. Substitua os pronomes tônicos entre parênteses pelos pronomes oblíquos átonos convenientes da 3ª pessoa (o, a, os, as, *lhe*, *lhes*), atentando para a colocação devida:

a) Vou dar .... (a vocês) uma boa notícia: o circo chegou e vamos ver .... (ele) logo mais.

b) Este livro, comprei .... (ele) na Casa X.

c) José está passando mal: leve .... (ele) à enfermaria.

d) Ofereceram .... (a ela) ótima oportunidade.

e) Quando .... (a ele) encontrei, falava .... (a ela) da prova.

f) Estimo .... (você) mais do que pensa.

g) Nunca .... esquecerei (a senhora), Professora.

h) Não .... conheço (ele), apresente .... (ele) a mim, por favor.

i) Ontem .... vi (você) na estação.

j) A tua insistência aborrece .... (ela); deixa .... (ela) em paz.

2. Ponha no plural os pronomes grifados, fazendo as concordâncias necessárias:

a) Não *me* lembro de *tê-lo* visto.

___

b) Pôs-*se* a estudar com afinco.

___

c) Não faças a outrem o que não queres que *te* façam.

___

d) Deus *lhe* dê em dobro o que me deseja.

___

e) Não faça isso *comigo*.
_____

f) Pensei muito em *ti*.
_____

g) *Ele* sabe cuidar de si.
_____

h) O egoísta só vê a *si* próprio.
_____

3. Use a forma conveniente do pronome oblíquo átono objeto direto (§ 121), fazendo a necessária adaptação:

a) deixamos + o = _____   g) dão + as = _____

b) joguei + os = _____   h) ponho + a = _____

c) merece + o = _____   i) põe + as = _____

d) fizeste + a = _____   j) pões + as = _____

e) reduz + os = _____   k) contem + os = _____

f) fizestes + a = _____   l) propor + o = _____

4. **Indique se** o, a, os, as **são pronomes pessoais (P) ou artigos (A):**

Modelo: ..., os (A) prazeres ... os (P) prefere ...

a) Feliz o que aprecia os (   ) prazeres simples e a (   ) vida campestre, e os (   ) prefere aos (   ) custosos prazeres que a (   ) cidade proporciona.

b) Os (   ) olhos de Deus estão sempre abertos sobre os (   ) homens, e penetram os (   ) próprios corações.

c) Amemos a (   ) verdade: seremos felizes se a (   ) prezarmos mais que a (   ) vaidade.

d) Com a (   ) paciência venceremos o (   ) mal, com o (   ) juízo o (   ) preveniremos.

e) Ame as (   ) belezas com que a (   ) natureza o (   ) presenteia!

f) Li a ( ) redação que fizeste e achei-a ( ) muito boa.

g) Visitei a ( ) cidade de Roma e a ( ) admirei mais que a todas as ( ) capitais da ( ) Europa.

h) O ( ) 4º dia foi o da ( ) criação do ( ) Sol e da ( ) Lua: Deus os ( ) destinou a alumiar a ( ) Terra.

i) Expondo-a ( ) ao ( ) sol, derrete-se a ( ) cera.

j) A ( ) preguiça enfraquece a ( ) alma e a ( ) torna incapaz de nobres e grandes empresas.

k) Maria adora a ( ) boneca recebida: durante toda a ( ) manhã a ( ) veste, a ( ) carrega nos ( ) braços, a ( ) assenta, a ( ) levanta e a ( ) põe a dormir.

5. **Complete as frases com** *eu* **ou** *mim*, **conforme seja o caso:**

    a) Titia trouxe um livro para ....

    b) O livro é para .... ler.

    c) Não pode haver desentendimento entre .... e ela.

    d) Declarou perante .... e todos que estava falando a verdade.

    e) Este caderno é para .... fazer meus exercícios: papai o trouxe para ....

6. **Escreva por extenso as abreviaturas usadas:**

    a) João da Silva requer a V.S.ª a inscrição do seu filho José nos exames de seleção.

    _____

    b) S.Ex.ª o Sr. Presidente da República viajou para Brasília.

    _____

    c) S.S. o Papa renovou seu apelo em prol da paz mundial.

    _____

    d) Rogamos a V.M. clemência para este infeliz.

    _____

e) Estiveram presentes ao desembarque de S.Em.ª, o Cardeal B, S.S.ªˢ, os Srs. X, Y e Z.

_____

f) S.A. Real o Príncipe C chegará hoje ao Brasil.

_____

g) Agradecemos a V.S.ªˢ todas as gentilezas recebidas.

_____

7. **Em lugar dos pontilhados, use** o, os, lhe, lhes, **conforme convenha:**

   a) José, sua mãe .... chama.

   b) Pedro mandou dizer que .... fará a entrega do livro logo que .... encontre.

   c) Meus caros alunos, cumprimento .... pelo êxito que alcançaram.

   d) Sempre .... estimei muito.

   e) Beijo .... com saudade, meu querido tio.

8. **Nas frases abaixo, em lugar da forma reta entre parênteses use a forma oblíqua correta, fazendo as adaptações necessárias:**

   a) Entreguei .... (ele) à professora.

   b) Fiz .... (ela) sentar-se.

   c) Trouxeram .... (eles) para aqui.

   d) Você deve ir receber .... (eles).

   e) Quando meus primos chegaram, abraçamos .... (eles).

   f) Dão .... (elas) de graça a quem pedir.

   g) A professora fez .... (ele) devolver o lápis do colega.

   h) Apanhe .... (ele) para mim, por favor.

   i) Achei .... (elas) no quintal.

   j) Comprei .... (ela) ontem.

9. Em lugar do pontilhado, use o pronome reflexivo conveniente:

a) Com tão boa nota, Maria não cabe em .... de contente.

b) Quando ele saía, levava com .... uma bengala de cabo recurvo.

c) Deveis preocupar-vos mais com o próximo e menos com ....

d) Você não deve pensar apenas em .... mesmo.

10. Antes ou depois do verbo grifado, de acordo com a colocação correta, use o pronome oblíquo entre parênteses:

a) .... *desejo* .... muitas felicidades (*te*).

b) Nunca .... *intrometa* .... (*se*) onde não é chamado.

c) Espero que .... *respondas* .... (*me*) logo à carta que .... *escrevi* .... (*te*).

d) Hoje tudo .... *saiu* .... (*me*) às avessas.

e) Talvez .... *encontre* .... (*o*) amanhã.

f) Deus .... *livre* .... (*me*) do mal.

g) .... *pedir-* .... *-ei* .... (*lhe*) mais um favor.

h) Só a evidência do contrário .... *fará* .... (*o*) mudar de opinião.

i) Tenho .... *procurado* .... (*te*) há vários dias.

j) .... *diga* .... (*me*) a verdade.

11. Reescreva as frases colocando o pronome átono entre parênteses de todas as formas corretas em relação ao verbo grifado:

a) Ela *procurou* a manhã toda (*te*).

_____

b) Os alunos *retiraram* em ordem (*se*).

_____

c) Prefiro não *perturbar* o descanso (*lhe*).

_____

d) Ele nunca *convencerá* da verdade (*se*).

e) *Esperarei* à saída (*te*).

PRONOMES SUBSTANTIVOS E ADJETIVOS

Os pronomes possessivos

124. Outros pronomes há que, além de indicarem as pessoas do discurso, acrescentam uma ideia de POSSE: *meu* livro e *meus* cadernos; *tua* caneta, *teu* lápis; *seu* livro e *seus* cadernos (de você ou dele); *nossa* escola; *vossos* pais; *seu* dever, *seus* pais (de vocês ou deles). São chamados, por isso mesmo, POSSESSIVOS.

Ou figuram na frase como adjuntos de um substantivo, conforme acontece nos exemplos acima, ou como predicativo (§ 8), tendo, pois, valor de adjetivo. Ex.: "Este livro é *meu*", "Cuida do que é *teu*."

125. Os possessivos apresentam formas diferentes para cada uma das três pessoas do discurso e, além disso, têm flexão para o feminino e para o plural, concordando, nisso, com o substantivo a que se juntam. Eis o seu quadro:

SINGULAR

	MASC. SING.	MASC. PL.	FEM. SING.	FEM. PL.
1ª pessoa	(o) meu	(os) meus	(a) minha	(as) minhas
2ª p. direta	(o) teu	(os) teus	(a) tua	(as) tuas
2ª p. ind. e 3ª p.	(o) seu	(os) seus	(a) sua	(as) suas

PLURAL

	MASC. SING.	MASC. PL.	FEM. SING.	FEM. PL.
1ª pessoa	(o) nosso	(os) nossos	(a) nossa	(as) nossas
2ª p. direta	(o) vosso	(os) vossos	(a) vossa	(as) vossas
2ª p. ind. e 3ª p.	(o) seu	(os) seus	(a) sua	(as) suas

OBS.: Repare que os pronomes possessivos tanto se usam simples como precedidos de *o, a, os, as,* que neste caso podem considerar-se como formando locução com os possessivos.

Os pronomes demonstrativos

126. Quando se diz: "Trouxe-te *este* livro", a palavra *este* não me esclarece se o livro é grande ou pequeno, fácil ou difícil, de português ou de matemática etc.: indica apenas que está perto da pessoa que fala, a 1ª pessoa; numa frase como "Dê-me *essa* régua", mostra-se uma régua que está perto da pessoa a quem se fala, a 2ª pessoa (*tu, você, a senhora* etc.); finalmente, ao dizer-se, por exemplo, a José: "Vá para *aquela* carteira", aponta-se uma carteira que se acha afastada da 1ª e da 2ª pessoa — o falante e o ouvinte —, e pode estar próxima de uma 3ª pessoa (ele, ela, João, Maria etc.).

As palavras que apontam, que MOSTRAM os seres,
indicando a sua proximidade ou afastamento da pessoa
que fala, são os PRONOMES DEMONSTRATIVOS.

---

127. É conveniente observar que os pronomes demonstrativos aparecem na frase:

1) como adjuntos de um substantivo (V. os exemplos acima), sendo, então, pronomes demonstrativos adjetivos;

2) isolados, figurando em lugar de um substantivo — e são, neste caso, pronomes demonstrativos substantivos. Ex.: "*Isto* é uma caneta" (*isto* quer dizer: este objeto que eu — 1ª pessoa — seguro ou mostro perto de mim); "*Isso* não me interessa" (*isso* quer dizer: esse objeto, uma revista, um livro, por exemplo, que você — 2ª pessoa — me mostra); "*Aquilo* é um mapa do Brasil" (*aquilo* significa: aquele objeto que aponto e que está afastado de mim e de você); "José é louro e João moreno; *este* (isto é, João, o mais próximo na minha citação) é meu irmão, *aquele* (ou seja, José, o mais afastado na citação) é meu primo".

OBS.: 1) *O, a, os, as* são pronomes demonstrativos e significam *aquilo, aquele, aquela, aqueles, aquelas* em frases como as seguintes:

"Observa o (= aquilo) que fazes"; "Meus livros estão bem conservados, mas os (= aqueles) de José não"; "O (= aquele) que nada aprende nada sabe"; "Teu livro e o (= aquele) *meu*".

2) Os pronomes demonstrativos *o, a, os, as*, na maior parte dos casos, têm aproximadamente o valor de um artigo definido cujo substantivo se acha subentendido, por já ter sido citado anteriormente. Veja o exemplo que aparece na leitura "O macaco e o gato":

"O gato começou a tirar *as castanhas*." (Aqui *as* é artigo porque está junto do substantivo.)

"— E mais a da esquerda, que estalou." (Nesta frase o a é pronome demonstrativo [= aquela], porque o substantivo está subentendido: "E mais a [castanha] da esquerda".)

A mesma coisa acontece nestes outros exemplos: "Os livros de José estão encapados, e os [livros] de Joaquim não." (O primeiro os é artigo, o 2º é pronome demonstrativo.) — "Importe-se com a própria vida e deixe em paz a [vida] dos outros."

Outras vezes — e nestes casos é um pronome "neutro" — têm o valor de *isto*, *isso*. Ex.: "Gostava muito de jogar bola de gude, mas não teve coragem de confessá-*lo*."

128. Dentre os demonstrativos, *isto, isso, aquilo*, sempre pronomes substantivos, são invariáveis e não se aplicam a pessoas; os outros variam em gênero e número, e tanto se usam para pessoas como para animais e coisas. Eis o seu quadro:

	1ª PESSOA		2ª PESSOA	
	MASC.	FEM.	MASC.	FEM.
SINGULAR	este	esta	esse	essa
PLURAL	estes	estas	esses	essas
INVARIÁVEL	isto		isso	

	3ª PESSOA	
	MASC.	FEM.
SINGULAR	aquele, o	aquela, a
PLURAL	aqueles, os	aquelas, as
INVARIÁVEL	aquilo, o	

Os pronomes relativos

129. Atente nestas frases:

"Aves, animais e homens vinham à minha sombra colher os *frutos*, QUE se espalhavam pelo chão."

"Colocaram-me em uma *prensa*, DA QUAL saí enfardado para uma longa viagem."

"Nasci no *Brasil*, CUJO futuro ainda será mais glorioso que o passado."

"Ama e respeita teus *pais*, a QUEM deves *tudo* QUANTO és."

"*Ela*, QUE é minha irmã, não se parece comigo."

"Aquela é a casa ONDE morava."

Repare agora nas equivalências que a seguir mostramos:
que se espalhavam = *os frutos* se espalhavam
da qual saí enfardado = saí *da prensa* enfardado

cujo futuro será glorioso = o futuro *do Brasil* será glorioso
a *quem* deves tudo = a *teus pais* deves tudo
quanto és = és *tudo*
que é minha irmã = *ela* é minha irmã
onde morava = morava *naquela casa*

Podemos concluir:

As palavras *que, a qual, cujo, quem, onde* e *quanto* — que evitam a repetição de um substantivo ou pronome citado anteriormente, ligando, **relacionando**, ao mesmo tempo, esse substantivo ou pronome a uma declaração que a respeito dele se faz — são chamadas PRONOMES RELATIVOS.

O pronome relativo tem sempre um antecedente.

Observações sobre os pronomes relativos

Quem, assim como *que*, equivale a "o qual", "a qual" (e flexões), mas só se usa para pessoas. Como pronome relativo *quem* vem **sempre** precedido de preposição. Ex.: As pessoas de QUEM (= das quais) dependo... Eis a professora a QUEM (= à qual) devo minha formação.

Onde equivale a *em que*; e por incluir uma preposição no seu significado, mais acertadamente se classificaria como ADVÉRBIO RELATIVO.

Quanto tem sempre como antecedente um pronome indefinido (*tudo, todos*): daí o seu caráter também indefinido.

Cujo indica posse; tem sempre um consequente substantivo, a que serve de adjunto e com o qual concorda em gênero e número; é o único pronome relativo adjetivo. Vem muitas vezes precedido de preposição pedida pelo verbo que a segue. Ex.: Surgiram borboletas CUJO colorido me encantou. É difícil a matéria a CUJO estudo me dedico. É uma pessoa de CUJA honestidade não se duvida.

130. Os pronomes relativos assumem as seguintes formas:

SINGULAR		PLURAL	
MASC.	FEM.	MASC.	FEM.
cujo	cuja	cujos	cujas
quanto	quanta	quantos	quantas
o qual	a qual	os quais	as quais

INVARIÁVEIS: que – quem – onde

(Para saber mais sobre advérbio relativo V. § 163.)

Os pronomes indefinidos

131. Às vezes podemos referir-nos a uma 3ª pessoa de um modo indefinido, isto é, impreciso, vago, empregando para isso certos pronomes, que por isso mesmo recebem o nome de INDEFINIDOS: *alguém, algum* aluno; *ninguém, nenhum* homem; *qualquer* livro; *outro* dia; *tudo, nada, todo* dia; *tal* coisa etc.

Igualmente entre os indefinidos há os que aparecem na frase como adjuntos de um substantivo (pronomes indefinidos adjetivos) ou isolados, valendo por substantivos (pronomes indefinidos substantivos).

1) São sempre pronomes indefinidos substantivos: *alguém, algo, ninguém, nada, outrem, tudo, cada um, quem* etc. Ex: "*Cada um* colhe conforme semeia"; "*Tudo* nos une, *nada* nos separa"; "Não faças a *outrem* o que não queres que te façam"; "*Quem* tem boca vai a Roma"; "Nunca faças *algo* de que te possas arrepender".

OBS.: *Quem* é pronome indefinido quando equivale a "aquele que", "a pessoa que", "aquele a quem". Ex.: "Obedece a QUEM deves", "Foge de QUEM mente".

2) São sempre pronomes indefinidos adjetivos: *cada, certo, qualquer* etc. Ex.: *certo* dia, *cada* aluno, *qualquer* livro.

3) Ora valem como adjetivos, ora como substantivos: *algum, nenhum, outro, muito, pouco, todo, vários, que, quanto, um, demais, mais, tal, bastante* etc. Ex.:

a) Como pronomes substantivos: "*Muitos* precisam aprender; *poucos* sabem ensinar." — "*Quantos* desejam ter o que *outros* aborrecem!" — "Enquanto *uns* estudam, *outros* ensinam." — "Você fica de pé; os *demais* sentem-se." — "Quero *mais!*" — "*Quanto* demoraste!" — "O *mais* é secundário."

b) Como pronomes adjetivos: "*Muitos* alunos faltaram hoje." — "Trouxe *quantas* frutas pôde." — "Carregas livros *demais*." — "Ouviu *tais* elogios, que enrubesceu." — "*Que* susto levei." — "*Que* torturas padeci"! — "Quero *mais* aulas."

4) Há pronomes indefinidos constituídos de mais de uma palavra: são as locuções pronominais indefinidas: o *mais, cada um, cada qual, quem quer* etc.

Os pronomes interrogativos

132. Alguns pronomes indefinidos, pelo fato de se usarem nas orações interrogativas, recebem o nome de PRONOMES INTERROGATIVOS.

Exemplos:

1) "*Que* desejas?" — 2) "*Que* livro é esse?" — 3) "*Qual* foi o 1º presidente da República?" — 4) "*Qual* esporte preferes?" — 5) "*Quanto* trouxeste hoje?" — 6) "*Quantos* livros tens?" — 7) "*Quem* vem lá?"

Destes pronomes, *quem* é o único que sempre é pronome substantivo; os demais, ora são substantivos (ex. 1, 3, 5), ora adjetivos (ex. 2, 4, 6).

133. Compare as formas de interrogação direta e indireta.

1. Você fez boa prova? — Desejo saber se você fez boa prova.
2. *Que* deseja? — Pergunto-lhe *que* deseja.
3. *Onde* você estava? — Diga-me *onde* você estava.

Quando desejamos obter uma informação, valemo-nos das orações interrogativas (§ 1, nº 2).

Para isso, utilizamo-nos, *se preciso*, das palavras interrogativas — pronomes interrogativos, advérbios interrogativos (§ 162) ou a conjunção integrante de dúvida, *se* (§ 187, I) — de uma destas duas maneiras:

1ª) Faz-se a pergunta DIRETAMENTE, num tom de voz especial, que se marca na escrita com um ponto de interrogação: é a INTERROGAÇÃO DIRETA. Ex.:

Você fez boa prova?
Que deseja?
Onde você estava?

2ª) Com o auxílio de um verbo ou locução verbal que exprime dúvida ou interrogação (*ignorar, verificar, não saber, querer saber, desejar saber, perguntar, indagar* etc.), ou do verbo *dizer* (ou algum sinônimo) no imperativo, faz-se a mesma pergunta, porém mais discretamente, INDIRETAMENTE, no tom de voz normal, e por conseguinte sem nos valermos, na escrita, do ponto de interrogação: temos, neste caso, a INTERROGAÇÃO INDIRETA. Ex.:

Desejo saber *se* você fez boa prova.
Pergunto-lhe *que* deseja.
Diga-me *onde* estava.

Exercícios

1. Classifique os pronomes adjetivos grifados:

a) *Toda* pessoa guarda o *seu* segredo.

b) *Nenhum* homem pode fugir a *sua* consciência.
_____

c) *Certas* pessoas que se dizem *nossos* amigos só pensam em *seus* interesses.
_____

d) Procuro *alguma* pessoa que me preste esse serviço.
_____

e) *Poucas* pessoas *mais* compareceram.
_____

f) Não teme *qualquer* olhar aquele *cuja* consciência é limpa.
_____

g) Colhi *bastantes* flores e *muitas* frutas *naquele* sítio.
_____

h) *Quantas* vezes desejamos ardentemente *certas* coisas que outros desprezam!
_____

i) *Muitos* alunos desejavam *mais* aulas.
_____

j) Não carregues livros *demais*.
_____

k) *Que* felicidade *mais* poderias desejar?
_____

l) O pão *nosso* de *cada* dia nos dai hoje.
_____

m) *Qual* esporte preferes?
_____

2. Dos pronomes grifados, faça uma relação dos pronomes substantivos e outra dos pronomes adjetivos, classificando-os:

Modelo:

1) *Todos* têm *seus* defeitos.

subst.: *todos*, indefinido;

adj.: *seus*, possessivo.

2) Faze a *outrem* *o* *que* queres que *te* façam a *ti*.

subst.: *outrem*, indefinido; o, demonstrativo; *que*, relativo; *te*, pessoal;   *ti*, pessoal.

adj.:

a) Façamos aos *outros* *aquilo* *que* desejamos que *nos* façam.

subst.: _____

adj.: _____

b) O filósofo Diógenes disse ao imperador Alexandre, *que*, com a *sua* sombra, *lhe* tirava o calor do sol: "Não *me* tires *o* *que* não me podes dar".

subst.: _____

adj.: _____

c) "*Tudo* *quanto* sei", disse um sábio, "é que *nada* sei".

subst.: _____

adj.: _____

d) No recreio, nem *todas* se divertem do mesmo modo: *umas* correm, *outras* pulam corda, *algumas* conversam.

subst.: _____

adj.: _____

e) Afastai-*vos* de *quem* pratica o mal.

subst.: _____

adj.: _____

f) *Cada qual* defende os *seus*.

subst.: _____

adj.: _____

g) *Ninguém* toma para *si* as verdades *que lhe* são desagradáveis.

subst.: _____

adj.: _____

h) *Aquilo que* encanta a *uns* aborrece a *outros*.

subst.: _____

adj.: _____

i) *Naquela* estrada cresciam copadas árvores a *cuja* sombra *nos* abrigávamos.

subst.: _____

adj.: _____

3. **Substitua o pronome demonstrativo grifado por outro demonstrativo sinônimo:**

   a) Se és capaz, mostra-*o* (..................) pelos teus atos.

   b) Embora não o mereças (..................), perdoo-te.

   c) Prometeste visitar-me; quando o fizeres (..................), serás recebido de braços abertos.

   d) Presumo que o conheces, mas não posso afirmá-*lo* (..................).

   e) Não o permita (..................) Deus.

4. **Distinga o valor de o, a, os, as, escrevendo (P) se for pronome pessoal, (D) se for demonstrativo, (A) se for artigo:**

   a) O ( ) que não aprende, nada sabe.

   b) A ( ) prudência previne os ( ) erros e os ( ) afasta.

   c) Os ( ) maiores infortúnios são os ( ) que foram merecidos.

   d) Embora quisesse alcançá-*lo* ( ), não o ( ) conseguiu.

e) Nenhuma estima merecem os (   ) que só pensam em seus deveres quando os outros os (   ) lembram.

f) Cuide mais dos (   ) seus defeitos e deixe os (   ) dos outros.

g) Dentre as (   ) flores, as (   ) que prefiro são as (   ) rosas.

h) Nossas coisas podem ser boas, mas as (   ) do vizinho nos parecem melhores.

i) Ao (   ) presidente, nunca o (   ) vi, embora tenha procurado fazê-lo (   ).

j) Das (   ) virtudes, é a (   ) modéstia a (   ) que mais convém ao (   ) sábio.

5. Substitua as palavras ou expressões, grifadas por um pronome indefinido ou locução pronominal indefinida, fazendo, quando preciso, as alterações exigidas pela concordância:

a) (*Nenhuma pessoa*) .... é profeta em sua terra.

b) Deus criou (*todas as coisas*) .... que existem.

c) Não faças a (*outras pessoas*) .... o que não queres que te façam.

d) (*Poucas pessoas*) .... podem ser felizes nesta vida.

e) Não há (*coisa alguma*) .... que compense a perda da reputação.

f) (*Cada homem*) .... julga ter razão.

g) Não zombemos dos defeitos das (*outras pessoas*) ....

h) O ser humano sabe distinguir o bem do mal: deve evitar (*o mal*) .... e praticar (*o bem*) ....

i) Não devemos desprezar (*qualquer pessoa*) .... que seja.

j) (*A pessoa que*) .... quer (*alguma coisa*) .... deve porfiar por consegui-la.

k) (*Que pessoa*) .... me procurou?

l) (*Qual coisa*) .... preferes?

m) A embriaguez é um dos vícios mais vergonhosos a que (*um ser humano*) .... pode entregar-se.

6. Sublinhe o antecedente de cada pronome relativo grifado:

   a) A saúde é uma *felicidade* sem a *qual* os mais bens nada valem.

   b) Ditoso será *aquele cujo* coração é puro.

   c) Geralmente deixamos de apreciar as *coisas* a *que* estamos habituados.

   d) A inteligência humana tem ultrapassado os *limites* em *que* a natureza parecia encerrá-la.

   e) A embriaguez é um dos *vícios* mais deprimentes a *que* alguém pode entregar-se.

   f) As mais estimadas por todos são as *pessoas cujas* qualidades mais se evidenciam.

   g) Devemos ser reconhecidos às *pessoas* de *quem* temos recebido provas de afeição.

   h) É a virtude o *meio* mais certo pelo *qual* chegamos à felicidade.

   i) De todos os *países* por *que* tenho passado, é o Brasil *aquele* a *que* dou preferência.

   j) De ordinário contraímos os hábitos das *pessoas* com *quem* convivemos.

7. Classifique os pronomes que ocorrem na leitura 13, "O meu espelho".

   _____
   _____
   _____
   _____
   _____

8. Classifique os pronomes que aparecem nas 20 linhas iniciais da leitura 37, "A noite santa".

   _____
   _____
   _____
   _____
   _____

9. Assinale com (R) os pronomes relativos, com (I) os indefinidos ou interrogativos homônimos:

a) Dize-me com *quem* (   ) lidas, dir-te-ei as manhas *que* (   ) tens.

b) Não há *quem* (   ) possa queixar-se de ti.

c) A pessoa de *quem* (   ) te queixas não é má.

d) Não sei *que* (   ) desculpa posso dar à visita *que* (   ) fiz esperar tanto.

e) As pessoas com *quem* (   ) andas não merecem a consideração de *quem* (   ) se preza.

f) Não esquecemos facilmente as lições *que* (   ) aprendemos bem.

g) Não sei expressar a gratidão *que* (   ) sinto por *quem* (   ) tanto bem me fez.

h) É preciso que sejas muito ingênuo para acreditares em tudo *quanto* (   ) te contam.

i) Cercava-o de *quanto* (   ) carinho podia.

j) Não reveles a *quem* (   ) não deves os segredos *que* (   ) te foram confiados.

O VERBO

Conceito

134. Considere estas frases:

José é estudante. — Ele *está* atento. — A professora *explica* a lição. — Os alunos *escrevem*. — *Chove* lá fora.

Na 1ª oração atribui-se a condição ou qualidade de *estudante* ao sujeito *José*, com o auxílio do verbo é. Na 2ª, por intermédio do verbo *está*, exprime-se o estado (*atento*) em que se encontra o sujeito *ele*. Na 3ª e 4ª orações os verbos *explica* e *escrevem* nos mostram o que fazem os sujeitos *a professora* e os *alunos*, isto é, qual ação executam. Na 5ª, finalmente, o verbo *chove* exprime um fenômeno da natureza, algo que acontece naturalmente.

Podemos então dizer:

VERBO é a palavra que: 1) liga o sujeito a um nome que exprime o seu estado ou condição; 2) exprime ação ou fenômeno.

A FLEXÃO VERBAL

Os elementos formadores de um verbo

135. Se apresentarmos as palavras *tratavas* e *tratássemos*, todos reconhecerão nelas, sem hesitação, formas do verbo *tratar*: *tratavas* é a 2ª pessoa do singular do pretérito imperfeito do indicativo, e *tratássemos* é a 1ª pessoa do plural do pretérito imperfeito do subjuntivo.

Que nos leva a essa identificação tão pronta? — A "flexão" ou variação da parte final, pois o verbo é palavra variável: em *tratavas*, é o -s final que indica 2ª pessoa do singular, -va- caracteriza o imperfeito do indicativo da 1ª conjugação, *trat-* é o radical; em *tratássemos*, é a desinência -mos que indica 1ª pessoa do plural, e -sse- identifica o imperfeito do subjuntivo.

As formas verbais portuguesas, além do RADICAL, que nos fornece a significação geral da palavra (e que pode vir modificado por um prefixo, como em *contratar*, *destratar*), apresentam algum (ou mesmo todos) dos seguintes elementos de flexão:

1) uma vogal característica da conjugação — a VOGAL TEMÁTICA: -a- para a 1ª conjugação (*tratamos*, *tratasse*, *tratar*), -e- para a 2ª (*corremos*, *corresse*, *correr*), -i- para a 3ª (*sorrimos*, *sorrisse*, *sorrir*);

OBS.: Ao radical acrescido da vogal temática é que se denomina TEMA. Assim, em *tratamos* o tema é *trata-*, em *corresse* é *corre-*, em *sorrir* é *sorri-*.

2) um elemento que identifica o modo e o tempo, e a que podemos chamar CARACTERÍSTICA TEMPORAL; p.ex.: -va- é a característica do pretérito imperfeito do indicativo da 1ª conjugação, -sse- do pretérito imperfeito do subjuntivo de qualquer conjugação etc.;

3) uma DESINÊNCIA PESSOAL, própria das pessoas gramaticais, singular e plural; p. ex.: -s é desinência da 2ª pessoa do singular, -mos da 1ª pessoa do plural etc.

Examinemos agora, detidamente, a flexão verbal.

Número e pessoa

136. Observe:

	SINGULAR	PLURAL
1ª pessoa:	*estudo*	*estudamos*
2ª pessoa:	*estudas*	*estudais*
3ª pessoa:	*estuda*	*estudam*

As formas de um verbo indicam as três pessoas do discurso, e ao mesmo tempo nos mostram se essa pessoa é do singular ou do plural. Daí podermos dizer:

O verbo varia em PESSOA e NÚMERO.

Tempo

137. Compare ainda:

estudo, estudava, tinha estudado, estudarei.

Todas essas formas são da 1ª pessoa do singular; mas a 1ª delas se refere ao momento PRESENTE, a 2ª e a 3ª a um momento já decorrido, passado, que em gramática se costuma chamar PRETÉRITO, e a 4ª a um momento vindouro, FUTURO. Noutras palavras: as formas dos verbos têm a propriedade de indicar o TEMPO em que decorrem os fatos a que nos referimos. Anote, pois:

O verbo varia em TEMPO.

Tempos simples e compostos / Verbos auxiliares

138. Você há de ter notado, nos exemplos acima, que a 3ª forma (*tinha estudado*) se compõe de duas palavras, é COMPOSTA, ao passo que as outras têm uma só palavra, são SIMPLES.

Os verbos que, como *ter*, ajudam a formação dos tempos compostos se denominam AUXILIARES. Os auxiliares mais comuns em nossa língua são *ter, haver, ser, estar*.

> Para saber mais sobre conjugação composta V. § 151.

Modo

139. Observe estas frases:

Estudas em silêncio. — É preciso que *estudes*. — *Estuda*, rapaz!

Você sabe que todas estas formas são da 2ª pessoa do singular e todas se reportam ao momento presente. Entretanto, quando digo *estudas*, refiro-me a um fato certo, real — e a forma verbal se diz do INDICATIVO; a 2ª forma, *estudes*, indica um fato apenas possível — e se diz do SUBJUNTIVO; na 3ª, *estuda*, se dá um conselho, ou uma ordem — e está no IMPERATIVO.

Significa isso que as formas verbais, além de indicarem o tempo, exprimem também o *modo*, isto é, a maneira de ver ou a atitude (de certeza, de possibilidade, de vontade) da pessoa que fala em relação ao que diz. É a isso que, em gramática, se chama *modo*. Portanto:

O verbo varia em MODO.

As três conjugações

140. Examine estas formas verbais: *estudaste, aprendeste, ouviste*.

São formas da 2ª pessoa do singular do pretérito perfeito do indicativo, fato indicado pela desinência *-ste*, própria desse tempo; entre o radical (*estud-, aprend-, ouv-*) e a desinência de cada forma se ouve uma vogal diferente, *a, e, i*, que nos mostra a 'conjugação' a que pertence o verbo: *a*, a 1ª; *e*, a 2ª; *i*, a 3ª: é a VOGAL TEMÁTICA, que em quase todos os verbos aparece também no infinitivo (*estudar, aprender, ouvir*) e que identifica a conjugação. Podemos, pois, dizer:

Os verbos da nossa língua se agrupam em três CONJUGAÇÕES, caracterizadas pelas vogais temáticas *a, e, i*.

OBS.: O verbo *pôr*, com os seus compostos (*compor, expor* etc.), é o único verbo da 2ª conjugação que não apresenta a vogal temática *e* no infinitivo. Por isso mesmo se considera 'anômalo', isto é, muito irregular. Essa vogal, porém, aparece em numerosas formas da sua conjugação: *pões, puseste, pusera, puser* (compare: *aprendes, queres, aprendeste, quiseste* etc.). — Essa extrema irregularidade é que leva alguns a criar uma falsa 4ª conjugação, sem atender a que o *o* que aparece no infinitivo não é vogal temática, mas pertence ao radical. Só existiria 4ª conjugação se houvesse a vogal temática *o*, o que nos levaria a formas como *pusoste, pusomos, pusoram* etc. — Anote, então:

O verbo *pôr* (e os dele formados) é verbo 'anômalo' da 2ª conjugação.

Voz ativa e voz passiva

141. Compare estas duas construções:
1. A professora *elogiou* Maria.
2. Maria *foi elogiada* pela professora.

Na 1ª oração, o verbo *elogiar*, verbo transitivo direto que exprime uma ação, está na sua forma habitual, indicando que o seu sujeito, "a professora", **pratica** a ação: diz-se, neste caso, que o verbo está na voz (isto é, forma) ATIVA.

Já na 2ª frase o mesmo verbo *elogiar* se apresenta numa forma composta com o auxiliar *ser*, indicando que o seu sujeito, "Maria", **recebe** a ação: estamos diante da chamada voz PASSIVA.

O termo que exprime o ser que executa a ação, numa frase de voz passiva, se denomina AGENTE DA PASSIVA. Na oração nº 2, acima, o agente da passiva é "a professora".

Voz reflexiva / Verbos pronominais

142. Com certos verbos transitivos diretos, pode acontecer que o seu sujeito, em vez de dirigir a ação para outro ser, a pratique sobre si mesmo.

Compare: "A mãe *cobriu* o *filho* carinhosamente." — "A mãe *cobriu-se* com um lençol." Na 1ª oração o objeto direto, *filho*, é um ser diferente do sujeito, *mãe*: trata-se, pois, de um verbo na voz ativa; já na 2ª o objeto direto, *se*, é a mesma pessoa do sujeito, o que quer dizer que **a ação é exercida e recebida** pelo mesmo ser: neste caso, diz-se que o verbo está na voz REFLEXIVA.

A voz reflexiva (que também se pode chamar MÉDIA ou MEDIAL) caracteriza-se por ser 'pronominal', isto é, a forma verbal vem acompanhada de um pronome reflexivo: *eu me cubro* (ou *cubro-me*), *tu te cobres* (ou *cobres-te*), *ele se cobre* (ou *cobre-se*), *nós nos cobrimos* (ou *cobrimo-nos*), *vós vos cobris* (ou *cobris-vos*), *eles se cobrem* (ou *cobrem-se*).

Agora podemos anotar:

Os verbos transitivos diretos têm flexão de voz.

OBS.: Alguns verbos só costumam usar-se acompanhados de pronome reflexivo. Daí serem conhecidos como verbos *pronominais*. Ex.: *apoderar-se, arrepender-se, atrever-se, orgulhar-se, queixar-se, zangar-se*.

Na prática, distingue-se um verbo pronominal de um reflexivo porque a este último se pode acrescentar, conforme a pessoa, a expressão *a mim mesmo* (ou *a ti mesmo, a si mesmo, a nós mesmos, a vós mesmos*): "*Ela se cobriu a si mesma*".

As flexões de um verbo

143. A fim de facilitar todo o nosso estudo posterior, damos no quadro a seguir, devidamente separados, os elementos que constituem as formas verbais dos tempos simples:

(Abreviaturas usadas: *vog. tem.* = vogal temática; *car. temp.* = característica temporal; *des.* = desinência pessoal.)

O complemento do pronome reflexivo se refere à mesma pessoa do sujeito. V. § 119, 2c.

INDICATIVO

Presente (1ª conj.)

TEMA

RADICAL	VOG. TEM.	DES.
estud	—	o
	a	s
	a	—
	a	mos
	a	is
	a	m

Pret. imperf. (1ª conj.)

TEMA	CAR. TEMP.	DES.
estuda	va	—
	va	s
	va	—
	va	mos
	ve	is
	va	m

Pretérito imperfeito (2ª e 3ª conjugação)

TEMA

RADICAL	VOG. TEM.	CAR.TEMP.	DES.
	i	a	—
	i	a	s
aprend	i	a	—
part	í	a	mos
	í	e	is
	í	a	m

Pretérito perfeito

(1ª conjugação)

TEMA

RADICAL	VOGAL	DES.
estud	e	i
	a	ste
	o	u
	a	mos
	a	stes
	a	ram

(2ª conjugação)

TEMA

RADICAL	VOGAL	DES.
aprend	—	i
	e	ste
	e	u
	e	mos
	e	stes
	e	ram

(3ª conjugação)

TEMA

RADICAL	VOGAL	DES.
part	—	i
	i	ste
	i	u
	i	mos
	i	stes
	i	ram

Mais-que-perfeito

TEMA	CAR. TEMP.	DES.
estuda	ra	—
aprende	ra	s
parti	ra	—
	ra	mos
	re	is
	ra	m

Futuro do presente

TEMA	CAR. TEMP.	DES.
estuda	re	i
aprende	rá	s
parti	rá	—
	re	mos
	re	is
	rão	—

Futuro do pretérito

TEMA	CAR. TEMP.	DES.
estuda	ria	—
aprende	ria	s
parti	ria	—
	ría	mos
	ríe	is
	ria	m

SUBJUNTIVO

Presente

(1ª conjugação)

RADICAL	CAR. TEMP.	DES.
estud	e	—
	e	s
	e	—
	e	mos
	e	is
	e	m

(2ª e 3ª conjugação)

RADICAL	CAR. TEMP.	DES.
aprend	a	—
part	a	s
	a	—
	a	mos
	a	is
	a	m

Imperfeito

TEMA	CAR. TEMP.	DES.
estuda	sse	—
aprende	sse	s
parti	sse	—
	sse	mos
	sse	is
	sse	m

Futuro

TEMA	CAR. TEMP.	DES.
estuda	r	—
aprende	r	es
parti	r	—
	r	mos
	r	des
	r	em

IMPERATIVO

(1ª conj.)

TEMA	DES.
estuda	—
estuda	i

(2ª conj.)

TEMA	DES.
aprende	—
aprende	i

(3ª conj.)

TEMA	DES.
parte	—
part-	i

OBS.: O imperativo também tem uma forma negativa. As segundas pessoas do imperativo afirmativo se formam com as segundas pessoas do presente do indicativo, com a supressão do 's', e as demais pessoas correspondem às formas do presente do subjuntivo. As formas do imperativo negativo correspondem todas às do presente do subjuntivo. Ex. (verbo falar): fala (tu), fale (você), não falemos (nos), não faleis (vos), não falem (vocês).

INFINITO FLEXIONADO			GERÚNDIO		PARTICÍPIO	
TEMA	CAR.	DES.	TEMA	DES.	TEMA	DES.
estuda	r	—	estuda	ndo	estuda	do
aprende	r	es	aprende		aprendi	
parti	r	—	parti		parti	
	r	mos				
	r	des				
	r	em				

144. Do exame atento deste quadro se depreende o seguinte:

Quanto às flexões de número e pessoa:

1) A 1ª pessoa do singular só tem desinência no presente (-o), no pretérito perfeito e no futuro do presente (-i) do indicativo;

2) A desinência mais comum da 2ª pessoa do singular é -s; no futuro do subjuntivo e no infinitivo flexionado é -es; no pretérito perfeito do indicativo é especial: -ste;

3) A 3ª pessoa do singular em princípio não tem desinência: só no pretérito perfeito do indicativo é que aparece (-u);

4) A 1ª pessoa do plural tem a mesma desinência em todos os tempos: -mos;

5) A desinência mais comum da 2ª pessoa do plural é -is; no futuro do subjuntivo e no infinitivo flexionado é -des; é especial a do pretérito perfeito do indicativo: -stes;

6) Desinências da 3ª pessoa do plural: -m (simples marca de nasalidade), -em (futuro do subjuntivo e infinitivo) e -ram (pretérito perfeito do indicativo); no futuro do presente do indicativo o sinal de nasalidade já figura na própria característica temporal (-rão).

OBS.: O pretérito perfeito do indicativo, como é fácil verificar, tem desinências especiais, que, por isso mesmo, além de indicarem número e pessoa, caracterizam o tempo (menos a de 1ª pessoa do plural).

Quanto à característica temporal:

1) Nem todos os tempos a possuem; assim, no presente do indicativo e no imperativo as desinências de número e pessoa se ligam diretamente ao tema ou radical; no pretérito perfeito do indicativo as próprias desinências de número e pessoa indicam o tempo;

2) As características do imperfeito do indicativo (*-va-* para a 1ª conjugação, *-a-* para a 2ª e 3ª), do mais-que-perfeito simples do indicativo (*-ra-*) e do futuro do pretérito simples (*-ria-*) mudam o *a* em *e* na 2ª pessoa do plural: *estudáveis, aprendíeis, estudáreis, estudaríeis*;

3) O presente do subjuntivo tem uma característica para a 1ª conjugação (*-e-*) e outra para a 2ª e 3ª (*-a-*).

Quanto à vogal temática:

1) Não a possui a 1ª pessoa do singular do presente do indicativo nem todo o presente do subjuntivo;

2) No imperfeito do indicativo e no particípio da 2ª conjugação, em lugar de *e* se encontra *i*.

OS MODOS E OS TEMPOS

Os modos

145. São três, como já vimos, os modos do verbo: INDICATIVO, SUBJUNTIVO e IMPERATIVO.

No INDICATIVO, em regra, se apresenta um fato como certo, real: *estudo, estudava, estudei*; às vezes, por ser do futuro, é apenas provável: *estudarei, estudaria*.

No SUBJUNTIVO, ao contrário, o fato é sempre apresentado como duvidoso, ou possível, ou como simples desejo: Quero que *estudes*; Gostaria que *estudasses* mais; Se *estudares* mais, aprenderás; ou puramente subordinado a outro: Embora *estude*, não aprende.

No IMPERATIVO, por meio de uma ordem, de um pedido, de um convite, de um conselho, de um desejo, exprimimos a vontade de que um fato se dê: *Levante-se!*; *Espere-me* um instante; *Vem* comigo; Vós, que desejais aprender, *estudai*; *Seja* feliz.

Os tempos

146. Já sabemos que as formas verbais indicam o TEMPO em que decorre o fato a que nos referimos: PRESENTE, PRETÉRITO (= passado) e FUTURO.

A CONJUGAÇÃO de um verbo consiste na enumeração, segundo uma ordem determinada, em todas as pessoas do discurso, de todos os modos e tempos que o constituem.

Na conjugação de um verbo são os seguintes os tempos:

1) O PRESENTE, que apresenta um fato como atual. Ex.:
INDICATIVO: *Estudo*. IMPERATIVO: *Estuda* com afinco. SUBJUNTIVO: É bom que *estudes*.

OBS.: É mais rigoroso, quase sempre, dizer que o imperativo se refere a um momento futuro.

2) O PRETÉRITO, que se subdivide em:

a) PRETÉRITO IMPERFEITO, que apresenta um fato como anterior ao momento atual, mas ainda não terminado no momento do passado a que nos referimos. Ex.: Antigamente você *estudava* mais (indicativo); Por mais que *estudasse*, não aprendia (subjuntivo);

b) PRETÉRITO PERFEITO SIMPLES (do indicativo) e COMPOSTO (do subjuntivo): apresenta um fato já terminado numa época passada. Ex.: *Estudei* (indicativo) muito para a prova; Embora *tenha estudado* (subjuntivo), *tirou* (indicativo) nota baixa;

c) PRETÉRITO PERFEITO COMPOSTO (do indicativo): mostra-nos um fato que se iniciou no passado e pode continuar prolongando-se até o presente. Ex.: *Tenho estudado* muito para a prova;

d) PRETÉRITO MAIS-QUE-PERFEITO SIMPLES (indicativo) e COMPOSTO (indicativo e subjuntivo): exprime que um fato é não apenas já passado, mas anterior a outro fato passado. Ex. (indicativo): Quando cheguei, a aula já *tinha* (ou *havia*) *começado*; *começara* dez minutos antes. — (subjuntivo): Embora a aula já *tivesse* (ou *houvesse*) *começado*, o professor permitiu a minha entrada, por ter achado justo o motivo do atraso.

3) O FUTURO, que pode ser:

a) FUTURO DO PRESENTE SIMPLES (indicativo e subjuntivo): indica um fato como devendo realizar-se num tempo vindouro em relação ao momento presente. Ex.: Quem *tirar* (subjuntivo) boa nota *ganhará* (indicativo) um prêmio, prometeu a professora. — O inspetor *chegará* (indicativo) daqui a pouco; quando ele *chegar* (subjuntivo), avise-me. — Se eu *obtiver* (subjuntivo) o empréstimo, *comprarei* (indicativo) um apartamento.

b) FUTURO DO PRESENTE COMPOSTO (ou ANTERIOR) (indicativo e subjuntivo): exprime um fato posterior à época presente, mas já acabado antes de outro fato futuro. Ex.: Às dez horas, a prova já *terá terminado* (indicativo); se já *tiver acabado* (subjuntivo), venha avisar-me. — Daqui a meia hora o inspetor já *terá chegado* (indicativo); quando ele chegar, já *terei aprontado* (indicativo) tudo.

c) FUTURO DO PRETÉRITO SIMPLES (indicativo): refere-se a um fato posterior (= futuro) a um dado momento já passado (= pretérito) de que se fala; é, pois, um futuro dentro do passado. Ex.: A professora prometeu que quem tirasse boa nota *ganharia* um prêmio. — O inspetor tinha avisado que *chegaria* às dez horas. — Se eu obtivesse o empréstimo, *compraria* um apartamento.

OBS.: É imprópria, na maior parte das vezes, a denominação de CONDICIONAL que se dava ao futuro do pretérito, e por isso foi abolida.

d) FUTURO DO PRETÉRITO COMPOSTO (ou ANTERIOR) (indicativo): exprime um fato posterior a uma época passada a que nos referimos, mas já acabado antes de outro fato futuro. Ex.: Estava previsto que, às dez horas, a prova já *teria terminado*. — Se eu tivesse obtido o empréstimo, *teria comprado* o apartamento. — Eu o *teria esperado*, ontem, caso não tivesse um compromisso.

As formas nominais do verbo

147. Além dos três modos, com todos os seus tempos, o verbo apresenta outras formas que, além do valor verbal, podem ter função de nomes: o INFINITIVO, o GERÚNDIO e o PARTICÍPIO. As três costumam ser reunidas sob a denominação comum de MODO INFINITIVO, mas hoje se prefere chamá-las FORMAS NOMINAIS do verbo, dada a predominância do valor nominal, como passamos a ver:

1) INFINITIVO IMPESSOAL, que exprime a significação do verbo de um modo geral, vago e indefinido, podendo aparecer com o valor e a função de um substantivo. Apresenta-se numa forma simples, do PRESENTE, e numa forma composta, do PRETÉRITO. Ex.: É preferível *morrer* (= a morte) a *viver* (= à vida) escravo. — *Viver* é *lutar* (= a vida é luta). — É honroso *ter* (ou *haver*) *lutado* pela pátria.

2) INFINITIVO PESSOAL (FLEXIONADO): é o infinitivo conjugado, referido às pessoas gramaticais. Ex.: PRESENTE: É conveniente *estudares* (*estudarmos, estudardes, estudarem*). — Na 1ª e 3ª pessoa do singular, que não apresentam desinência, tem o infinitivo pessoal a mesma forma do impessoal: Para eu (ou ele, ou você) *estudar*. — PRETÉRITO (composto): Tiraste boa nota por *teres* (ou *haveres*) *estudado*.

3) GERÚNDIO: funciona como adjetivo ou como advérbio. Tem uma forma simples, para o presente (com a desinência -*ndo*), e outra composta para o pretérito (com o auxiliar *ter* ou *haver*). Ex.: *Estudando*, aprenderás (*estudando* = com o estudo, é adjunto adverbial de *aprenderás*); — água *fervendo* (*fervendo* = fervente, adjunto adnominal de *água*). — *Tendo estudado* (= pelo estudo, adjunto adverbial), tirou boas notas.

4) PARTICÍPIO (do pretérito), quando não está formando conjugação composta, é um adjetivo verbal e se flexiona, aliás, como o adjetivo, em gênero, número e grau: *elogiado, elogiada, elogiados, elogiadas, elogiadíssimo* etc.

Verbos regulares e irregulares

148. Diz-se que um verbo é REGULAR quando se conjuga conforme um modelo da conjugação a que pertence, isto é, conserva sem modificação o radical, e aceita as mesmas flexões do verbo modelo.

Costumam servir de padrão para as três conjugações verbos como:

1ª — *amar, cantar, estudar;*
2ª — *vender, dever, aprender;*
3ª — *partir, punir, aplaudir.*

Utilizamos neste livro os modelos *estudar, aprender, partir.*

Como se obtém o radical de um verbo

149. Encontra-se o radical de um verbo tirando-lhe, do infinitivo impessoal, as terminações *-ar, -er, -ir*. Assim, o radical de *amar, cantar, estudar,* é *am-, cant-, estud-*; de *vender, dever, aprender* é *vend-, dev-, aprend-*; de *partir, punir, aplaudir* é *part-, pun-, aplaud-*.

Verificação da regularidade de um verbo

150. Para verificar se um verbo é regular, basta compará-lo com o modelo da sua conjugação no presente do indicativo ou no pretérito perfeito do indicativo, escrevendo de um lado o radical do verbo modelo e o dos verbos desejados, de outro as flexões regulares desses dois tempos; se houver modificação no radical, ou se o verbo não aceitar uma das flexões, será irregular.

Apliquemos: Serão regulares os verbos *dar, dizer, saber, pedir, ouvir*?

Comparemos com os modelos das três conjugações:

Comparando-se a conjugação desses cinco verbos com a dos modelos da sua conjugação, verificamos:

Dar, da 1ª conjugação, é irregular porque não aceita todas as flexões do seu modelo: estudo — dOU; estudEM — dEEM.

Dizer e *saber,* da 2ª conjugação, também são irregulares, porque o seu radical (*diz-, sab-*) se modifica: DIGo, DISSe, DITo; SEI, SOUBe, SABIa.

Pedir e *ouvir,* da 3ª conjugação, são igualmente irregulares pelo mesmo motivo: seu radical (*ped-, ouv-*) sofre alteração: PEÇo, PEÇa, OUÇo, OUÇa.

A mesma verificação se aplica a qualquer verbo.

As conjugações compostas

151. Quando se combinam as várias formas de um verbo auxiliar com uma forma nominal de outro verbo, obtém-se uma CONJUGAÇÃO COMPOSTA.

São as seguintes as conjugações compostas mais frequentes em português:

1) *Ter* ou *haver* seguidos do particípio de um verbo principal: *ter estudado, tenho estudado, havias estudado.* — Temos, neste caso, os tempos compostos da voz ativa, sempre com um valor de pretérito, de fato acabado.

2) *Ter* e *haver* unidos ao infinitivo pela preposição *de*: *ter de estudar, haver de estudar.* — A construção com *ter* exprime obrigação, necessidade, dever: "*Tenho de estudar*, se quiser aprender"; com *haver* denota firmeza de propósito, intenção: "*Hei de estudar* muito, este ano."

3) *Ser* + particípio, indicando que a pessoa do discurso recebe a ação, em vez de executá-la; forma os tempos da voz passiva. Ex.: *Fomos recebidos* pelo diretor; *Foste elogiada* pela professora.

4) *Estar, andar, ir, vir* com gerúndio, significando que o fato expresso pelo verbo principal tem duração gradual, continuada, prolongada. Ex.: *Estou estudando* para a prova. — Que *andas fazendo*? — A tarde *ia morrendo* lentamente. — O sol *vem despontando* no horizonte.

5) *Ir* seguido de infinitivo, que exprime um futuro próximo, ou a intenção de realizar o fato indicado no verbo principal. Ex.: Que *vais fazer* amanhã? — O professor *vai explicar* hoje as conjugações compostas. — *Vou ler* este livro.

Esta construção substitui frequentemente, sobretudo na linguagem falada, o futuro do presente simples do indicativo.

OBS.: Quando ajuda a conjugar outros verbos, *ter* é auxiliar; como verbo principal, é transitivo direto e significa "possuir": *Tenho* livros.

Como auxiliar, *haver* tem o mesmo valor de *ter*, sendo, porém, menos usado. Como verbo principal tem, entre outras, as significações de "existir" (*Havia* muitos alunos; *Houve* grandes festejos) e de "fazer algum tempo" (*Há* três anos José é meu aluno; *Havia* meses que não o encontrava). — Nestes dois sentidos, é transitivo direto e não tem sujeito, usando-se EXCLUSIVAMENTE na 3ª pessoa do singular.

Ser e *estar*, além de verbos auxiliares, têm o valor de verbos de ligação (V. § 80). — Podem ainda exprimir, como verbos intransitivos, a existência em certo lugar ou tempo, ou uma situação passageira. Ex.: *Era* de madrugada; Ele *esteve* (= passou) mal; *Estivemos* em São Paulo.

Ir, *vir* e *andar* têm, frequentemente, valor concreto, como verbos intransitivos. Ex.: Ele *ia* e *vinha* sem parar, *andando* a passos largos.

Locução verbal

152. Qualquer combinação de um verbo auxiliar com um verbo principal recebe o nome de LOCUÇÃO VERBAL.

Tempos primitivos e derivados

153. Observando a conjugação completa de um verbo, verificamos que, na prática, alguns tempos se derivam de formas de outros tempos, aos quais podemos chamar PRIMITIVOS.

São primitivos: o presente do indicativo, o pretérito perfeito, o presente do infinitivo.

Eis como se formam os tempos derivados:

> Flexões do presente do subjuntivo. V. § 143.

1) Do radical da 1ª pessoa do singular do presente do indicativo se deriva todo o presente do subjuntivo: basta acrescentar ao radical, que se obtém suprimindo a desinência -o, as flexões próprias do presente do subjuntivo. Ex.: *servir* → *sirvo*; radical: *sirv-*; *trazer* → *trago*, radical: *trag-*; *ouvir* → *ouço*, radical: *ouç-*.

Presente do subjuntivo:

sirv	a
trag	as
ouç	a
	amos
	ais
	am

OBS.: Não obedecem a esta regra os seguintes verbos: *haver, ser, estar, saber, querer, ir* e *dar*, que fazem: *haja, seja, esteja, saiba, queira, vá* e *dê*.

2) Da 2ª pessoa do singular e do plural do presente do indicativo se forma a 2ª pessoa do imperativo afirmativo, bastando suprimir o s final. Ex.:

INDICATIVO		IMPERATIVO	
estudas	estudais	estuda	estudai
sabes	sabeis	sabe	sabei
dizes	dizeis	dize	dizei
partes	partis	parte	parti
pões	pondes	põe	ponde
tens	tendes	tem	tende
vens	vindes	vem	vinde
(TU)	(VÓS)	(TU)	(VÓS)

OBS.: O verbo *ser*, que faz *sê* (tu), *sede* (vós), é o único que não segue este princípio.

Repare que *vem* e *tem* (e assim todos os compostos de *vir* e *ter*) se escrevem com *-m* final.

São estas (2ª pessoa do singular e do plural) as únicas formas próprias do imperativo.

As outras pessoas do imperativo afirmativo, bem como **todas** do imperativo negativo, formam-se do presente do subjuntivo, com o pronome posposto, quando usado. Assim:

AFIRMATIVO	NEGATIVO
estuda (tu)	não estudes (tu)
estude (você)	não estude (você)
estudemos (nós)	não estudemos (nós)
estudai (vós)	não estudeis (vós)
estudem (vocês)	não estudem (vocês)

OBS.: Repare que no imperativo não se usa a 1ª pessoa do singular e que as 3ªs pessoas não se referem ao pronome de 3ª pessoa (*ele, ela, eles, elas*), mas aos pronomes de tratamento da 2ª pessoa indireta (*você, o senhor* etc.), que, embora levem o verbo para a 3ª pessoa, têm o valor de 2ª pessoa, isto é, aquela a quem se fala.

3) Do tema do pretérito perfeito, que se obtém suprimindo a desinência *-mos*, da 1ª pessoa do plural, se derivam:

a) O mais-que-perfeito simples do indicativo, acrescentando a flexão própria (*-ra, -ras* etc.);

b) O imperfeito do subjuntivo, acrescentando-se *-sse, -sses* etc.;

c) O futuro simples do subjuntivo, acrescentando-se *-r, -res* etc.

Ex.:

pôr — *pusemos*, tema: *puse-*

ver — *vimos*, tema: *vi-*

vir — *viemos*, tema: *vie-*

mais-que-perfeito do indicativo
puseRA, puseRAS etc.
viRA, viRAS etc.
vieRA, vieRAS etc.

imperfeito do subjuntivo
puseSSE, puseSSES etc.
viSSE, viSSES etc.
vieSSE, vieSSES etc.

futuro do subjuntivo
puseR, puseRES etc.
viR, viRES etc.
vieR, vieRES etc.

4) Do presente do infinitivo impessoal se formam os dois futuros simples do indicativo, acrescentando-se, para o presente, -ei, -ás, -á, -emos, -eis, -ão, e, para o pretérito, -ia, -ias, -ia, -íamos, -íeis, -iam. Ex.: porEI, irIA etc.

OBS.: Não seguem esta regra *dizer, fazer, trazer*, que fazem: *direi, diria; farei, faria; trarei, traria*.

154. Conjugação dos VERBOS AUXILIARES *ter, haver, ser, estar* (TEMPOS SIMPLES). Dissemos anteriormente que se denominam AUXILIARES os verbos que funcionam como primeiro elemento dos tempos compostos de outros, auxiliando-lhes, por conseguinte, a conjugação.

Vejamos agora como se conjugam os TEMPOS SIMPLES dos auxiliares *ter, haver, ser* e *estar*, todos muito irregulares:

MODO INDICATIVO

TER	HAVER	SER	ESTAR
Presente			
tenho	hei	sou	estou
tens	hás	és	estás
tem	há	é	está
temos	havemos	somos	estamos
tendes	haveis	sois	estais
têm	hão	são	estão
Pretérito imperfeito			
tinha	havia	era	estava
tinhas	havias	eras	estavas
tinha	havia	era	estava
tínhamos	havíamos	éramos	estávamos
tínheis	havíeis	éreis	estáveis
tinham	haviam	eram	estavam

Pretérito perfeito

tive	houve	fui	estive
tiveste	houveste	foste	estiveste
teve	houve	foi	esteve
tivemos	houvemos	fomos	estivemos
tivestes	houvestes	fostes	estivestes
tiveram	houveram	foram	estiveram

Pretérito mais-que-perfeito

tivera	houvera	fora	estivera
tiveras	houveras	foras	estiveras
tivera	houvera	fora	estivera
tivéramos	houvéramos	fôramos	estivéramos
tivéreis	houvéreis	fôreis	estivéreis
tiveram	houveram	foram	estiveram

Futuro do presente

terei	haverei	serei	estarei
terás	haverás	serás	estarás
terá	haverá	será	estará
teremos	haveremos	seremos	estaremos
tereis	havereis	sereis	estareis
terão	haverão	serão	estarão

Futuro do pretérito

teria	haveria	seria	estaria
terias	haverias	serias	estarias
teria	haveria	seria	estaria
teríamos	haveríamos	seríamos	estaríamos
teríeis	haveríeis	seríeis	estaríeis
teriam	haveriam	seriam	estariam

MODO SUBJUNTIVO

Presente

tenha	haja	seja	esteja
tenhas	hajas	sejas	estejas
tenha	haja	seja	esteja
tenhamos	hajamos	sejamos	estejamos
tenhais	hajais	sejais	estejais
tenham	hajam	sejam	estejam

Imperfeito

tivesse	houvesse	fosse	estivesse
tivesses	houvesses	fosses	estivesses
tivesse	houvesse	fosse	estivesse
tivéssemos	houvéssemos	fôssemos	estivéssemos
tivésseis	houvésseis	fôsseis	estivésseis
tivessem	houvessem	fossem	estivessem

Futuro

tiver	houver	for	estiver
tiveres	houveres	fores	estiveres
tiver	houver	for	estiver
tivermos	houvermos	formos	estivermos
tiverdes	houverdes	fordes	estiverdes
tiverem	houverem	forem	estiverem

MODO IMPERATIVO

Afirmativo

tem (tu)	(não se usa)	sê (tu)	está (tu)
tenha (você)	haja (você)	seja (você)	esteja (você)
tenhamos (nós)	hajamos (nós)	sejamos (nós)	estejamos (nós)
tende (vós)	havei (vós)	sede (vós)	estai (vós)
tenham (vocês)	hajam (vocês)	sejam (vocês)	estejam (vocês)

Negativo

não tenhas (tu)	não hajas (tu)
não tenha (você)	não haja (você)
não tenhamos (nós)	não hajamos (nós)
não tenhais (vós)	não hajais (vós)
não tenham (vocês)	não hajam (vocês)

não sejas (tu)	não estejas (tu)
não seja (você)	não esteja (você)
não sejamos (nós)	não estejamos (nós)
não sejais (vós)	não estejais (vós)
não sejam (vocês)	não estejam (vocês)

FORMAS NOMINAIS
Infinitivo impessoal

ter   haver   ser   estar

Infinitivo pessoal (flexionado)

ter	haver	ser	estar
teres	haveres	seres	estares
ter	haver	ser	estar
termos	havermos	sermos	estarmos
terdes	haverdes	serdes	estardes
terem	haverem	serem	estarem

Gerúndio

tendo   havendo   sendo   estando

Particípio

tido   havido   sido   estado

155. Conjugação dos VERBOS REGULARES:

1ª conjugação	2ª conjugação	3ª conjugação
Modelo: *estudar*	Modelo: *aprender*	Modelo: *partir*

MODO INDICATIVO
Presente

estudo	aprendo	parto
estudas	aprendes	partes
estuda	aprende	parte
estudamos	aprendemos	partimos
estudais	aprendeis	partis
estudam	aprendem	partem

Pretérito imperfeito

estudava	aprendia	partia
estudavas	aprendias	partias
estudava	aprendia	partia
estudávamos	aprendíamos	partíamos
estudáveis	aprendíeis	partíeis
estudavam	aprendiam	partiam

Pretérito perfeito simples

estudei	aprendi	parti
estudaste	aprendeste	partiste
estudou	aprendeu	partiu
estudamos	aprendemos	partimos
estudastes	aprendestes	partistes
estudaram	aprenderam	partiram

Pretérito perfeito composto

tenho estudado	tenho aprendido	tenho partido
tens estudado	tens aprendido	tens partido
tem estudado	tem aprendido	tem partido
temos estudado	temos aprendido	temos partido
tendes estudado	tendes aprendido	tendes partido
têm estudado	têm aprendido	têm partido

Pretérito mais-que-perfeito simples

estudara	aprendera	partira
estudaras	aprenderas	partiras
estudara	aprendera	partira
estudáramos	aprendêramos	partíramos
estudáreis	aprendêreis	partíreis
estudaram	aprenderam	partiram

Pretérito mais-que-perfeito composto

tinha[3] estudado	tinha* aprendido	tinha* partido
tinhas estudado	tinhas aprendido	tinhas partido
tinha estudado	tinha aprendido	tinha partido
tínhamos estudado	tínhamos aprendido	tínhamos partido
tínheis estudado	tínheis aprendido	tínheis partido
tinham estudado	tinham aprendido	tinham partido

Futuro do presente simples

estudarei	aprenderei	partirei
estudarás	aprenderás	partirás
estudará	aprenderá	partirá
estudaremos	aprenderemos	partiremos
estudareis	aprendereis	partireis
estudarão	aprenderão	partirão

---

3 Os tempos cuja primeira forma vem assinalada com asterisco também se conjugam com o auxiliar *haver*.

Futuro do presente composto

terei* estudado	terei* aprendido	terei* partido
terás estudado	terás aprendido	terás partido
terá estudado	terá aprendido	terá partido
teremos estudado	teremos aprendido	teremos partido
tereis estudado	tereis aprendido	tereis partido
terão estudado	terão aprendido	terão partido

Futuro do pretérito simples

estudaria	aprenderia	partiria
estudarias	aprenderias	partirias
estudaria	aprenderia	partiria
estudaríamos	aprenderíamos	partiríamos
estudaríeis	aprenderíeis	partiríeis
estudariam	aprenderiam	partiriam

Futuro do pretérito composto

teria* estudado	teria* aprendido	teria* partido
terias estudado	terias aprendido	terias partido
teria estudado	teria aprendido	teria partido
teríamos estudado	teríamos aprendido	teríamos partido
teríeis estudado	teríeis aprendido	teríeis partido
teriam estudado	teriam aprendido	teriam partido

MODO SUBJUNTIVO

Presente

estude	aprenda	parta
estudes	aprendas	partas
estude	aprenda	parta
estudemos	aprendamos	partamos
estudeis	aprendais	partais
estudem	aprendam	partam

Pretérito imperfeito

estudasse	aprendesse	partisse
estudasses	aprendesses	partisses
estudasse	aprendesse	partisse
estudássemos	aprendêssemos	partíssemos
estudásseis	aprendêsseis	partísseis
estudassem	aprendessem	partissem

Pretérito perfeito

tenha* estudado	tenha* aprendido	tenha* partido
tenhas estudado	tenhas aprendido	tenhas partido
tenha estudado	tenha aprendido	tenha partido
tenhamos estudado	tenhamos aprendido	tenhamos partido
tenhais estudado	tenhais aprendido	tenhais partido
tenham estudado	tenham aprendido	tenham partido

Pretérito mais-que-perfeito

tivesse* estudado	tivesse* aprendido	tivesse* partido
tivesses estudado	tivesses aprendido	tivesses partido
tivesse estudado	tivesse aprendido	tivesse partido
tivéssemos estudado	tivéssemos aprendido	tivéssemos partido
tivésseis estudado	tivésseis aprendido	tivésseis partido
tivessem estudado	tivessem aprendido	tivessem partido

Futuro simples

estudar	aprender	partir
estudares	aprenderes	partires
estudar	aprender	partir
estudarmos	aprendermos	partirmos
estudardes	aprenderdes	partirdes
estudarem	aprenderem	partirem

Futuro composto

tiver* estudado	tiver* aprendido	tiver* partido
tiveres estudado	tiveres aprendido	tiveres partido
tiver estudado	tiver aprendido	tiver partido
tivermos estudado	tivermos aprendido	tivermos partido
tiverdes estudado	tiverdes aprendido	tiverdes partido
tiverem estudado	tiverem aprendido	tiverem partido

MODO IMPERATIVO

Afirmativo

estuda (tu)	aprende (tu)	parte (tu)
estude (você)	aprenda (você)	parta (você)
estudemos (nós)	aprendamos (nós)	partamos (nós)
estudai (vós)	aprendei (vós)	parti (vós)
estudem (vocês)	aprendam (vocês)	partam (vocês)

Negativo

não estudes (tu)	não aprendas (tu)	não partas (tu)
não estude (você)	não aprenda (você)	não parta (você)
não estudemos (nós)	não aprendamos (nós)	não partamos (nós)
não estudeis (vós)	não aprendais (vós)	não partais (vós)
não estudem (vocês)	não aprendam (vocês)	não partam (vocês)

FORMAS NOMINAIS

Infinitivo impessoal simples (presente)

estudar	aprender	partir

Infinitivo pessoal simples (flexionado)

estudar	aprender	partir
estudares	aprenderes	partires
estudar	aprender	partir
estudarmos	aprendermos	partirmos
estudardes	aprenderdes	partirdes
estudarem	aprenderem	partirem

Infinitivo impessoal composto (pretérito impessoal)

ter* estudado	ter* aprendido	ter* partido

Infinitivo pessoal composto (pretérito pessoal)

ter* estudado	ter* aprendido	ter* partido
teres estudado	teres aprendido	teres partido
ter estudado	ter aprendido	ter partido
termos estudado	termos aprendido	termos partido
terdes estudado	terdes aprendido	terdes partido
terem estudado	terem aprendido	terem partido

Gerúndio simples (presente)

estudando	aprendendo	partindo

Gerúndio composto (pretérito)

tendo* estudado	tendo* aprendido	tendo* partido

Particípio (pretérito)

estudado	aprendido	partido

156. Conjugação do verbo pôr.

MODO INDICATIVO

Presente

ponho
pões
põe
pomos
pondes
põem

Pretérito perfeito

SIMPLES
pus
puseste
pôs
pusemos
pusestes
puseram

COMPOSTO
tenho posto
tens posto
tem posto
temos posto
tendes posto
têm posto

Pretérito imperfeito

punha
punhas
punha
púnhamos
púnheis
punham

Pretérito mais-que-perfeito

SIMPLES
pusera
puseras
pusera
puséramos
puséreis
puseram

COMPOSTO
tinha* posto
tinhas posto
tinha posto
tínhamos posto
tínheis posto
tinham posto

Futuro do presente

SIMPLES
porei
porás
porá
poremos
poreis
porão

COMPOSTO
terei* posto
terás posto
terá posto
teremos posto
tereis posto
terão posto

Futuro do pretérito

SIMPLES
poria
porias
poria
poríamos
poríeis
poriam

COMPOSTO
teria* posto
terias posto
teria posto
teríamos posto
teríeis posto
teriam posto

MODO SUBJUNTIVO

Presente

ponha
ponhas
ponha
ponhamos
ponhais
ponham

Pretérito imperfeito

pusesse
pusesses
pusesse
puséssemos
pusésseis
pusessem

Pretérito perfeito

tenha* posto
tenhas posto
tenha posto
tenhamos posto
tenhais posto
tenham posto

Pretérito mais-que-perfeito   *Futuro*

	SIMPLES	COMPOSTO
tivesse* posto	puser	tiver* posto
tivesses posto	puseres	tiveres posto
tivesse posto	puser	tiver posto
tivéssemos posto	pusermos	tivermos posto
tivésseis posto	puserdes	tiverdes posto
tivessem posto	puserem	tiverem posto

MODO IMPERATIVO

Afirmativo   *Negativo*

põe (tu)	não ponhas (tu)
ponha (você)	não ponha (você)
ponhamos (nós)	não ponhamos (nós)
ponde (vós)	não ponhais (vós)
ponham (vocês)	não ponham (vocês)

FORMAS NOMINAIS

Infinitivo impessoal

SIMPLES	COMPOSTO
pôr	ter* posto

Infinitivo pessoal   *Infinitivo pessoal*
(flexionado)   composto

pôr	ter* posto
pores	teres posto
pôr	ter posto
pormos	termos posto
pordes	terdes posto
porem	terem posto

Gerúndio   *Particípio (pretérito)*

SIMPLES	COMPOSTO	
pondo	tendo* posto	posto

157. Conjugação de um verbo TRANSITIVO DIRETO NA VOZ PASSIVA:
Modelo: *elogiar*

MODO INDICATIVO

Presente
sou elogiado
és elogiado
é elogiado
somos elogiados
sois elogiados
são elogiados

Pretérito imperfeito
era elogiado
eras elogiado
era elogiado
éramos elogiados
éreis elogiados
eram elogiados

Pretérito perfeito simples
fui elogiado
foste elogiado
foi elogiado
fomos elogiados
fostes elogiados
foram elogiados

Pretérito perfeito composto
tenho sido elogiado
tens sido elogiado
tem sido elogiado
temos sido elogiados
tendes sido elogiados
têm sido elogiados

Pretérito mais-que-perfeito simples
fora elogiado
foras elogiado
fora elogiado
fôramos elogiados
fôreis elogiados
foram elogiados

Pretérito mais-que-perfeito composto
tinha* sido elogiado
tinhas sido elogiado
tinha sido elogiado
tínhamos sido elogiados
tínheis sido elogiados
tinham sido elogiados

Futuro do presente simples
serei elogiado
serás elogiado
será elogiado
seremos elogiados
sereis elogiados
serão elogiados

Futuro do presente composto
terei* sido elogiado
terás sido elogiado
terá sido elogiado
teremos sido elogiados
tereis sido elogiados
terão sido elogiados

Futuro do pretérito simples
seria elogiado
serias elogiado
seria elogiado

Futuro do pretérito composto
teria* sido elogiado
terias sido elogiado
teria sido elogiado

seríamos elogiados   teríamos sido elogiados
seríeis elogiados   teríeis sido elogiados
seriam elogiados   teriam sido elogiados

MODO IMPERATIVO
(Não se usa na voz passiva)

MODO SUBJUNTIVO

Presente   *Pretérito imperfeito*
seja elogiado   fosse elogiado
sejas elogiado   fosses elogiado
seja elogiado   fosse elogiado
sejamos elogiados   fôssemos elogiados
sejais elogiados   fôsseis elogiados
sejam elogiados   fossem elogiados

Pretérito perfeito   *Pretérito mais-que-perfeito*
tenha* sido elogiado   tivesse* sido elogiado
tenhas sido elogiado   tivesses sido elogiado
tenha sido elogiado   tivesse sido elogiado
tenhamos sido elogiados   tivéssemos sido elogiados
tenhais sido elogiados   tivésseis sido elogiados
tenham sido elogiados   tivessem sido elogiados

Futuro simples   *Futuro composto*
for elogiado   tiver* sido elogiado
fores elogiado   tiveres sido elogiado
for elogiado   tiver sido elogiado
formos elogiados   tivermos sido elogiados
fordes elogiados   tiverdes sido elogiados
forem elogiados   tiverem sido elogiados

FORMAS NOMINAIS

Infinitivo impessoal
presente   pretérito
ser elogiado   ter* sido elogiado

Infinitivo pessoal (flexionado)
presente   pretérito
ser elogiado   ter* sido elogiado

seres elogiado
ser elogiado
sermos elogiados
serdes elogiados
serem elogiados

teres sido elogiado
ter sido elogiado
termos sido elogiados
terdes sido elogiados
terem sido elogiados

Gerúdio presente
sendo elogiado (a), (os), (as)

Gerúndio pretérito
tendo* sido elogiado (a), (os), (as)

Particípio (pretérito)
elogiado (a), (os), (as)

158. Conjugação de um verbo PRONOMINAL:

Modelo: *lembrar-se*

MODO INDICATIVO

Presente
eu me lembro
tu te lembras
ele se lembra
nós nos lembramos
vós vos lembrais
eles se lembram

Pretérito imperfeito
eu me lembrava
tu te lembravas
ele se lembrava
nós nos lembrávamos
vós vos lembráveis
eles se lembravam

Pretérito perfeito simples
eu me lembrei
tu te lembraste
ele se lembrou
nós nos lembramos
vós vos lembrastes
eles se lembraram

Pretérito perfeito composto
eu me tenho lembrado
tu te tens lembrado
ele se tem lembrado
nós nos temos lembrado
vós vos tendes lembrado
eles se têm lembrado

Pretérito mais-que-perfeito simples
eu me lembrara
tu te lembraras
ele se lembrara
nós nos lembráramos
vós vos lembráreis
eles se lembraram

Pretérito mais-que-perfeito composto
eu me tinha* lembrado
tu te tinhas lembrado
ele se tinha lembrado
nós nos tínhamos lembrado
vós vos tínheis lembrado
eles se tinham lembrado

Futuro do presente simples
eu me lembrarei
tu te lembrarás
ele se lembrará
nós nos lembraremos
vós vos lembrareis
eles se lembrarão

Futuro do presente composto
eu me terei* lembrado
tu te terás lembrado
ele se terá lembrado
nós nos teremos lembrado
vós vos tereis lembrado
eles se terão lembrado

Futuro do pretérito simples
eu me lembraria
tu te lembrarias
ele se lembraria
nós nos lembraríamos
vós vos lembraríeis
eles se lembrariam

Futuro do pretérito composto
eu me teria* lembrado
tu te terias lembrado
ele se teria lembrado
nós nos teríamos lembrado
vós vos teríeis lembrado
eles se teriam lembrado

MODO SUBJUNTIVO

Presente
eu me lembre
tu te lembres
ele se lembre
nós nos lembremos
vós vos lembreis
eles se lembrem

Pretérito imperfeito
eu me lembrasse
tu te lembrasses
ele se lembrasse
nós nos lembrássemos
vós vos lembrásseis
eles se lembrassem

Pretérito perfeito
eu me tenha* lembrado
tu te tenhas lembrado
ele se tenha lembrado
nós nos tenhamos lembrado
vós vos tenhais lembrado
eles se tenham lembrado

Pretérito mais-que-perfeito
eu me tivesse* lembrado
tu te tivesses lembrado
ele se tivesse lembrado
nós nos tivéssemos lembrado
vós vos tivésseis lembrado
eles se tivessem lembrado

Futuro simples
eu me lembrar
tu te lembrares
ele se lembrar
nós nos lembrarmos
vós vos lembrardes
eles se lembrarem

Futuro composto
eu me tiver* lembrado
tu te tiveres lembrado
ele se tiver lembrado
nós nos tivermos lembrado
vós vos tiverdes lembrado
eles se tiverem lembrado

MODO IMPERATIVO

Afirmativo	Negativo
lembra-te	não te lembres
lembre-se	não se lembre
lembremo-nos	não nos lembremos
lembrai-vos	não vos lembreis
lembrem-se	não se lembrem

FORMAS NOMINAIS

Infinitivo impessoal (presente)	Infinitivo impessoal (pretérito)
lembrar-se	ter-se lembrado

Infinitivo pessoal simples (flexionado)	Infinitivo pessoal composto
lembrar-me	ter-me* lembrado
lembrares-te	teres-te lembrado
lembrar-se	ter-se lembrado
lembrarmo-nos	termo-nos lembrado
nós lembrardes-vos	terdes-vos lembrado
lembrarem-se	terem-se lembrado

Gerúndio presente	Gerúndio pretérito	Particípio (pretérito)
lembrando-se	tendo-se* lembrado	lembrado

Exercícios

1. Acrescente a cada nome de animal o verbo intransitivo que exprime o seu grito, ora depois, ora antes do sujeito (V. leitura 26, "Vozes de animais"):

a) o lobo _____

b) a abelha _____

c) o mosquito _____

d) o cachorro ora _____, ora _____

e) _____ a ovelha,

f) os pintinhos _____

g) _____ os burros,

h) a galinha _____

i) o pato _____

j) os porcos _____

2. Nas formas do imperativo afirmativo abaixo, coloque (1) nas que tenham *tu* como sujeito e (2) nas outra com o sujeito *você*:

a) (   ) trabalha   e) (   ) sente-se   i) (   ) traga   m) (   ) escreva

b) (   ) faze   f) (   ) faça   j) (   ) procura   n) (   ) reparte

c) (   ) corra   g) (   ) desiste   k) (   ) diga   o) (   ) divide

d) (   ) expõe   h) (   ) componha   l) (   ) defina   p) (   ) substitua

3. Conjugue os verbos indicados, no imperativo afirmativo, de acordo com os pronomes *tu*, *V.S.ª*, *você*, *vós*:

a) *olhar* _____

b) *reunir* _____

c) *receber* _____

d) *pôr* _____

4. Passe para o imperativo negativo as formas do exercício 2.

_____
_____
_____
_____
_____
_____

5. Mude para o tratamento *você*:

a) Não te incomodes

_____

b) Deixa disso

_____

c) Não consintais nisso

_____

d) Recebe um abraço

_____

e) Não te iludas

_____

f) Não vos deixeis sucumbir

_____

g) Preocupa-te contigo

_____

h) Vem cá

_____

i) Detém-te

_____

j) Parai

_____

6. Conjugue nas demais pessoas os verbos a que pertencem as formas abaixo; diga em que tempo estão e qual é o verbo:

a) *éreis* _____

_____

b) *virmos* _____

_____

c) *tenhas vindo* _____

_____

d) *porem* _____

_____

Verbos que sofrem alterações gráficas.

7. Conjugue nos tempos indicados:

a) *nascer* (pres. ind. e pres. subj.)

_____

_____

_____

_____

_____

_____

c) *esquecer* (pres. ind.)

_____

_____

_____

_____

_____

_____

b) *erguer* (pres. ind.)

_____

_____

_____

_____

_____

_____

d) *distinguir* (pres. ind..)

_____

_____

_____

_____

_____

_____

e) *arguir* (pres. ind.)

_____

_____

_____

_____

_____

f) *averiguar* (pres. subj.)

_____

_____

_____

_____

_____

8. **Flexione convenientemente os verbos indicados:**

   a) É necessário que ele .... (*nomear*) um substituto.

   b) Para que possamos colher, é preciso que .... (*semear*).

   c) Não .... (*odiar*) teu adversário.

   d) .... (*Recrear*, imperativo) nosso espírito com boas leituras.

   e) Os presos .... (*ansiar*, pres. ind.) pela sua liberdade.

Verbos irregulares de uso mais frequente.

9. **Complete as frases com a forma adequada do verbo pedido:**

   a) Por mais que .... (*dar*), sempre estareis dando pouco.

   b) .... (*Dar*)-me teu livro, por favor.

   c) .... (*Dizer*)-me com quem andas, dir-te-ei quem és.

   d) .... (*Valer*) sempre aqueles que precisam de nosso auxílio.

   e) São poderosas as razões para que .... (*nós*) (*crer*) nas suas palavras.

   f) Quando .... (*vir*), João, ... (*trazer*)-me o livro que prometeste.

   g) Eu não .... (*caber*, pres. ind.) nesta cama.

   h) Não .... (*perder*, tu) a paciência por tão pouco.

i) As frutas .... (caber, pret. perf. simples ind.) na cesta.

j) Ele perdeu a questão porque não .... (poder, pret. perf. simples ind.) pagar a um advogado.

10. De acordo com o sentido, empregue formas do futuro do indicativo ou do subjuntivo:

a) Se ele .... (fazer) nossa vontade, tudo .... (fazer) por ele.

b) Eu .... (dizer) a ele o que você .... (querer).

c) Nós .... (trazer) tua encomenda quando .... (trazer) o dinheiro.

d) Tu .... (fazer) boa figura se tivesses estudado.

e) Se me interrogassem, eu .... (dizer) toda a verdade.

11. Faça a análise completa das formas verbais abaixo relacionadas; havendo mais de uma análise possível, indique-as todas:

Modelo: *tem*: 3ª p. sing. pres. ind., V. *ter*; 2ª p. sing. imper. afirm., V. *ter*.

a) tivesses estudado _____

b) fôreis _____

c) vindo _____

d) ides _____

e) ouçais _____

f) teria feito _____

g) viermos _____

h) hajais _____

i) sede _____

j) houverdes _____

k) hajamos _____

l) termos estudado _____

m) tivermos estudado _____

n) tenhamos feito _____

o) haver estudado _____

p) vimos _____

12. Ponha os verbos grifados no tempo composto pedido:

a) É necessário que, às dez horas, já .... (nós) (*acabar*, pret. perf. subj.) a prova.

b) Alegrei-me de que .... (ele) (*fazer*, pret. m-q-perf. subj.) boa viagem.

c) Muitos viajantes .... (*louvar*, pret. perf. comp. ind.) as belezas do Brasil.

d) Quando chegamos, ele já se .... (*levantar*, pret. m-q-perf. comp. ind.) da mesa.

e) Eu o .... (*visitar*, fut. pret. comp.) se soubesse que estava doente.

13. Em cada frase, indique se o verbo grifado está no futuro do subjuntivo (1) ou no infinitivo pessoal (2):

a) Logo que *terminares* ( ), vem procurar-me.

b) Para *terminares* ( ), que te falta ainda?

c) Quem *terminar* ( ), entregue a prova.

d) Já está na hora de *acabarmos* ( ) a conversa.

e) Convém *acabarmos* ( ) logo, pois se *terminarmos* ( ) cedo iremos ao cinema.

f) Foi um erro *aceitares* ( ) semelhantes condições.

g) Admirei-me de *aceitares* ( ) tais condições.

h) Para *aceitares* ( ) tais condições, devias exigir muito em troca.

i) Se *aceitares* ( ) minha oferta, não te arrependerás.

j) Quem *aceitar* ( ) minha oferta não se arrependerá.

14. Relacione os verbos da 2ª coluna de acordo com os nomes da 1ª (consulte o dicionário):

(1) ondas   ( ) bruxulear   (6) sinos   ( ) sibilar
(2) luz de velas   ( ) marulhar   (7) tambores   ( ) farfalhar
(3) trovão   ( ) troar   (8) vento   ( ) rufar
(4) campainha   ( ) ribombar   (9) folhas   ( ) crepitar
(5) canhão   ( ) tilintar   (10) chama   ( ) bimbalhar

Vozes verbais.

15. Passe para a voz passiva:

a) As abelhas fazem o mel.
_____

b) Compraste o livro?
_____

c) Vi Maria, ontem, na cidade.
_____

d) O médico examinou todos os alunos.
_____

e) Uma serpente picou Cleópatra.
_____

f) Cortaram as árvores.
_____

g) O poeta escreveu lindos versos.
_____

h) Talvez o professor o aprove, José.
_____

i) Os policiais prenderam os ladrões.

_____

j) A professora censurou seu procedimento.

_____

16. Sublinhe os verbos e indique se estão na voz reflexiva (R) ou são pronominais (P) (V. § 142, OBS.):

a) Ela se vestia sozinha. ( )

b) Orgulho-me dos meus pais. ( )

c) A chama extinguiu-se aos poucos. ( )

d) Não se atreva a contradizer-me. ( )

e) Divirtam-se. ( )

f) Insurgiram-se contra a ordem injusta. ( )

g) A custo me livrei daquele importuno. ( )

h) Abraçou-se à mãe chorando. ( )

17. Indique se a palavra grifada é particípio (P) ou adjetivo (A):

a) O jarro *partido* era de porcelana. ( )

b) A loja estava *fechada*. ( )

c) Em boca *fechada* não entra mosca. ( )

d) Saí *apressado*. ( )

e) O vento havia *arejado* o quarto. ( )

f) Um quarto *arejado* é saudável. ( )

g) A sala *pintada* parecia nova. ( )

h) A sala foi *pintada* de novo. ( )

18. Em cada frase, diga se o verbo em grifo funciona como auxiliar (A), de ligação (L), transitivo (T) ou intransitivo (I):

a) *Estive* percorrendo o Nordeste. ( )

b) *Era* tratado por todos com carinho. ( )

c) *Era* tarde. ( )

d) *Era* muito jovem a professora. ( )

e) *Andas* estudando muito. ( )

f) Por onde *andavas*? ( )

g) A noite *vinha* chegando. ( )

h) A professora *vinha* em nossa direção. ( )

i) Maria *vai* a São Paulo, de férias. ( )

j) *Haverá* aulas amanhã? ( )

k) *Haverá* chegado a tempo? ( )

l) *Tenho* cinco irmãos. ( )

m) *Tenho* de estudar muito. ( )

n) *Tenho* passado uns dias trabalhosos. ( )

19. Indique a locução verbal de que fazem parte os verbos auxiliares do exercício anterior.

_____   _____   _____

_____   _____   _____

20. Separe e nomeie os elementos formadores destes *verbos*:

Modelo: *escrevêramos* → radical: *escrev*; vogal temática da 2ª conj.: *e*; característica do m-q--perf. simples do ind.: *ra*; desinência de 1ª pessoa do plural: *mos*.

a) *fizerdes* → _____

_____

b) *pusestes* → _____

_____

c) *cantaríamos* → _____

_____

d) *olhásseis* → _____

_____

e) *andavam* → _____

_____

f) *partiste* → _____

_____

21. Use o verbo indicado na forma apropriada ou pedida:

a) Se .... (*ser*) mais esforçado, teria obtido melhor classificação.

b) Tem cautela, ... (*ser*) prudente.

c) O temporal .... (*reter*, pret. perf. simples ind.) os trens.

d) Se (tu) não o .... (*conter*), ele cometeria um desatino.

e) Se vos .... (*manter-se*) unidos, vencereis.

f) Ele .... (*suster*, pret. perf. simples ind.) o pião na unha por longo tempo.

g) Se nós o .... (reter) aqui, sua mãe ficará preocupada.

h) Durante horas nos .... (entreter-se) com as graçolas do palhaço.

22. Reescreva os trechos, passando o primeiro para o tratamento você e o segundo para o tratamento vós, fazendo todas as concordâncias necessárias:

a) "Ouve e obedece aos teus superiores, porque sem disciplina não pode haver equilíbrio. Quando sentires tentações, refugia-te no trabalho. Previne-te na mocidade economizando para a velhice, que assim prepararás de dia a lâmpada que te há de alumiar à noite. Acolhe o hóspede com agasalho. Ouve os teus, reservando-se com os de fora. Ama a terra em que nasceste e à qual reverterás na morte. O que por ela fizeres, por ti mesmo farás, que és terra e a tua memória viverá na gratidão dos que te sucederem."

_____
_____
_____
_____
_____
_____

b) "Bendito serás, se te mostrares digno da missão que te confio; serás maldito, se rasgares o pacto que assinaste comigo. Se fizeres o que deves fazer, serás digno de mim e de ti. Se não o fizeres, terás desperdiçado o teu tempo, terás mentido ao teu juramento, terás perdido a tua honra, terás traído a minha confiança."

_____
_____
_____
_____
_____

OBS.: Para exercitar mais inverta a solicitação do enunciado.

23. Use a forma correta do verbo *haver*:

a) Até ontem eles não .... chegado.

b) Ontem .... aqui mais alunos do que hoje.

c) Sempre .... (fut. pres. ind.) infelizes neste mundo.

d) .... (pret. perf. simples ind.) muitas reprovações.

e) Embora .... (pret. perf. subj.) boas notas, o resultado geral não me satisfez.

O ADVÉRBIO

Conceito

159. Examinemos, nestas frases, as palavras destacadas, que são advérbios: Chegaste *aqui* cedo, pois és *realmente muito* madrugador; Maria, porém, veio *ainda mais* cedo, veio *cedíssimo*.

A palavra *aqui* acrescenta ao verbo *chegar* uma circunstância de lugar; com *realmente* se dá mais força à declaração contida na oração "és muito madrugador";
muito modifica o adjetivo *madrugador*, elevando-o ao grau superlativo absoluto;
ainda intensifica a declaração "veio mais cedo";
mais modifica *cedo*, levando-o para o grau comparativo de superioridade;
cedíssimo é o grau superlativo absoluto sintético de *cedo*.
Podemos então concluir:
1) O advérbio acrescenta uma circunstância ao verbo;
2) O advérbio serve igualmente para modificar, em grau, o adjetivo e o próprio advérbio;
3) O advérbio pode, ainda, acrescentar uma circunstância a, ou então reforçar, toda uma oração;
4) Alguns advérbios podem variar em grau. Podemos, agora, definir:

Advérbio é uma palavra, nalguns casos variável em grau, que acrescenta uma circunstância a um verbo, ou reforça toda uma oração, e que modifica, para graduá-los, um adjetivo ou mesmo um advérbio.

As circunstâncias que os advérbios exprimem

160. São as seguintes as circunstâncias expressas por alguns advérbios:

1) LUGAR: *aqui, aí, ali, cá, lá, acolá, além, longe, perto, dentro, fora, adiante, defronte, onde, aonde, donde, acima, abaixo, atrás, algures* (= em algum lugar), *alhures* (= em outro lugar) e poucos mais;

2) TEMPO: *hoje, ontem, anteontem, amanhã, breve, brevemente, afinal, finalmente, sempre, nunca, jamais, raramente, cedo, tarde, antes, depois, logo, já, agora, ora, então, outrora, aí, quando* e poucos mais;

3) MODO: *bem, mal, melhor* (= mais bem), *pior* (= mais mal), *assim, caro, barato, alto, baixo, depressa, devagar, rapidamente, lentamente, facilmente* (e a maioria dos terminados em -mente), *antes* (= de preferência), *como* etc.;

4) AFIRMAÇÃO (OU REFORÇO): *realmente, certamente, efetivamente, seguramente* etc.;

5) DÚVIDA: *talvez, acaso, porventura, possivelmente, provavelmente, quiçá* etc.;

6) NEGAÇÃO: *não*;

7) INTENSIDADE: *muito, pouco, mais, menos, ainda, bastante, assaz, demais, bem, tanto, quanto, nada, quase, apenas, mal, que, tão, quão* e raros mais.

Advérbios de grau e de intensidade

161. Muitos dos advérbios de intensidade funcionam também para marcar o grau dos adjetivos ou de advérbios. São eles:

muito, para o superlativo: MUITO *bom*, MUITO *bem*;

mais, para o comparativo de superioridade: MAIS *rápido (do) que*, MAIS *cedo (do) que*;

menos, para o comparativo de inferioridade: MENOS *rápido (do) que*, MENOS *cedo (do) que*;

tão, para o comparativo de igualdade: TÃO *rápido quanto*, TÃO *cedo como*.

Os seguintes advérbios de intensidade nunca se usam junto de verbos, mas apenas intensificam a qualidade de adjetivos ou advérbios (de modo):

tão: O dia estava TÃO *lindo!* Esse penteado lhe senta TÃO *bem*;

que e *quão* (menos usado): QUE *doce a vida não era...* QUE *bem que cheira esta flor.* QUÃO *triste me sentia...*

Tanto, quanto e *ainda* combinam-se com o grau comparativo:

As provas são TANTO *mais difíceis* QUANTO *maiores*. AINDA *mais difíceis* são as provas teóricas.

Advérbios interrogativos

162. Os seguintes advérbios, pelo fato de poderem figurar no início de uma oração interrogativa, direta ou indireta, recebem também o nome de

INTERROGATIVOS, e têm significação aparentada com os pronomes interrogativos indefinidos:

onde, aonde, donde, e as locuções *para onde, por onde* (de lugar): *Onde* estás?; *Para onde* vais?; *Donde* vens?; Dize-me *donde* vens;

quando (de tempo): *Quando* chegaste?; Queria saber *quando* chegaste;

como (de modo): *Como* vais passando?; Perguntei-lhe *como* ia passando.

Estão no mesmo caso as locuções:

por que (de causa): *Por que* não me respondes?; Não sei *por que* não me respondes;

para que (de fim): *Para que* me chamaste?; Ignoro *para que* me chamaste.

Observações sobre alguns advérbios

163. Quando significam *em que, a que, de que*, os advérbios de lugar – *onde, aonde, donde* – pelo fato de incluírem na sua significação o pronome relativo *que*, são também 'relativos', pois têm sempre, como os pronomes relativos, um antecedente a que substituem. Ex.:

Ama a terra *onde* (= em que) nasceste.

Não conheço a cidade *aonde* (= a que) vou.

É bela a terra *donde* (= de que) vens.

164. Alguns advérbios correspondem a certos pronomes demonstrativos:

cá, aqui (= neste lugar) correspondem a *este*;

aí (= nesse lugar) corresponde a *esse*;

lá, ali, acolá (= naquele lugar) correspondem a *aquele*;

hoje corresponde a *neste dia*.

Outros têm significado vago, impreciso, como os pronomes indefinidos: *algures, alhures, muito, pouco, nada, que, quanto*. Aliás, alguns dos advérbios de intensidade têm forma idêntica à de certos pronomes indefinidos, como os cinco últimos citados.

Conhece-se que são pronomes quando substituem um substantivo ou lhe servem de adjunto, ou quando têm flexão de gênero e número. Que dificuldade! *Muitos* trabalham, *poucos* brincam. Tive *pouco* trabalho hoje. *Quantos* vieram?

Conhece-se que são advérbios quando se referem a um verbo, adjetivo ou advérbio: Trabalho *muito*. *Quanto* estudei para a prova! *Que* difícil este ponto!

Igualmente indefinidos são os advérbios interrogativos, como se vê da sua significação: *onde*? (= em que lugar?); *quando*? (= em qual ocasião?); *como*? (= de que maneira?); *por quê*? (= por qual motivo?); *para quê* (= com que finalidade?).

Flexão do advérbio

165. Já vimos que alguns advérbios, principalmente os de modo, alguns de lugar, de tempo e de intensidade, apresentam flexão de grau. Como os adjetivos, têm comparativo e superlativo.

– Comparativo:
a) de igualdade: *tão* depressa *quanto* (ou *como*);
b) de inferioridade: *menos* rapidamente *(do) que*;
c) de superioridade:
1) analítico: *mais* perto *(do) que*;
2) sintético: *melhor* (= mais bem), *pior* (= mais mal).

– Superlativo absoluto:
a) analítico: *muito* bem, *muito* mal, *muito* cedo;
b) sintético: *otimamente, malíssimo, cedíssimo*.

Na linguagem familiar muitas vezes se dá também, com os sufixos *-inho* e *-zinho*, a forma diminutiva a certos advérbios. Levantei-me bem *cedinho*. – Saiu *agorinha*. – Como vais passando? — *Assinzinho* ...
Podemos dizer, portanto:

Alguns advérbios variam em grau (comparativo, superlativo e diminutivo).

Locução adverbial

166. Observe:
Cheguei *cedo, a tempo, na hora*.
Saio *raramente, às vezes, com frequência, todos os dias, de vez em quando, muitas vezes*.

Muitas vezes a circunstância acrescentada a um verbo é expressa por um conjunto de duas ou mais palavras que funciona como advérbio: é o que se denomina LOCUÇÃO ADVERBIAL.

As locuções adverbiais se classificam tal como os advérbios. Assim, podem exprimir:

LUGAR: *em cima, de cima, por onde, para onde, por trás, por aqui, por ali, de longe, de perto, por perto, por dentro, para dentro, de fora, por fora, em frente, à direita, ao lado, à distância* etc.;

TEMPO: *em breve, de manhã, pela manhã, de tarde, à tarde, de noite, à noite, por ora, de repente, eis senão quando, de vez em quando, a tempo, às vezes, de onde em onde, de longe em longe, nunca mais, hoje em dia* etc.;

> A maior parte das locuções adverbiais se formam de preposição + substantivo, ou preposição + advérbio. V. § 177.

MODO: *às avessas, às claras, às direitas, às pressas, à pressa, à vontade, à milanesa, à toa, de bom grado, por gosto, de cor, de mansinho, de preferência, de cócoras, com gosto, em geral, em silêncio, em paz, em vão, sem medo, sem conta, sem conto, por acaso, ao acaso, ao léu, ao deus-dará, gota a gota, face a face, frente a frente, passo a passo* etc.;

CAUSA: *de fome, de medo, de susto* etc.;

AFIRMAÇÃO (OU REFORÇO): *com certeza, sem dúvida, por certo*;

NEGAÇÃO: *de modo algum, de modo nenhum* etc.

Advérbios em -mente

167. Os advérbios terminados em *-mente* formam-se de adjetivos. Quando o adjetivo tem formas diferentes para os dois gêneros, tira-se o advérbio do adjetivo no feminino. Ex.:

fácil (uniforme) → *facilmente;*

corajoso, fem. *corajosa* → *corajosamente.*

OBS.: Excetuam-se uns poucos advérbios derivados de adjetivos em *-ês: burguesmente, portuguesmente* (e não *burguesamente, portuguesamente*).

168. Quando dois ou mais advérbios em *-mente* se acham coordenados entre si, é mais comum juntar-se o sufixo apenas ao último. Ex.: Ele vive *pobre* mas *confortavelmente* (em vez de "pobremente mas confortavelmente", construção também usada, quando há necessidade de ênfase).

PALAVRAS DE CLASSIFICAÇÃO VARIÁVEL

169. Você há de ter notado, em nossa relação de advérbios, alguns que figuram em mais de uma classificação e outros que podem pertencer a classes diferentes.

Isto quer dizer que só **dentro da frase será possível classificar com acerto as palavras**. Atente para estes exemplos:

1) *aí* (adv. de lugar): Veja se José está *aí*.
   aí (adv. de tempo): *Aí* interrompeu o discurso, para tomar fôlego.
2) *mal* (adv. de modo): Ontem passei *mal* do estômago.
   mal (adv. de intensidade): *Mal* (= dificilmente) se percebe o que ele diz.
   mal (subst. comum): Não lhe desejo nenhum *mal*.
   mal (conjunção sub. temporal): *Mal* (= logo que) comecei, vieram interromper-me.
3) *breve* (adv. de tempo): *Breve* (= brevemente) nos encontraremos.
   breve (adjetivo): Seu discurso foi *breve* (= curto).

4) alto (adv. de modo): Não fale *alto*.
   alto (adj.): Prédio *alto*.
   alto (subst. comum): Olhei para o *alto*.
   alto! (interjeição).
5) *nada* (adv. de intens.): Seu aproveitamento não é *nada* animador. Não melhorou *nada*.
   nada (pron. indef.): *Nada* lhe escapava.

OBS.: Em Apêndices (p. 317) você encontrará a classificação de numerosas palavras deste tipo.

PALAVRAS DE CLASSIFICAÇÃO DIFÍCIL

170. Há uma série de palavras que ora aparecem classificadas como advérbios, ora como preposições, e até como conjunções, mas que não pertencem a nenhuma destas classes, e é às vezes difícil incluí-las em qualquer das classes habituais da Gramática. Como proceder, então?

A Comissão de professores que elaborou a Nomenclatura Gramatical Brasileira, atualmente em vigor, recomenda sejam classificadas de acordo com a sua significação. Assim, podem exprimir exclusão, inclusão, designação, retificação, explicação, ou são simples expressões de realce, de embelezamento ou expressividade da frase. Eis uma relação das mais usadas:

1) de EXCLUSÃO: *só, afora, fora, exceto, salvo, apenas, senão, tirante* etc., junto de substantivos ou pronomes. Ex.:

Só você não compreende. Todos, *exceto* (ou *salvo, fora, afora, tirante*) José, compareceram. Quem, *senão* ele, poderá esclarecer-nos?

2) de INCLUSÃO: *inclusive, até, mesmo, também* etc. (igualmente junto de substantivos ou pronomes). Ex.:

Todos, *inclusive* João, fizeram a prova. *Também* Maria fez a prova. *Mesmo* (ou *até*) um ignorante podia compreendê-lo.

3) de RETIFICAÇÃO: *aliás, isto é, ou antes, perdão*. Ex.:

Guaporé, *ou antes* (ou *isto é*, ou *aliás*, ou *perdão*) Rondônia, é um território da Região Norte.

4) de DESIGNAÇÃO: *eis*. Ex.:

Ei-lo que chega; *Eis* a minha escola.

OBS.: *Eis*, combinando-se com o pronome pessoal oblíquo átono da 3ª pessoa *o, a, os, as*, perde o *s*, tomando o pronome as formas *lo, la, los, las*.

5) de EXPLICAÇÃO: *isto é, por exemplo, a saber, como* etc. Ex.:

As frutas cítricas, *isto é* (ou *como*, ou *por exemplo*, ou *a saber*), o limão, a laranja, a lima, a tangerina etc., possuem vitamina C. O satélite da Terra, *isto é*, a Lua, está sendo cobiçado pelos homens.

6) de REALCE (palavras que, por assim dizer, enfeitam ou revigoram a expressão, sem ter outra função na frase): *é que, lá, ainda, só, mas* etc. Ex.:

Eu *é que* hei de saber? Ele *lá* sabe o que diz? *Ainda* se fosse eu... Veja *só* que tolo! *Mas* que bela voz!

7) de AFIRMAÇÃO ou ASSENTIMENTO: *sim, sem dúvida, perfeitamente, de acordo* etc.

8) de TRANSIÇÃO entre um período e outro: *ora, pois bem* etc.

OBS.: Na análise é bastante dizer: palavra (ou locução) de realce, de exclusão etc.

Exercícios

1. Classifique os advérbios e locuções adverbiais em grifo:

a) Experimenta *de novo*: *talvez* sejas *bem* sucedido.

b) O sábio pensa *muito*, escreve *pouco* e fala *menos ainda*.

c) Vieste *a propósito*.

d) Errei, sim, mas *doravante* pensarei *mais* antes de responder.

e) *Antes* quero morrer a viver escravo.

f) Dá *de bom grado* o que te pedem *com humildade*.

g) A verdadeira coragem *não* consiste em nos atirarmos *às cegas* ao perigo: não nos devemos expor *inutilmente*.

h) *Ora* me encontrarias, se me pudesses ver, estudando *em silêncio*.

i) Não sei *como* estudarei para a prova.

j) Tenho estudado *demais*; mas, *seguramente*, não ocupo meu tempo *em vão*.

k) *De modo nenhum* posso concordar contigo.

l) Encarou-o *de frente, corajosamente*.

m) Não o fiz *por gosto*.

n) Suava *de medo*.

o) *Aonde* vais?

p) *Mais* vale um pássaro na mão do que dois voando.

q) Ele lê *muito mal*.

r) *Quão* bela é uma árvore florida!
_____

s) *Outrora* a vida era mais calma.
_____

t) Ela estudou, *realmente*.
_____

2. **Transforme num advérbio em -*mente* as locuções seguintes:**

a) Com amizade. _____   o) Em silêncio. _____

b) Sem cuidado. _____   p) Sem distinção. _____

c) Na aparência. _____   q) Em verdade. _____

d) Em resumo. _____   r) Em breve. _____

e) Sem pensar. _____   s) De súbito. _____

f) Com prazer. _____   t) De repente. _____

g) Em segredo. _____   u) No presente. _____

h) Com rigor. _____   v) De momento. _____

i) Em público. _____   w) De manso. _____

j) Por milagre. _____   x) De preferência. _____

k) Sem piedade. _____   y) Em vão. _____

l) Com certeza. _____   z) Por acaso. _____

m) Com atenção. _____   z¹) Por sua vontade. _____

n) Com nitidez. _____   z²) Sem medo. _____

3. **Decomponha estes advérbios numa locução formada de preposição + substantivo (ou infinitivo):**

a) Habilmente. _____   c) Fortemente. _____

b) Friamente. _____   d) Brevemente. _____

e) Ruidosamente. _____

f) Ingenuamente. _____

g) Seguramente. _____

h) Rapidamente. _____

i) Graciosamente. _____

j) Raramente. _____

k) Certamente. _____

l) Nobremente. _____

m) Impensadamente. _____

n) Verdadeiramente. _____

o) Frequentemente. _____

p) Instintivamente. _____

4. Substitua por um advérbio as expressões grifadas:

a) *Em que lugar* .... guardaste aquela carta?

b) Recebo *todos os meses* .... meu boletim.

c) *Em que tempo* .... teremos paz no mundo?

d) Ele mora *a pequena distância* ....

e) Leve esta carteira para *aquele lugar* ....

f) *Em nenhum momento* .... se descuide dos seus deveres.

g) Meus avós moram *num lugar distante* ....

h) Partiu *no mesmo instante* ....

i) *Neste dia* .... me sinto feliz.

j) *De que maneira* .... vais arranjar-te?

k) *Com que finalidade* .... me chamaste?

l) *Por qual motivo* .... não me respondeste?

m) Já li *nalgum lugar* .... a história de que me falas.

5. Em cada frase, diga se a palavra grifada é pronome (P) ou advérbio (A):

a) Sua visita dar-me-á *muito* ( ) prazer.

b) Trabalho *muito* ( ), porém você trabalha *mais* ( ).

c) *Mais* ( ) livros significam maior cultura.

d) Por que *tanto* ( ) cuidado com objetos de tão *pouco* ( ) valor?

e) *Pouco* (   ) te esforçaste.

f) Estudou *tanto* (   ), que tirou o 1º lugar.

g) *Muito* (   ) riso, *pouco* (   ) siso.

h) Não aguento *mais* (   ).

i) Os cães que *mais* (   ) ladram, *menos* (   ) mordem.

j) *Que* (   ) dificuldade encontrei nesta lição!

k) *Que* (   ) fácil a de ontem!

l) Cheguei *todo* (   ) molhado.

m) *Todo* (   ) homem é mortal.

n) *Nada* (   ) te esforçaste.

o) Isto *nada* (   ) te custa.

6. Indique se a palavra grifada é advérbio (adv.) ou adjetivo (adj.):

a) Não fales *alto!* (   )

b) O estrado é *alto*. (   )

c) Sente-se *direito*, Maria! (   )

d) Entrei com o pé *direito*. (   )

e) Atualmente, tudo é *caro*. (   )

f) Pagou *caro* a sua brincadeira. (   )

g) Acho-te *meio* desanimada. (   )

h) A janela estava *meio* aberta. (   )

i) Seu discurso, felizmente, foi *breve*. (   )

j) *Breve* nos encontraremos. (   )

7. Complete as frase com *mau* ou *mal*, como convier:

a) Saiu-se .... na prova.

b) Ele .... adivinha o que o espera pelo seu .... procedimento.

c) Só o .... aluno se comporta .... em classe.

d) Quem é .... vive sempre triste.

e) Livrai-nos do ...., Senhor.

4 . MORFOLOGIA

8. Procure no dicionário e depois escreva o significado das locuções adverbiais em grifo:

a) Responder *ao pé da letra*. _____

b) Atirar (ou responder) *à queima-roupa*. _____

c) Viver *ao deus-dará*. _____

d) Sabia tudo *tim-tim por tim-tim*. _____

e) Andar *numa roda-viva*. _____

f) Viver *ao léu*. _____

g) Crescer *a olhos vistos*. _____

h) Andar *de ceca em meca*. _____

9. Escreva em que grau estão os advérbios grifados:

a) Retirou-se *devagarinho*, pé ante pé. _____

b) Saiu-se muito *mal, pessimamente* mesmo. _____

c) Ele saiu *agorinha*. _____

d) Cheguei *mais perto*. _____

e) Saí-me *mais bem do que* mal. _____

f) Leio *melhor do que* escrevo. _____

g) Estudei *muitíssimo*. _____

h) Saiu-se *menos bem do que* esperava. _____

Palavras de classificação difícil

10. Classifique, de acordo com o que se ensina no § 170, as palavras grifadas:

a) *Só* ele merece a minha confiança. _____

b) Veja *só* que convencimento! _____

c) Ninguém mais, *senão* ele, poderá esclarecer-nos. _____

d) *Também* eu tirei boa nota. _____

e) *Eis* o livro que te prometera. _____

f) Todos entregaram a caderneta, *menos* você. _____

g) Três são as virtudes teologais, *a saber*: Fé, Esperança e Caridade. _____

h) O José, *aliás*, o João foi o 1º colocado. _____

i) *Mas* que fruta saborosa! _____

A PREPOSIÇÃO

Conceito

171. Observemos os exemplos abaixo:

1º) Homem *de* coragem; alguém *de* coragem; 2º) Gosto *de* futebol; 3º) Falei *a* todos; 4º) Saí *com* ele; 5º) Temos *de* estudar; 6º) Estudo *para* aprender; 7º) Estudo *a fim de* aprender; 8º) A pedra caiu *perto de* mim.

Neles as palavras invariáveis *de, a, com, para,* e as locuções *a fim de* e *perto de*, as quais 'subordinam' os substantivos *coragem, futebol,* os pronomes *todos, ele, mim* e os infinitivos *aprender, estudar* aos seus 'antecedentes', são PREPOSIÇÕES.

172. Examinemos mais detidamente cada exemplo:

No 1º, *de coragem* é locução adjetiva (= corajoso) e serve de adjunto (e portanto é dependente, subordinada) a *homem*, substantivo, e a *alguém*, pronome indefinido. — É a preposição *de* que estabelece essa dependência ou subordinação.

No 2º exemplo, a preposição *de* liga o 'consequente' (= que vem depois) *futebol* ao 'antecedente' (= que vem antes) *gosto*, verbo transitivo indireto. — *De futebol* é objeto indireto de *gosto*, está subordinado ao verbo.

No 3º temos igualmente um verbo transitivo indireto, *falei*, e seu objeto indireto começa com a preposição *a*: *a todos*.

No 4º exemplo *com ele* é adjunto adverbial (de companhia) do verbo intransitivo *saí*. — Aí, a preposição *com* exprime companhia.

O 5º exemplo é uma locução verbal: a preposição *de* liga o antecedente *temos*, verbo auxiliar, ao consequente *estudar*, verbo principal.

No 6º e 7º, *para aprender* e *a fim de aprender* são adjuntos adverbiais (de fim) do verbo *estudo*; a preposição *para* e seu sinônimo a locução *a fim de*, que subordinam *aprender* a *estudo*, exprimem finalidade, fim.

No 8º, finalmente, *perto de mim* é adjunto adverbial (de lugar) do verbo *caiu*; o consequente *mim* se liga ao antecedente *caiu* com o auxílio da locução *perto de*, que exprime lugar.

173. Agora nos é mais fácil concluir:

1) Há preposições SIMPLES, de uma só palavra (*a, de, com, para* etc.), e COMPOSTAS (de mais de uma palavra) — as LOCUÇÕES PREPOSITIVAS (*a fim de, perto de* etc.);

2) A preposição é palavra invariável;

3) A preposição liga um consequente a um antecedente, subordinando o 1º ao 2º;

4) A preposição pode exprimir uma relação puramente gramatical (objeto indireto, adjunto etc.), ou então uma relação mais concreta, circunstancial (lugar, companhia, fim etc.);

5) O consequente de uma preposição tem sempre valor nominal (substantivo, infinitivo) ou pronominal (pronome, certos advérbios).

Não é muito fácil uma definição de preposição que encare todos esses lados.

Lembre-se, porém, de que mais importante do que qualquer definição é a compreensão dos fatos:

Preposição é a palavra invariável, simples ou em locução, que subordina um consequente de valor nominal ou pronominal a um termo antecedente, exprimindo uma noção gramatical ou uma circunstância.

Deslocamento de complementos

174. Compare:
1) Não se pode contar *com ele*.   2) *Com ele* não se pode contar.
   Também se morre *de amor*.   *De amor* também se morre.

Nas duas orações do 1º grupo, os seus termos estão colocados na chamada 'ordem direta', com o objeto indireto (*com ele*) e o adjunto adverbial de causa (*de amor*) DEPOIS dos verbos, seus antecedentes, a que estão subordinados.

Já nas do 2º grupo, preferiu-se antecipar esses dois termos, e as frases, por isso, se dizem na 'ordem inversa'. Tal fato provoca o deslocamento dos consequentes (*ele* e *amor*), que estão colocados antes dos seus antecedentes *contar* e *morrer*. Mas a relação que há entre os termos não se modifica com essa inversão: *contar* e *morrer* são os termos principais, *ele* e *amor* são seus subordinados. Anote:

> Nem sempre o complemento se segue à palavra principal.

As preposições simples

175. Entre as preposições simples há:

1) as ESSENCIAIS, palavras que sempre têm funcionado como preposição em nossa língua, e que podem ter como consequente um pronome pessoal oblíquo, sempre na forma tônica. São as seguintes:

a	ante	após	até	com	contra
de	desde	em	entre	para	perante
por	sem	sob	sobre	trás	

Exemplos com os pronomes pessoais: *a mim, até mim; comigo, contigo, consigo, conosco, convosco; entre mim e ti, entre ti e mim, perante mim* etc.

2) as ACIDENTAIS, palavras de outra classe (adjetivos, particípios, advérbios), que passaram a usar-se com valor de preposição; não é costume antecederem pronome pessoal oblíquo. Ei-las:

conforme (= de acordo com) durante (= *por*, indicando tempo)
consoante (= de acordo com) mediante (= por meio de)
segundo (= de acordo com)   visto (= *por*, exprimindo causa)
como (= na qualidade de)

Ex.: Procedeu-se *segundo* o costume (ou *conforme*, ou *consoante*).
O papa é considerado infalível *como* chefe da Igreja, não *como* homem.
Esperava que fosses mais benévolo, *visto* sermos velhos amigos.

Locuções prepositivas

176. Já vimos que há grupos de palavras com o mesmo valor de preposições — as LOCUÇÕES PREPOSITIVAS. São geralmente formadas de um advér-

---

Palavras como *afora, exceto, menos, salvo, senão, tirante,* que costumam classificar-se entre as preposições, são antes palavras de exclusão (V. § 170, nº 1

bio ou uma locução adverbial (preposição + substantivo) seguidos de preposição, mais frequentemente *de*. Eis as mais comuns:

abaixo de	acerca de	acima de	a fim de
além de	antes de	ao lado de	ao invés de
ao redor de	a par de	apesar de	a respeito de
atrás de	através de	de acordo com	debaixo de
defronte de	dentro de	depois de	diante de
embaixo de	em cima de	em face de	em frente a
em frente de	em lugar de	em redor de	em torno de
em vez de	fora de	junto a	junto de
não obstante	no caso de	por detrás de	perto de
por causa de	por trás de		

Há três locuções prepositivas formadas só de preposições:

até a, que se emprega, com o mesmo valor de *até*, junto de verbos de movimento: Fui *até à* escola;

de per, que só se usa na locução adverbial *de per si*, que quer dizer "isoladamente, por sua vez": Cada um *de per si* tirará suas conclusões;

para com, mais ou menos sinônima de *para*: Deve ser respeitosa sua atitude *para com* os mais velhos.

OBS.: Não se devem confundir as locuções com os casos em que se empregam juntas duas preposições, cada uma valendo de per si, para melhor exprimir as relações entre o antecedente e o consequente. Ex.:

O vento carregava as folhas *por sobre* os telhados (*por* exprime 'movimento', *sobre* exprime 'posição superior');

Tirei o livro *de dentro* da pasta (*de* exprime 'lugar donde', *dentro de* exprime 'posição interior');

Passei *por entre* as poças d'água sem molhar-me (*por* exprime 'movimento', *entre* exprime 'posição intermediária'). — E assim por diante.

A preposição na formação das locuções adverbiais

177. Devemos relembrar aqui o que já se disse na observação ao § 166: muitas preposições seguidas de substantivo, pronome ou advérbio pronominal (§ 164) formam locuções adverbiais. Algumas destas, usadas exclusivamente nessa função, não se devem desdobrar: analisam-se como um todo; noutras, os elementos formadores conservam o seu valor próprio.

Exemplos:

1) Com a preposição *a*: *ao acaso, à força, à distância, ao longe*;

2) com a preposição *de*: *de mansinho, de repente, de propósito, de permeio, de pronto, de vez, de vez em quando*;

3) com a preposição *em*: *em apuros, em penca, em cheio, em segredo, em surdina, em ponto*;

4) com a preposição *por*: *por acaso, por bem, por força*;

5) com outras preposições e com locuções prepositivas: *entre nós, junto de mim, apesar de tudo, contra a maré, até o fim, segundo o costume, sem conta, sem conto, de acordo com a lei* etc.

Combinação e contração de preposição com outra palavra

178. Uma preposição pode ligar-se a outra palavra, passando a constituir com ela um só vocábulo.

Se a preposição permanece com todos os seus fonemas, diz-se que há COMBINAÇÃO; se sofre a perda de fonemas, há uma CONTRAÇÃO.

Eis uma relação das principais:

1) prep. *a* + artigo definido *o, os* produz as combinações *ao, aos*;

2) prep. *a* + artigo definido *a, as* produz as contrações *à, às*. Esta contração de duas vogais iguais recebe o nome de CRASE;

3) A preposição *de* contrai-se, perdendo o *e*, com os artigos, com certos pronomes e com advérbios pronominais que começam por vogal:

de + *o, a, os, as* = *do, da, dos, das*;

de + *um, uma, outro, outra* (e seus plurais) = *dum, duma, doutro* etc.;

de + *ele, ela, este, esse, aquele, aquilo, isto, isso* (e suas flexões) = *dele, dela, deste, desse, daquele* etc.;

de + *aqui, aí, ali, acolá, onde, antes* = *daqui, daí, donde, dantes* etc.;

4) A preposição *em*, igualmente, contrai-se com:

o, a, os, as, um, uma, outro, algum, este, esse, aquele, ele (e flexões), dando *no, na, num, noutro, neste, nesse, naquele, nele* etc.;

OBS.: Também se podem escrever sem contração: *de um, de outro, de onde, em um, em outro, em algum* (e suas flexões).

5) A antiga preposição *per* (hoje substituída pela sua sinônima *por*) ligava-se com o artigo *o, a, os, as*, produzindo *pelo, pela, pelos, pelas*, que hoje se usam em lugar de *por o, por a, por os, por as*.

Utiliza-se o acento grave, e não o agudo, para mostrar que é átona, e não tônica, a sílaba da vogal que recebe esse sinal gráfico. V. § 179.

A crase

179. Repare que, quando você pronuncia "*Uma* aluna tirou dez", o *a* final de *uma* e o *a* inicial de *aluna* contraem-se, soando as duas palavras como um só vocábulo: /umaluna/. — Essa contração, em Gramática, se denomina *crase*, e, neste caso que acabamos de apresentar, **não se assinala na escrita**.

Nesta outra frase, "Os alunos devem dirigir-se *a aquela* sala", a preposição *a*, que tem como antecedente o verbo *dirigir-se*, também se contrai, na pronúncia, com o *a* inicial do seu consequente, o pronome *aquela*, por uma crase. E desta vez essa **crase se costuma assinalar na escrita**, sobrepondo-se um acento grave ao *a* do demonstrativo, para indicar que esse *a* contém, gramaticalmente, dois: "Os alunos devem dirigir-se *àquela* sala."

180. Indicaremos agora os principais casos de crase assinalada na escrita com o acento grave.

1º CASO: preposição *a* + *aquele*(s), *aquela*(s), *aquilo*.

Todas as vezes que, numa frase, a preposição *a*, pedida por um antecedente (verbo, nome ou advérbio), for seguida dos consequentes *aquele*, *aqueles*, *aquela*, *aquelas*, *aquilo*, contrai-se com o *a* inicial desses vocábulos, marcando-se essa crase, na escrita, com um acento grave. Ex.:

A impaciência levou-me *àquela* (= a aquela) atitude.
Não me referi a você mas *àquele* (= a aquele) outro aluno.
Não dê atenção *àquilo* (= a aquilo).

> Para melhor compreensão sobre pronome demonstrativo V. § 127, OBS. 2.

2º CASO: preposição *a* + artigo definido feminino ou pronome demonstrativo *a*, *as* = *à*, *às*.

Numa frase podem aparecer juntos a preposição *a*, pedida por um antecedente, e o artigo *a*, *as*, pedido por um substantivo feminino claro, ou subentendido (e então *a*, *as* é pronome demonstrativo).

Nesse caso, os dois *aa*, por uma crase, contraem-se num só, que recebe um acento grave. Ex.:

1) Vou *à* escola todas as manhãs. (O verbo *ir* se usa com a preposição *a*: quem vai, vai *a* alguma parte; o substantivo feminino *escola* se usa, em frases destas, determinado pelo artigo *a*, "*a* escola"; ocorrem, pois, os dois *aa*, o que nos obriga a escrever *à*. — Repare como, se, em vez de *escola*, empregarmos o substantivo masculino *colégio*, aparecem combinados a preposição *a* e o artigo masculino *o*: "Vou AO colégio todas as manhãs".)

2) A professora falou apenas às alunas. (Compare: "falou apenas a/os alunos". — O verbo *falar*, aqui transitivo indireto, pede preposição *a*, e o substantivo feminino *alunas* está usado com o artigo plural.)

Da conceituação que acabamos de dar a respeito do que é crase, fica evidente que

---

só pode haver crase quando se encontram, numa frase, a preposição *a* pedida por um antecedente, e o artigo ou o pronome demonstrativo *a*, *as*, pedido por um substantivo feminino, claro ou subentendido.

Casos em que o *a* não se acentua

181. Disso decorre naturalmente que o *a* não se acentua, pois então não pode haver crase, **antes de qualquer palavra que não se use com o artigo feminino,** como sejam:

> Há casos em que o uso da crase é obrigatório, V. § 182.

1) Substantivos masculinos do singular ou do plural. Ex.:

Ando *a* pé. Fui *a* bordo. Passearam *a* cavalo. Saiu *a* passos rápidos. Não dou atenção *a* todos. Caminhões *a* frete. Venda *a* prazo.

OBS.: O *a* que aparece nestas frases é preposição simples, pois não pode haver artigo *a* antes de substantivos masculinos. Quando aparecer artigo, será *o*, *os*, que então se COMBINA com a preposição: Dei água *ao* cavalo. Minha casa fica *ao* pé do morro. Não dês atenção *aos* tolos.

– Quando aparece um *a* ISOLADO antes da palavra feminina no plural, será forçosamente uma preposição simples, e portanto nunca poderá ser acentuado: A galinha correu o frango *a* bicadas. Não dês atenção *a* tolices. Fez elogios *a* alunas e alunos.

Se houver artigo, terá, evidentemente, a forma *as*, que, contraída com a preposição *a*, daria *às*. Atente a estes exemplos: Não dês atenção *às* tolices dele. Fez elogios *às* alunas e aos alunos.

2) Verbos. Ex.:
Começou *a* escrever. Pôs-se *a* chorar. Saiu *a* passear.

3) Pronomes. Ex.:
Vinde *a* mim. Este livro pertence *a* ela. Peço *a* V.Exª que não nos esqueça. Venha *a* nós o vosso reino. Tua carta, *a* que respondo agora, muito me agradou. *A* essa hora o comércio já terá fechado. Gosto das árvores copadas, *a* cuja sombra me abrigo. Assistia penalizado *a* toda essa dolorosa

cena. *A cada aula, mais gosto de Português. Dirija-se a qualquer das salas. Não fale a ninguém.*

4) Nomes geográficos que se usam sem artigo feminino. Ex.:
Quem tem boca vai a Roma. Cheguei cedo a Copacabana. Pretendo ir a Fortaleza e a Curitiba.
OBS.: *Roma, Fortaleza, Curitiba, Copacabana* não se usam com artigo. Verifique: Estive *em* (e nunca *na!*) Copacabana, Fortaleza, Curitiba, Roma.
– Nos nomes geográficos que se usam com artigo *a*, havendo preposição *a*, haverá crase. Ex.: *Você já foi à Bahia? Cheguei cedo à Tijuca, à Penha, à Gávea. Este ano irei à Itália.* — Verifique a presença do artigo *a* junto desses substantivos: *Venho da Bahia, da Tijuca, da Gávea, da Itália.*

5) Expressões formadas de palavras repetidas: *face a face, gota a gota, frente a frente, página a página, peça a peça.*

6) A palavra *casa*, quando significa o nosso próprio lar. Ex.:
Chegamos a casa tarde. Voltei a casa cansado. Vou a casa almoçar. — Verifique a ausência do artigo *a*: *Estive em casa. Venho de casa. Vou para casa.*
OBS.: Quando a palavra *casa*, neste mesmo sentido, vem seguida de adjunto, ADMITE artigo, e portanto, havendo preposição, DEVE haver crase:
Já anoitecera quando cheguei à casa de titia. Depois de velho, voltou à casa paterna. Compare: *Venho da casa dela; Voltou da casa paterna.*
– Quando *casa* se refere a uma firma comercial vem precedida de artigo, que se contrai, portanto, com a preposição *a*: *Quando preciso de cadernos, vou à Casa Universitária.* Compare: *Estive na Casa Universitária.*

Caso de uso obrigatório da crase

182. Havendo preposição *a*, é de rigor haver crase:

1) Antes de substantivos femininos claros ou subentendidos, se empregados com o artigo ou o pronome *a, as*. Ex.:
Atirei-me à luta. Não irei à missa das 7, mas à de meio-dia (após o 2º *à* subentende-se *missa*). *Minha sorte está ligada à [sorte] de meu país. Ele tem um estilo muito pomposo, à Coelho Neto* (isto é: *à maneira de Coelho Neto*). *Não me referi à aluna da esquerda, mas à do centro* (subentende-se *aluna* após o 2º *à*).
OBS.: Exemplos como estes últimos constituem o único caso em que o *a* aparece acentuado antes de palavra masculina, mas isso porque se subentende um substantivo feminino.

2) Em locuções prepositivas e locuções adverbiais como as seguintes:

Corri *à procura da* ronda. Aprendi *à força* estudar. Os jacarés surgiam *à flor da* água. Vive *à custa dos* parentes. Estejam *à vontade*. Saí *às pressas*. Paramos *à beira do* rio. Costumo sair *à tarde* e *à noite*. *À meia-noite* abrimos os presentes. Sou um seu amigo *às ordens*. Tudo correu *às mil maravilhas*. Comeram *à farta*. Vaguei *à toa* pela praia. *À distância* viam-se barcos *à vela*. Não posso pagar *à vista*. Escrevo *à máquina*. Feche tudo *à chave*. Esta gravura é pintada *à mão*. Sucumbiram *à fome*.

Exercícios

1. Diga qual o antecedente e o consequente das preposições grifadas:

A ira nos leva *a* cometer desatinos.

a) antec.: _____ cons.: _____

b) A caridade estreita os laços que nos unem *a* nossos semelhantes.

antec.: _____ cons.: _____

c) Depois de longa viagem, chegamos *a* Fortaleza.

antec.: _____ cons.: _____

d) A professora referiu-se *a* ele muito elogiosamente.

antec.: _____ cons.: _____

e) Dirigi-me *a* ela, não *a* você.

antec.: _____ cons.: _____

antec.: _____ cons.: _____

f) Sua modéstia agrada *a* todos.

antec.: _____ cons.: _____

g) *A* ti ofereço meus préstimos.

antec.: _____ cons.: _____

h) Não conte a ninguém o que lhe disse.

antec.: _____ cons.: _____

i) Partiremos ao meio-dia.

antec.: _____ cons.: _____

j) Dedico este livro a meus pais.

antec.: _____ cons.: _____

k) Andava a esmo na rua.

antec.: _____ cons.: _____

l) Quem tem boca vai a Roma.

antec.: _____ cons.: _____

m) Caminhávamos a cavalo.

antec.: _____ cons.: _____

2. Indique se o a é artigo (1), pronome pessoal (2), pronome demonstrativo (3) ou preposição (4):

a) Esta caneta é a ( ) que ganhei de presente.

b) Estou disposto a ( ) tudo.

c) Estás contente com a ( ) nota que tiraste?

d) Aquele que desde a ( ) infância se acostumou a ( ) seguir suas más inclinações, dificilmente fugirá, mais tarde, a ( ) essa prisão.

e) Comunicarei a ( ) Joana a ( ) decisão que tomaste.

f) Convido-te a ( ) passar conosco a ( ) próxima semana.

g) Colhi a ( ) rosa que desabrochou hoje e a ( ) levei a ( ) minha mãe.

h) Tuas palavras restituíram a ( ) minha alma a ( ) paz cuja falta a ( ) torturava.

i) Ninguém a ( ) conseguia distrair.

j) A ( ) que prefiro é a ( ) mais madura.

k) A ( ) correr, saiu a ( ) menina a ( ) procurar o irmão que a ( ) largara há pouco.

l) A ( ) tais pessoas se deve dar a ( ) consideração merecida.

m) É grande a ( ) distância que a ( ) separa de nós.

n) A ( ) ciência já conseguiu enviar astronautas a ( ) nosso satélite, a ( ) Lua; os homens não sossegarão enquanto não a ( ) explorarem.

o) Corre a ( ) buscar a ( ) fotografia que tiramos, para a ( ) mostrarmos a ( ) nossos colegas.

p) Vive a ( ) perambular pelas ruas, expondo a ( ) todos a ( ) tristeza da sua miséria.

3. **Explique por que ora se acentua o a grifado, ora não:**

a) Falei a ela, não a você.
___

b) Levar-te-ei à praia, se fizer bom tempo.
___

c) Gosto de andar a pé.
___

d) Não voltarei àquela casa.
___

e) Quem tem boca vai a Roma.
___

f) Durante a seca, atravessava-se aquele trecho do rio a pé enxuto.
___

g) À noite, todos os gatos são pardos.
___

h) Saiu a passos rápidos.
___

i) Naquela rua há vários caminhões que fazem serviços a frete.

_____

j) As vendas a prazo facilitam a quem ganha pouco.

_____

k) Não dê atenção a tolices.

_____

l) Deixai vir a mim as criancinhas, disse Jesus.

_____

m) Minha sorte está ligada à de meus pais.

_____

n) *À* força de estudo, aprendi.

_____

o) *A* essa hora, encontrava-se deserto o centro da cidade.

_____

p) *A* cada chicotada, mais gritava o infeliz.

_____

q) Chegaste a casa tarde?

_____

r) Amanhã irei à Tijuca e a Copacabana.

_____

4. Substitua as expressões entre parênteses pela contração conveniente:

a) Estou satisfeito aqui .... (*em esta*) escola.

b) Não dê atenção .... (*a aquilo*).

c) Saíram .... (*em um*) dia chuvoso.

d) .... (De aqui) a pouco irei vê-la.

e) .... (Em este) momento só penso .... (em ela).

f) Batia-se .... (por os) pobrezinhos.

g) .... (De onde) vens?

h) Volte .... (em outra) ocasião.

i) Partiremos .... (a o) meio-dia, e eles .... (a a) meia-noite.

j) Os portugueses percorreram mares nunca .... (de antes) navegados.

5. Justifique o uso de a ou à:

a) Quando foi à França, entregou à esposa um colar de pérolas.

_____

b) Assim que chegares à fazenda, entrega a teu pai a carta que lhe mando.

_____

c) Dirijo-me a V.Exª certo de que será feita justiça à pretensão que solicito.

_____

d) À noite, não é fácil a quem procura remédios encontrar aberta a farmácia obrigada a plantão.

_____

e) Indo à Bahia, não deixes de fazer uma visita à lagoa do Abaeté.

_____

f) Ficávamos horas à beira-mar, a contemplar a espuma clara das ondas.

_____

g) Pede a Deus a necessária proteção à graça a que aspiras.

_____

h) Depois de comerem à farta, saíram à francesa, para se furtarem à despedida.

_____

i) Quando passeio à tarde, descanso à noite.

j) Às vezes fico a meditar longamente, à procura de solução para os meus problemas.

k) A quem está atento às palavras do professor, ainda mais proveitosa será a lição aprendida.

l) Às duas horas, encontra-me à saída da escola.

m) Assisti a uma boa partida de futebol.

n) Passeia hoje à vontade, pois amanhã voltarás à escola.

o) Sentou-se à porta à espera dele.

p) Pediu à cozinheira um bife à milanesa.

q) Explique tudo àquela funcionária.

r) Dirigiu a palavra, comovida, àqueles que foram seus alunos.

s) Ultimamente, tenho chegado a casa sempre tarde.

6. **Classifique as palavras grifadas:**

a) Moro no Rio *há* vinte anos.

b) Daqui a vinte anos o homem já terá ido a Marte.

_____

c) Encontrei-o *há* pouco.

_____

d) Vou encontrá-lo daqui a pouco.

_____

A CONJUNÇÃO

Conjunções coordenativas

183. Considere atentamente estas frases:
A praia e o mar encantam-me.
Da praia, eu contemplava o céu e as ondas.
O mar estava furioso *mas* belo.

Na 1ª oração, o sujeito é composto: *a praia e o mar*; os substantivos *praia* e *mar*, que exercem a função de sujeito do predicado *encantam-me*, estão unidos pela palavra e; e COORDENA, isto é, põe lado a lado, no mesmo pé de igualdade, *praia* e *mar*.

Na 2ª, o verbo *contemplava* tem como objeto direto os substantivos *céu* e *ondas*, que estão COORDENADOS pela palavra e.

Na 3ª oração, o sujeito *o mar* tem como predicativo os adjetivos *furioso* e *belo*, que se COORDENAM entre si com o auxílio de *mas*.

Chamam-se conjunções coordenativas as palavras invariáveis que coordenam entre si termos da mesma função.

Repare desde já que as palavras que se dizem coordenadas entre si, por terem a mesma função, têm também o mesmo valor, não havendo uma que seja, na frase, mais importante do que a outra.

184. Vejamos agora estes exemplos:
O céu enchia-se de nuvens e a praia cobria-se de sombras.
Ao sol o calor era insuportável, *mas* à sombra das árvores a temperatura ficava amena.

Cada um destes dois períodos é formado de duas orações completas. Completas, porque o sentido de cada uma não depende da outra. Têm o mesmo valor.

As orações de sentido completo transcritas, no 1º exemplo estão coordenadas entre si pela conjunção *e*; as do 2º exemplo pela conjunção *mas*.

Podemos anotar:

As conjunções coordenativas também unem orações do mesmo valor.

Reunindo numa só as duas conclusões parciais a que chegamos, é possível definir:

Conjunção coordenativa é a palavra invariável que liga palavras ou orações da mesma função.

Classificação das conjunções coordenativas

185. De acordo com a sua significação, assim se classificam as conjunções (e locuções conjuntivas) coordenativas:

1) ADITIVAS (apenas ligam duas palavras ou orações, sem acrescentar-lhes qualquer outra ideia): *e, nem, não só ... mas também, não somente* (ou *não apenas*) *... mas ainda*. Ex.: Estudo *e* brinco. Não estudo *nem* brinco. *Não só* estudo, *mas também* brinco.

OBS.: *Nem* equivale a *e não*: Não estudo *e não* brinco.

2) ADVERSATIVAS (acrescentam uma ideia de contraste, ou de compensação): *mas, porém, contudo, entretanto, no entanto, todavia, não obstante*. Ex.: Brinco, *mas* estudo. Fulano trabalha muito, *porém* (ou *contudo*, ou *entretanto*, ou *no entanto*, ou *todavia*, ou *não obstante*) continua pobre.

3) ALTERNATIVAS (ligam palavras ou orações de sentido separado, uma excluindo a outra): *ou*. Ex.: Às sete horas, faço ginástica *ou* estudo.

Além de *ou*, que é a conjunção alternativa típica (e a única que também aparece isoladamente), usam-se como conjunções alternativas, sempre repetidas, uma antes de cada palavra ou oração coordenadas: *ora, já, quer, seja* etc. Ex.: *Ora* séria, *ora* sorridente, a professora sempre nos atendia. (Ou então: *quer* séria, *quer* sorridente; *já* séria, *já* sorridente; *seja* séria, *seja* sorridente).

4) CONCLUSIVAS (ligam à anterior uma oração que exprime conclusão, consequência): *logo, pois, portanto, assim, por conseguinte, por isso, então, de modo que*. Ex.: Estudei, *portanto* (ou *logo*, ou *por isso*, ou *então*, ou *de modo que*) aprendi. Tomando nota você gravará melhor; anote, *pois* (ou *portanto*, ou *então*), o que a professora ensina. O abacate contém 20% de gordura, *logo* (ou *de modo que*) engorda.

OBS.: Das conjunções conclusivas, umas só se usam antes do verbo (*logo, de modo que*); *pois* usa-se exclusivamente após o verbo; as outras, ora antes, ora depois.

5) EXPLICATIVAS (ligam a uma oração, geralmente com o verbo no imperativo, outra que a explica): *pois, porque, que, porquanto*. Ex.: Estude, *pois* (ou *porque*, ou *que*, ou *porquanto*) o tempo é pouco. Não desanime, *que* (ou *pois* etc.) você terá outra oportunidade. Façam silêncio, *que* há turmas em prova.

OBS.: São estas, segundo a Nomenclatura Gramatical Brasileira, as únicas classes de conjunções coordenativas. A maioria das gramáticas incluíam, ainda, as chamadas *continuativas* (*ora, pois bem, depois, além disso, demais, com efeito, na verdade, outrossim, de fato*), que, no entanto, não são conjunções (pois não ligam palavras ou orações da mesma função), mas ora advérbios (ou locuções adverbiais), ora palavras de transição entre um assunto e outro.

> 💡 Vamos relembrar as palavras de transição? V. § 170, 8.

Conjunções subordinativas

186. Agora examinemos estes exemplos:

1. Desejo sua aprovação no exame. — Desejo *que* você seja aprovado no exame.
2. Foi aprovado em virtude do seu esforço. — Foi aprovado *porque* se esforçou.
3. Não aprenderás sem estudo. — Não aprenderás *sem que* estudes.

Na 1ª frase do exemplo 1, o verbo *desejo*, que é transitivo direto, tem como objeto direto *sua aprovação no exame*; na 2ª frase, esse mesmo verbo tem um objeto direto de sentido igual, embora de forma diferente: *que você seja aprovado no exame*; este último objeto direto, como podemos verificar, tem um sujeito (*você*) e um predicado (*seja aprovado no exame*): por isso mesmo é uma oração. Mas uma oração que não tem sentido sozinha, uma vez que, completando o verbo *desejar*, só em conjunto com ele forma sentido. Esta oração de sentido incompleto ("você seja aprovado no exame") está ligada ao verbo *desejo* pela palavra *que*. Este *que* é uma CONJUNÇÃO SUBORDINATIVA.

No 2º exemplo, a declaração *Foi aprovado* vem seguida, em cada frase, de um adjunto adverbial de causa: na 1ª, *em virtude do seu esforço*, e na 2ª, *porque se esforçou*. Este último, que contém um verbo, é uma oração. Mas oração cujo sentido depende da 1ª, oração 'subordinada', que se liga à sua principal por meio da palavra *porque*, que exprime uma circunstância de causa. *Porque* é uma CONJUNÇÃO SUBORDINATIVA.

No 3º exemplo, finalmente, acrescentando à declaração *Não aprenderás* uma circunstância de condição, temos os adjuntos *sem estudo* e *sem que estudes*. Este último, por conter um verbo, é uma oração, porém de sentido incompleto, subordinada à 1ª, a que serve de adjunto adverbial. A locução *sem que*, exprimindo uma circunstância de condição, subordina uma oração a outra: é uma LOCUÇÃO CONJUNCIONAL SUBORDINATIVA.

Já podemos, agora, definir:

Conjunção subordinativa é a palavra ou locução invariável que liga uma oração subordinada a outra principal.

Classificação das conjunções subordinativas

187. Há dois grandes grupos de conjunções subordinativas: as INTEGRANTES e as CIRCUNSTANCIAIS ou ADVERBIAIS.

I. INTEGRANTES: indicam exclusivamente que a oração subordinada completa, "integra", o sentido da anterior, que sem isso ficaria truncado.

São elas: *que* (para a declaração certa) e *se* (para a declaração duvidosa). Ex.: Eu não sabia *que* estavas bem preparado. Eu não sabia *se* estavas bem preparado. Vejo *que* você estudou. Vou ver *se* você estudou.

Também ocorre a conjunção *como* (= *que*) em frases destas:
Aposto *como* ele vem hoje.

OBS.: Na prática, uma oração iniciada por conjunção integrante pode ser resumida por um pronome como *isto, isso, aquilo*. Ex.: Não sabia *isso*. Vejo *isto*. Vou ver *isso*.

– Algumas gramáticas, sem mais detido exame, incluem entre as conjunções integrantes três palavras que são advérbios interrogativos, em interrogação indireta: *como, quando, por que*.

II. CIRCUNSTANCIAIS: introduzem uma oração subordinada que é adjunto adverbial da principal.

Para saber mais sobre advérbios interrogativos V. § 162.

Classificam-se conforme a circunstância que exprimem: 1) causa, 2) comparação, 3) concessão, 4) condição, 5) conformidade, 6) consequência, 7) finalidade, 8) modo, 9) tempo proporcional e 10) tempo. Daí as denominações de:

1) CAUSAIS (denotam causa): *porque, pois, como* (= *porque*), *porquanto, pois que, uma vez que, visto que, visto como, por isso que, que* etc. Ex.: *Como* estava chovendo, não saí. Demorei *porque* perdi o ônibus.

2) COMPARATIVAS (indicam uma comparação, um confronto): a comparação pode ser de igualdade: *como, assim como, tal como, (tão) ... como, tanto como, tanto quanto, tal, qual, tal qual*; de inferioridade e de superioridade: *que, do que* (em combinação com *menos* ou *mais*). Ex.: Voltei à casa paterna *como* (ou *assim como*, ou *tal como*, ou *qual*, ou *tal qual*) a ave volta ao ninho antigo.

3) CONCESSIVAS (denotam que se admite ou "concede" um fato contrário à declaração principal, mas que não impede a sua realização): *embora, ainda que, mesmo que, posto que, conquanto, se bem que, por mais que, por menos que, por muito que, por pouco que, apesar de que, nem que, que*. Ex.: *Embora* (ou *ainda que*, ou *mesmo que* etc.) estudasse, não tirou boa nota. Inteligente *que* sejas, precisas estudar. *Nem que* precise lhe pedirei favores. *Por mais que* estude, pouco aprende.

4) CONDICIONAIS (exprimem hipótese ou condição): *se, caso, sem que* (= *se não*), *contanto que, salvo se, desde que, a menos que, a não ser que* etc. Ex.: Ganharás um prêmio *se* estudares (= *caso* estudes, *contanto que* estudes, *desde que* estudes). Eles não prosseguirão as obras *sem que* (ou *a não ser que*) lhes pagues (= *se não* lhes pagares, *salvo se* lhes pagares, *exceto se* lhes pagares).

5) CONFORMATIVAS (exprimem "conformidade" de um fato com outro): *conforme, como* (= *conforme*), *segundo, consoante*. Ex.: Cada um colhe *conforme* (ou *como*, ou *segundo*, ou *consoante*) semeia.

6) CONSECUTIVAS (denotam consequência): *de sorte que, de forma que, de modo que, sem que* (= *que não*), *que* (muitas vezes tendo como antecedente na 1ª oração uma palavra como *tal, tão, cada, tanto, tamanho*). Ex.: Ele estudou bastante, *de sorte que* (ou *de forma que*, ou *de modo que*) fez bom exame. Não posso vê-lo *que não* sorria (ou *sem que* sorria). Estudou tanto, *que* cansou. Dava-nos tais respostas, *que* nos espantava. Soltava ta-

manhos gritos, *que* meus ouvidos doíam. Ela tirou cada nota, *que* todos se admiraram.

7) FINAIS (indicam fim ou finalidade): *para que, a fim de que, que* (= para que), *porque* (com o verbo no subjuntivo, significando *para que*). Ex.: Tocou o sinal *para que* (ou *a fim de que*) a prova começasse. Pouco faltou *que* (ou *para que*) ele tirasse a nota máxima. Rezai, *porque* (ou *para que*) não entreis em tentação.

8) MODAL (exprime modo ou maneira): *sem que*. Ex.: No meu quarto estudo à vontade, *sem que* ninguém me perturbe.

9) PROPORCIONAIS (exprimem passagem gradual no tempo): *à medida que, à proporção que, ao passo que, quanto mais ... mais, quanto menos ... mais, quanto mais ... menos, quanto menos ... menos, quanto maior ... tanto maior, quanto menor ... tanto menor* etc. Ex.: *À medida que* (ou *à proporção que*, ou *ao passo que*) se aproximava a hora da prova, o nervosismo aumentava. *Quanto mais* se agitava, *mais* preso no laço ficava.

10) TEMPORAIS (indicam tempo): *quando, enquanto, antes que, depois que, desde que, logo que, assim que, até que, que* (= *desde que*), *apenas, mal, sempre que, tanto que, primeiro que, todas as vezes que, (de) cada vez que* etc. Ex.: *Quando* (ou *logo que*, ou *assim que*) o diretor chegar, começará a prova. *Enquanto* aguardavam, todos se mantinham atentos. *Apenas* (ou *logo que*, ou *assim que*, ou *mal*, ou *tanto que*) ele entrou, houve um movimento geral de satisfação. Fico calmo *sempre que* (ou *todas as vezes que*) faço uma prova. Pensa bem *primeiro que* (ou *antes que*) escrevas as respostas. Muito tempo já havia passado *que* (ou *desde que*) a prova começara.

As palavras só se classificam NA FRASE

188. Como se vê dos exemplos, algumas conjunções (ou locuções conjuntivas) subordinativas possuem significação variada, entrando em mais de uma classificação, como, por exemplo:

que: integrante, causal, concessiva, consecutiva, final, temporal, comparativa;

se: integrante e condicional;

desde que: condicional e temporal;

porque: causal e final;

como: causal, conformativa, comparativa;

sem que: condicional, consecutiva, modal; etc.

Outras são homônimas de palavras de classe diferente:
como: advérbio e preposição;
que: pronome e advérbio;
conforme e *segundo*: preposição; etc.

Somente na frase será possível uma classificação segura.

Na dúvida, examine atentamente os exemplos que damos, e procure:

1) Substituir a conjunção de classificação difícil por outra sinônima de classificação conhecida. Ex.: Procedeu *como* devia = Procedeu *conforme* devia (*como* aí é conformativa). *Como* chegou atrasado, perdeu a prova = *Porque* chegou atrasado (*como* é causal). Voltei para casa alegre *como* um passarinho = *qual, tal como, tão alegre quanto* um passarinho (*como* é comparativa).

2) Verificar se há na frase uma particularidade que identifique o tipo de palavra de que se trata.

Assim, uma palavra como *que* será:

a) pronome relativo, se tiver um antecedente a que substitui; e, de acordo com o gênero e número desse antecedente, equivale a *o qual, a qual, os quais, as quais*;

b) conjunção integrante, se a oração que inicia puder ser resumida por um pronome como *isto, isso*;

c) conjunção causal se equivale a *porque*;

d) conjunção concessiva, se equivale a *embora*;

e) conjunção consecutiva: vem quase sempre precedida de *tão, tal, tanto, cada, tamanho*;

f) conjunção final: leva o verbo para o subjuntivo e equivale a *para que*;

g) conjunção comparativa: equivale a *do que*;

h) pronome indefinido: equivale a *qual, quanto*, e antecede substantivo: Sei *que* (= *qual*) livro trazes aí;

i) pronome interrogativo: aparece nas orações interrogativas diretas e indiretas: Não sei *que* fazer;

j) advérbio: antecede sempre um adjetivo: *Que* bom...

(V., no Apêndice, exemplificação de cada caso.)

Exercícios

1. Coordene entre si, com o auxílio da conjunção coordenativa indicada, as orações abaixo, formando um 'período composto'; suprima as palavras que se tornarem desnecessárias:

a) O fogo é terrível. O fogo é belo. (*mas*)

___

b) Ela é muito bondosa. Não merecia sofrer tanto. (*por isso*)

___

c) Estude. Brinque. Trabalhe. (*ou*)

___

d) A maré sobe. A maré desce. (*ora*)

___

e) Não se preocupe. Eu cuidarei de tudo. (*pois*)

___

f) Ia castigá-la. Resolveu perdoar-lhe a falta. (*entretanto*)

___

g) Nunca esmoreci. Vencerei. (*portanto*)

___

h) Não fui ao cinema. Não fui ao teatro. (*nem*)

___

i) Ela é estudiosa. Será aprovada. (*logo*)

___

j) As alunas pulam corda. Os alunos jogam bola. (*e*)

___

2. Classifique todas as conjunções coordenativas usadas no exercício anterior.

_____   _____
_____   _____
_____   _____
_____   _____
_____   _____

3. Complete as frases com uma conjunção subordinativa integrante:

a) Espero .... não faltes.

b) Veja .... ele já chegou.

c) Cumpre .... respeites os mais velhos.

d) É bom .... estudes.

e) Não sei .... vou fazer boa prova.

f) Só ele próprio ainda não sabia .... havia tirado o 1º lugar.

g) Há necessidade de .... voltes amanhã.

h) Opôs-se tenazmente a .... saíssemos.

i) É meu desejo .... todos se saiam bem.

j) Tua aprovação depende de .... estudes.

4. De cada conjunção ou locução conjuntiva subordinativa, diga se é causal (Ca), temporal (T) ou condicional (Co):

a) Mereces repreensão, _desde que_ (   ) te portaste mal.

b) _Desde que_ (   ) saias sem permissão, serás punido.

c) _Desde que_ (   ) a conheci, é sempre a 1ª da classe.

d) _Visto como_ (   ) já respondeu ao que queríamos, deixemo-lo sair.

e) _Se_ (   ) preferes, irei contigo.

f) _Como_ (   ) vou viajar, só na minha volta poderei cuidar deste caso.

g) *Caso* ( ) ele apareça, avise-me.

h) *Assim que* ( ) ele aparecer, avise-me.

i) Resolveu ficar em casa, *que* ( ) o tempo estava ameaçador.

j) Já cinco dias se haviam passado *que* ( ) nos despedíramos.

5. Indique corretamente a função do *que* dentro das frases abaixo:

   (1) Consecutivo   ( ) Dizem *que* está muito mal.

   (2) Final   ( ) És mais ajuizado *que* teu irmão.

   (3) Causal   ( ) Rezava a Deus, *que* não o abandonasse.

   (4) Comparativo   ( ) Não posso sair contigo: tenho de estudar, *que* a prova será difícil.

   (5) Integrante   ( ) Dava tais respostas, *que* admirava a todos.

6. Em lugar do pontilhado, use uma das conjunções concessivas da relação abaixo:

   conquanto – ainda que – nem que – por mais que – que

   a) .... fosse, para mim, um sacrifício, fui visitá-lo.

   b) .... precise, aceitarei sua ajuda.

   c) .... se esforce, não progride.

   d) Depressa .... corram, não chegarão a tempo.

   e) Conseguirei o que quero, ... demore.

7. Em cada período, indique o valor do *como*, dado na coluna da direita.

   a) *Como* ( ) tardassem, partimos sem eles.   (1) Adv. interrogativo de modo

   b) Não sei *como* ( ) proceder.   (2) Conjunção causal

   c) Portou-se *como* ( ) principiante.   (3) Palavra explicativa

   d) Paguei-lhe *como* ( ) combinara.   (4) Conjunção comparativa

   e) Algumas plantas, *como* ( ) o juazeiro e   (5) Conjunção conformativa
      a carnaubeira, resistem à seca.

8. Sublinhe e classifique as conjunções ou locuções conjuntivas subordinativas:

a) A menos que ele volte, ninguém sairá.

b) Cada um colhe conforme semeia.

c) À medida que falava, crescia seu entusiasmo.

d) Nada direi, porquanto me pediram segredo.

e) Caso consigas companhia, irás ao cinema.

f) Esta amendoeira é tão bela quanto aquela casuarina.

g) Leve estas flores, já que elas lhe agradam.

h) Não sabe falar sem que cometa um erro!

i) Se insistires, serás punido.

j) Pensei que o exame fosse mais fácil.

k) Falava sem que ninguém lhe desse atenção.

A INTERJEIÇÃO

189. INTERJEIÇÃO é a palavra ou locução, invariável, com que se exprimem certos sentimentos, ou com que se procura imitar ruídos.

De ALEGRIA: *oh!, ah!, oba!, viva!*;

de DOR: *ai!, ai de mim!*;

de ESPANTO e SURPRESA: *oh!, ah!, ih!, opa!, caramba!, upa!, céus!, puxa!, ué!, chi!, gentes!, safa!, hein? (ou hem?!), papagaio!, uai!*;

de CHAMAMENTO: *olá!, alô!, ô!, hei!, psiu! psit!, ó!*;

de TERROR: *ui!, uh!, credo!, que medo!, cruzes!, Jesus!*;

de SAUDADE: *ah!, oh!*;

de REPROVAÇÃO: *oh!, pois sim!, ora!, ora essa!, ora bolas!, qual!, que nada!, fiau!, qual o quê!, não apoiado!, com efeito!, francamente!*;

de IMPACIÊNCIA e CONTRARIEDADE: *arre!, diabo!, hum!, irra!, hein?!, diacho!, ora vejam!, vejam só!, cos diabos!, raios!, raios o partam!*;

de SAUDAÇÃO: *salve!, olá!, ave!, viva!, ora viva!*;

de APROVAÇÃO e APLAUSO: *muito bem!, boa!, apoiado!, bravo!, hip!, hurra!, viva!, isso!, fiufiu!, bis!*;

de SILÊNCIO: *psiu!, pchiu!, chiu!, silêncio!, bico calado!, bico!*;

de ESTÍMULO: *vamos!, ânimo!, avante!, eia!, coragem!, upa!, adiante! firme!, força!, toca!*;

de INDIGNAÇÃO e DESAPROVAÇÃO: *fora!, abaixo!, morra!*;

de ASSENTIMENTO e CONCORDÂNCIA: *tá!, pois bem!, claro!, pois não!, pois sim!, pronto!, pois então!, pudera!*;

de DESEJO: *tomara!, oxalá!, queira Deus!, quem me dera!*;

de SUSPENSÃO: *alto lá!, alto!*;

de AFUGENTAMENTO: *xô!, xô pra lá!, fora!, roda!, rua!, toca!, passa!, arreda!*;

de DESCULPA: *perdão!*;

de REPULSA: *livra!, vote!, safa!, fu!, t'esconjuro!, te arrenego!*;

de ALÍVIO: *uf!, ufa!, safa!*;

de DESPEDIDA: *adeus!, tchau!, bai-bai!, até logo!*;

de ADVERTÊNCIA: *cuidado!, atenção!, alerta!, calma!*;

de AGRADECIMENTO: *obrigado!, graças a Deus!*;

de RESIGNAÇÃO: *paciência!, que jeito?!*;

de PEDIDO DE AUXÍLIO: *socorro!, misericórdia!, piedade!, Nossa Senhora!, Valha-me Deus!*;

de IMITAÇÃO DE RUÍDOS: *pum!, zás!, zás-trás!, bumba!, plic!, catrapus!*

OBSERVAÇÕES:

1) Entre as interjeições, convém distinguir:

a) Palavras de aspecto especial, que funcionam exclusivamente como interjeições: *ah!, hum!, psiu!, pum!*

b) Palavras interjectivas, isto é, palavras de outras classes usadas às vezes como interjeições: *abaixo!, alto!, céus!, viva!*

c) Locuções interjectivas, isto é, duas ou mais palavras agrupadas com valor de interjeição: *ai de mim!, valha-me Deus!, quem me dera!*

2) Uma mesma interjeição, como se pode verificar dos exemplos, pode exprimir sentimentos diferentes, dependendo do tom de voz com que se pronuncie.

3) As interjeições e outras palavras que procuram imitar ruídos da natureza recebem o nome de ONOMATOPEIAS: *tique-taque, zum-zum, bum!*

4) É preciso distinguir cuidadosamente, na escrita, a interjeição de chamamento ou apelo, ó, da sua homónima não homógrafa *oh!*, que exprime alegria, surpresa, tristeza etc. Ex.: Ó José, vem cá! — Oh! José, que bom encontrar-te!

5) A emoção com que proferimos as interjeições confere à voz uma entoação especial, fato que quase sempre se indica na escrita com o sinal de pontuação chamado 'ponto de exclamação'.

Exercícios

1. Distinga as interjeições simples das locuções interjectivas; em cada frase, diga qual o sentimento que exprimem:

a) Qual o quê! Isso não vale nada!

c) Papagaio! Que salto formidável!

b) Isso! Continue assim, que irá longe.

d) Ah! Es tu, José?

2. Em lugar do pontilhado use uma interjeição adequada:

a) .... ! Como vais passando?

d) .... ! Agora ele vai falar.

b) .... ! que vista maravilhosa!

e) .... !, fale baixo.

c) Que voz magnífica! .... ! .... !

Antologia

1. AUTOBIOGRAFIA*

Erasmo Braga

*Mal sabem muitos dos que leem um livro dos trabalhos materiais necessários à sua confecção; e ignoram também que o papel se faz de uma pasta tirada da polpa de pinheiros.
Imaginando que um livro pudesse contar a sua própria história, dá-nos Erasmo Braga esta "Autobiografia" (palavra que quer dizer: a história da vida de alguém contada por ele próprio).

Nasci na encosta de um outeiro. E fiquei, dentro em[1] pouco, um pinheiro delgado e elegante. Tão elegante que uma senhora, passando com seus filhos por perto de mim, desejou-me para árvore de Natal.

— Como ficará lindo carregadinho[2] de presentes e de doces, com as velinhas de cores — exclamou uma das meninas que acompanhavam a senhora.

Estremeci até às[3] raízes, pensando que logo me haviam de arrancar para, no grande e festivo dia das crianças, ir adornar o salão de uma escola ou de uma casa abastada.

Passaram-se, porém, muitos anos e ninguém veio buscar-me para a festa do Natal. Minhas raízes aprofundaram-se mais; meu tronco tornou-se alto e forte; estendi para o céu ramaria[4] possante, que as tempestades não puderam derribar.[5] Todos os anos as pinhas enfeitavam meus galhos; e, quando amadureciam, aves, animais e homens vinham à minha sombra colher os frutos, que se espalhavam pelo chão. Eu era a maior e a mais bela[6] de todas as árvores daquela região.

Mas o dia funesto chegou. Um homem aproximou-se de mim, olhou-me com atenção de alto a baixo, e fez, a facão, um sinal no meu tronco. Vieram depois operários musculosos, de machado em punho; e logo estava eu deitado no solo, com os ramos partidos. Estava reduzido a um simples madeiro[7] — eu, o rei dos vegetais de toda aquela redondeza...

Arrastaram-me, em seguida, para uma fábrica e reduziram-me a uma polpa branca. Nenhum dos meus camaradas me houvera reconhecido,[8] quando, transformado em alvo lençol, sofria a última demão, a fim de aparecer no mercado sob a forma de papel. Que[9] torturas padeci: os golpes mortíferos do machado, o talho agudo de lâminas que me dilaceravam, o aperto horrível de engrenagens que me esmagavam, o atrito áspero de mós[10] que me pulverizavam, o ardor das drogas que me fizeram pálido...[11] Depois de tudo isso, colocaram-me em uma prensa, da qual saí enfardado para uma longa viagem.

Vendeu-me um negociante a um impressor. Fui para uma tipografia,[12] onde novas angústias me esperavam. Puseram-me em um prelo,[13] no qual, em giros vertiginosos, palavras e gravuras eram sobre mim estampadas. Dobraram-me depois. Cortaram-me. Coseram-me.[14] Cobriram-me com duas capas de cartão. E eis-me, agora, meu amigo, para ir contigo à[15] escola.

Não me[16] maltrates nem me desprezes. Muito sofri para trazer-te a sabedoria dos antigos, as lições da experiência, a expressão dos prosadores[17] e poetas, que enriqueceram tua língua materna e fizeram meigo e suave teu idioma.

Ama-me e lê-me: eu sou o teu livro.

Assim é que os livros contariam a história de sua vida, se nos pudessem falar.

(Do livro *Leitura IV*)

Comentários e atividades

[1] Em algumas expressões se usa, como sinônimo de *dentro de*, a locução prepositiva *dentro em*.

[2] O uso do sufixo diminutivo, em *carregadinho*, não significa diminuição de tamanho, pois se trata de um adjetivo; explique, então, este seu emprego (§ 85).

_____

_____

[3] Estaria certo, também, escrever *até as raízes*, sem crase. Por quê?

_____

[4] Cite outro derivado de *ramo* que exprima reunião, coleção.

_____

[5] *Derribar* e *derrubar* são variações corretas da mesma palavra. Compare ainda:

covarde – cobarde, coisa – cousa, assobio – assovio. Consulte um dicionário.

[6] Em que grau estão os adjetivos *bela* e *maior*?

_____

[7] Será *madeiro* exatamente a mesma coisa que *madeira*? Consulte um dicionário.

[8] *Houvera reconhecido* é forma pouco usada equivalente a *haveria* (ou *teria*) *reconhecido* (futuro do pretérito composto) (V. § 146, 3).

[9] Classifique este *que*.

---

[10] *Mó* é uma pedra rija e chata como uma roda, com a qual se trituram os grãos, no moinho, até ficarem reduzidos a farinha.

[11] "... O ardor das drogas que me fizeram pálido": para que a massa que se tornará papel tome coloração clara (= pálida), adicionam-lhe certas substâncias (= drogas) apropriadas.

[12] *Tipografia* é o estabelecimento onde se imprimem livros, revistas etc.

[13] *Prelo* é a máquina em que as folhas de papel são impressas.

[14] *Coser* = costurar; e *cozer*? Consulte um dicionário.

[15] Por que vem acentuado este *à*? (V. § 180, 2).

---

[16] Na frase negativa, o pronome átono em próclise, isto é, antes do verbo.

[17] *Prosadores* são os escritores que escrevem em prosa; *poetas*, os que escrevem em verso. (V. comentário à leitura nº 2.)

Imagens de rua

2. CROMO XXXVI

B. LOPES

Domingo. A casa de palha
Abre as janelas ao sol;
Na horta o dono trabalha
Desde que veio o arrebol;

5   E a companheira, de grampo
No cabelo em caracol,
Na erva enxuta do campo
Estende um claro lençol...

No ribeiro cristalino
10 Bebem as aves; o sino
Chama os cristãos à matriz;

Entra a mulher... mas da porta
Fala, meiga, para a horta:
— Vamos à missa, Luís?

(Do livro *Cromos*)

Comentários e atividades

O trecho é uma descrição, pois fixa breve cena de "manhã de domingo na roça" (como poderia intitular-se o trecho).

Pela sua forma se percebe logo que se trata de poesia e que está escrito em versos, ou seja: obedece a uma disposição diferente da habitual, tem 'ritmo' mais acentuado e constante, que se evidencia claramente na recitação; a escolha e disposição das palavras emprestam-lhe certo encanto indefinível; além disso, o final de cada verso está em rima com outro (*palha – trab*alha, *sol – arreb*ol etc.).

O verso, que é um agrupamento de palavras com determinada cadência, ou ritmo, se representa na escrita por uma linha separada.

É comum, porém não obrigatório, que a 1ª palavra de cada verso, como no trecho, se escreva com inicial maiúscula.

Cada grupo de versos separado de outro, em geral, por uma pausa mais longa (e na escrita por um espaço em branco) é uma estrofe.

Este poema tem quatro estrofes: duas de quatro versos e duas de três, e recebe, como qualquer outro que tenha a mesma disposição, o nome de soneto. Neste caso, por terem os versos medida curta (sete sílabas = redondilhas), é antes um sonetilho.

[Os números indicam os versos.]

[1] Aponte os dois adjuntos adnominais de *casa* (§ 9º).

_____

[4] Classifique a locução *desde que*.

_____

[6] Diga numa só palavra: "em caracol".

_____

[10] Repare na inversão dos termos, mais comum no verso que na prosa: "Bebem as aves"(v. 10), "Entra a mulher" (v. 12), com o sujeito posposto ao verbo.

[11 e 14] Por que se acentua o *a* que antecede *matriz* e *missa*? (V. § 180.)

_____

Atente à grafia correta: *Luís*; também com s se escrevem *Luísa, Luisinho, Luisinha*. — Veja que *Luís*, vocativo, está isolado por vírgula.

Histórias de mentirosos - I

3. O ESPETO

J. SIMÕES LOPES NETO

Foi no tempo da guerra do Paraguai. Eu era cadete; o meu regimento seguia, pela campanha, recebendo a incorporação de piquetes de recrutas[1] mandados de vários lugares; já se vê, portanto, que muita gente presenciou o acontecido.[2] É que muitos já morreram, outros extraviaram-se, senão, eu apresentaria testemunhas, isso se alguém me duvidasse, o que não espero: felizmente sou tido e havido por homem de palavra.

Vínhamos em marcha forçada; alta madrugada o regimento fez alto. Trazíamos umas novilhas gordas, que foram logo abatidas para um rancho apressado, de churrasco.

Fazia um frio de rachar pedras.

Acendeu-se uma grande fogueira e cada um tratou de chamuscar o seu pedaço de carne.

Eu saí a procurar um espeto para o meu assadinho.[3] A noite era muito escura, mas graças ao clarão da fogueira descobri uma pequena reboleira[4] de mato, ali perto. Aproximei-me e, quando ia cortar um galho qualquer, caiu-me ao chão a faca; abaixei-me para apanhá-la dentre as ervas, e com tal sorte, que[5] ao lado dela encontrei um pedaço de pau tal e qual como[6] eu queria: duma meia braça, grossinho,[3] liso, e o que mais é, já com a ponta feita.

Por certo[7] que seria um espeto já pronto que algum dos camaradas perdera; melhor para mim!

E ainda bati com ele no chão para limpá-lo duns capins secos, e terra que estava pegada.

Voltando, atravessei o meu churrasco no meu espeto achado, e finquei-o na beirada do fogo.

Vinha clareando o dia.

Por toda parte branquejava a geada, alta de dois dedos, geada farinhenta, que é a mais fria de todas. Estava eu um pouco arriado,[8] conversando, quando um cabo, baiano, que viera acender o cigarro numa brasa, gritou, olhando para o chão, admirado:

— Olha o assado com o espeto, cadete Romualdo, que vai-se[9] embora!...

Julguei que[10] era algum gaiato que[10] pretendia furtar-me o churrasco; mas o baiano repetiu:

— Acuda, seu cadete, que[10] o assado vai de trote!... Corri, e que[10] vi?...

O churrasco, sim senhor, borrifado de salmoura, já chiando na gordura, que ia andando pelo chão... dava a ideia de um cágado sem pernas, mas de cabeça e cauda mui compridas!...

Acudiram então outros rapazes, muitos, quase todos; e todos viram o churrasco arrastando-se, fugindo da fogueira.

Então rompeu o sol. Foi quando se pôde verificar a cousa:[11] o espeto era uma cobra!

Como estava dura, dura de frio,[12] aguentara todo o trabalho de atravessar o churrasco e ser cravada ao lado do fogo; depois o calor começou a assar a carne e a aquecer o espeto, isto é, a cobra, que se foi reanimando, revivendo. E logo que ela sentiu-se[13] quentinha[3] e de saúde, tratou de escapar.

Com o alarido e o movimento a cobra assustou-se, fez força e desfincou-se do churrasco, escondendo-se logo num buraco ali adiante.

Este caso foi muito falado naquele tempo.

(Do livro *Casos do Romualdo*, cap. XII, "Três Cobras")

Comentários e atividades

[1] *Piquetes* são pequenos grupos; *recruta* é o soldado novato, convocado há pouco tempo para os exercícios militares.

[2] Note-se, neste trecho e no seguinte, a preocupação do loroteiro em dar aspecto verossímil às suas patranhas, referindo certos fatos verdadeiros que aparentemente confirmam a sua "história". — O mesmo se nota na frase final da leitura.

[3] O diminutivo indicará tamanho reduzido?

_____

[4] *Reboleira*: moita; touceira de mato.

[5] Classifique o *que* (§ 188).

_____

[6] *Tal e qual como*: expressiva locução comparativa popular = exatamente como.

[7] Repare que a locução *por certo* não indica certeza, mas dúvida; o mesmo ocorre com *decerto*, *com certeza*.

[8] *Arriado* quer dizer "abaixado", e não se deve confundir com o seu homônimo *arreado*, "preparado com os arreios".

[9] A expressão "vai-se embora" é sentida como um todo; daí não se modificar a colocação do pronome, embora precedida de um *que*.

[10] Classifique os *quês* assinalados.

---

[11] *Cousa* e *coisa* são variantes igualmente certas; devemos respeitar a forma usada pelo autor.

[12] *De frio:* locução adverbial de causa.

[13] Seria de esperar a colocação "logo que ela se sentiu"; entretanto o autor preferiu a ênclise, provavelmente para evitar o choque, desagradável ao seu bom ouvido, das sílabas **se sen**.

4. A MENTIRA

JOÃO RIBEIRO

Sei da história de um pastor[1] americano ou escocês (já não me lembra[2] o hemisfério desse conto) o qual, uma vez, ao largo e atento auditório que costumava ouvi-lo, fez saber que no dia seguinte iria falar sobre o pecado da mentira.

— Vou pregar[3] amanhã sobre a mentira, advertiu o bom pastor. Peço, porém, a todos os meus queridos ouvintes que, para melhor preparação do que irei dizer, leiam todos o capítulo dezessete de São Marcos. Considero indispensável essa leitura prévia.

No dia seguinte, compareceram todos. E logo, o pastor inquiriu previamente:

— Aqueles que leram o capítulo 17 de São Marcos, conforme a minha recomendação, queiram levantar-se.

Levantaram-se todos como um só homem. E o pastor prosseguiu:

— Sois vós realmente os verdadeiros ouvintes do meu sermão de hoje sobre a mentira. Porque, em verdade, não existe o capítulo dezessete. O evangelho de São Marcos tem apenas 16 capítulos.

(Do livro *Cartas devolvidas*, cap. "Que é a Verdade?")

Comentários e atividades

[1] *Pastor*: ministro protestante.

[2] Poderia dizer-se também: *não me lembro* do *hemisfério*

[3] *Pregar*: pronunciar um sermão.

5. EXPERIÊNCIA

LÚCIO DE MENDONÇA

Conta a fábula que um dia
No monte estava um pastor;
Era de tarde; fazia
Um tempo esplêndido; a cor
5 Do ocaso punha vermelhas
As águas lisas do mar.
Na relva, as brancas ovelhas
Pastavam manso pastar.
Lá na estrema do horizonte,
10 Que bem longe se avistava,
Nesse momento passava
Uma vela peregrina...
O pastor viu-a do monte...
E ali pôs-se a meditar
15 Na sua mísera sina
De levar a vida inteira
Nesse pobre apascentar
Os seus rebanhos, enquanto
Que essa vela aventureira
20 Ia ganhar tanto! tanto!
E era tão manso o mar!
Ei-lo que rápido se ergue,
A ambição todo o acende...

Já sem mais demora vende
25 O rebanho, o campo, o albergue.
Que sonhos grandes que tem!
Que de visões sedutoras!
Às verdes ondas traidoras
Aventura-se também.
30 Cedo volta e abatido,
Pobre náufrago, sem nada!
Chora o albergue perdido
E a pacífica manada...
Mas trabalha e recupera
35 Os calmos bens que tivera.
E quando, à tarde, no monte,
Foi sentar-se como dantes
E viu límpido o horizonte
E velas brancas distantes
40 E as ondas verdes e planas,
Disse, lembrado, e sorrindo:
— "Ó mar, estás muito lindo,
Mas a mim, já não me enganas!"

....

(Do livro *Alvoradas*)

Comentários e atividades

Os versos deste poema, como também os da leitura nº 2, têm um ritmo muito querido do povo, que o utiliza nas suas 'trovas' ou 'quadrinhas': são versos em que se contam, até a *última* sílaba tônica, sete sílabas [con\ta a\fá\bu\la que um\di\(a)], e são conhecidos com o nome de versos de 'redondilha maior', ou, simplesmente, REDONDILHAS.

[Os números indicam os versos.]

[1] *Fábula*: lenda ou história inventada, que geralmente encerra uma lição de moral. — Muitas vezes as fábulas têm animais como personagens.

[4-6] Que entende por "A cor do ocaso punha vermelhas as águas lisas do mar"?

_____

[5] Dê dois sinônimos e dois antônimos para ocaso.

_____

[9] *Estrema*, com s, quer dizer "limite", "confim".

[12] *Vela* = barco de vela; *peregrino*: que viaja, que percorre lugares distantes: "A imagem *peregrina* de N.Sª de Fátima".

[15] *Mísera sina*: destino infeliz".

[17] *Apascentar*: fazer pastar, levar para pastar.

[18-19] *Enquanto que* = ao passo que (locução conj. subord. temporal que exprime tempo simultâneo); o uso simplesmente de *enquanto* tem o mesmo valor da locução.

[23] "A ambição todo o acende": fica ansioso, afogueado, por causa da ambição.

[26] Classifique o 1º e o 2º *que*; repare que a supressão do 2º não traz qualquer prejuízo à compreensão: é simples realce.

_____

[27] *Que de visões* = quantas visões.

[33] Qual o coletivo mais comum, em vez de *manada*, para ovelhas?

_____

[42] Classifique a interjeição.

_____

[1-43] Que outro título poderia dar você a este poema? Era o pastor ambicioso? Que lhe aconteceu?

_____

[31] Como se salvou da ruína?

_____

[34-35] Que lições podemos tirar desta fábula?

_____

_____

_____

6. O MACACO PERANTE[1] O JUIZ DE DIREITO[2]

Lima Barreto

Andava um bando de macacos em troça, pulando de árvore em árvore, nas bordas de uma grota[3]. Eis senão quando,[4] um deles vê no fundo uma onça que lá caíra. Os macacos se enternecem[5] e resolvem salvá-la. Para isso, arrancaram cipós, emendaram-nos bem, amarraram a corda assim feita à cintura de cada um deles e atiraram uma das pontas à onça. Com o esforço reunido de todos, conseguiram içá-la[6] e logo se desamarraram, fugindo. Um deles, porém, não o pôde fazer a tempo e a onça segurou-o imediatamente.

— Compadre Macaco — disse ela —, tenha paciência. Estou com fome e você vai fazer-me o favor de deixar-se comer.

O macaco, rogou, instou[7], chorou; mas a onça parecia inflexível.[8] Simão então lembrou que a demanda fosse resolvida pelo juiz de direito. Foram a ele; o macaco sempre agarrado pela onça. É juiz de direito entre os animais o jabuti, cujas audiências são dadas à borda dos rios, colocando-se ele em cima de uma pedra. Os dous[9] chegaram e o macaco expôs as suas razões.

O jabuti ouviu-o e no fim ordenou: — Bata palmas.

Apesar de seguro pela onça, o macaco pôde assim mesmo bater palmas. Chegou a vez da onça, que também expôs as suas razões e motivos. O juiz, como da primeira vez, determinou ao felino[10]: — Bata palmas.

A onça não teve remédio senão largar o macaco, que se escapou, e também o juiz, atirando-se n'água.

(Do livro *Triste fim de Policarpo Quaresma*, p. 32-33)

Comentários e atividades

[1] *Perante* (preposição essencial): na presença de, diante de.

[2] *Juiz de direito*: aquele que julga, segundo o que é justo e direito, as demandas (= questões) entre partes contrárias.

[3] *Grota*: depressão (= buraco) num terreno, geralmente sombria e úmida.

[4] *Eis senão quando* (locução adverbial de tempo ou de modo): de repente.

[5] *Enternecer-se*: ficar com pena, condoer-se.

[6] *Içar*: suspender.

[7] *Instar*: pedir com insistência, rogar.

[8] *Inflexível*: que não se deixa comover; impassível; indiferente.

[9] *Dous* é hoje forma desusada, equivalente a *dois*, e comum, na escrita, à época do autor.

[10] *Felino*: animal semelhante ao gato.

Questionário:

Por que os macacos resolveram salvar a onça? Fizeram bem?

_____
_____

Por que procuraram fugir logo que conseguiram suspendê-la? Poder-se-ia esperar outro procedimento da parte da onça?

_____
_____

O jabuti aprovou o procedimento da onça?

_____
_____

Que artimanha utilizou para favorecer o macaco?

_____
_____

7. NO PAÍS DA GRAMÁTICA

MONTEIRO LOBATO

(Emília, a boneca imaginária criada por Monteiro Lobato, teve um dia a ideia de, em companhia de Pedrinho e Narizinho, visitarem o igualmente imaginário País da Gramática. Montaram no rinoceronte Quindim, juntamente com o Visconde de Sabugosa, e para lá se partiram. Acompanhemo-los nessa estranha viagem.)

Os meninos fizeram todas as combinações necessárias, e no dia marcado partiram muito cedo, a cavalo no rinoceronte[1], o qual trotava um trote mais duro que a sua casca. Trotou, trotou, e, depois de muito trotar, deu com eles[2] numa região onde o ar chiava de modo estranho.

— Que zumbido será esse? — indagou a menina. — Parece que andam voando por aqui milhões de vespas invisíveis.

— É que já entramos em terras do País da Gramática — explicou o rinoceronte. — Estes zumbidos são os Sons Orais,[3] que voam soltos no espaço.

— Não comece a falar difícil que nós ficamos na mesma — observou Emília. — Sons Orais, que pedantismo[4] é esse?

— Som Oral quer dizer som produzido pela boca. A, É, I, Ó, U[5] são Sons Orais, como dizem os senhores gramáticos.

— Pois diga logo que são letras! — gritou Emília.

— Mas não são letras![6] — protestou o rinoceronte. — Quando você diz A ou Ó, você está *produzindo* um som, não está *escrevendo* uma letra. Letras são sinaizinhos que os homens usam para *representar* esses sons. Primeiro há os sons, depois é que aparecem as letras, para marcar esses sons. Entendeu?

O ar continuava num zum-zum cada vez maior. Os meninos pararam, muito atentos, a ouvir.

— Estou percebendo muitos sons que conheço — disse Pedrinho, com a mão em concha ao ouvido.

— Todos os sons que andam zumbindo por aqui são velhos conhecidos seus, Pedrinho.

— Querem ver que é o tal alfabeto? — lembrou Narizinho. — E é mesmo!... Estou distinguindo todas as letras do alfabeto...

— Não, menina; você está apenas distinguindo todos os *sons* das letras do alfabeto — corrigiu o rinoceronte[7] com uma pachorra[8] igual à[9] de Dona Benta. Se você *escrever* cada um desses sons, então, sim; então surgem as *letras* do alfabeto.

(Do livro *Emília no país da gramática*)

Comentários e atividades

[1] Que quer dizer "a cavalo no rinoceronte"?

___

[2] Explique a expressão "deu com eles".

___

[3] Em vez de "sons orais", não poderíamos usar uma expressão ainda mais precisa? Qual?

___

[4] *Pedantismo* é a ostentação pretensiosa de conhecimentos.

___

[5] Complete a série das vogais orais dada pelo autor (faltam duas).

___

[6] Por que não podiam ser LETRAS os zumbidos que os meninos OUVIAM?

___

[7] O substantivo *rinoceronte* tem feminino? Como se chama, então?

___

[8] Dê três sinônimos de *pachorra*.

___

[9] Que palavra se subentende após "igual à"? Como se classifica o a que está contraído com a preposição a?

___

8. CANÇÃO DO EXÍLIO

GONÇALVES DIAS

Minha terra tem palmeiras,
Onde canta o sabiá;
As aves que aqui gorjeiam,
Não gorjeiam como lá.

5 Nosso céu tem mais estrelas,
Nossas várzeas têm mais flores,
Nossos bosques têm mais vida,
Nossa vida mais amores.

Em cismar, sozinho, à noite,
10 Mais prazer encontro eu lá;
Minha terra tem palmeiras,
Onde canta o sabiá.

Minha terra tem primores,
Que tais não encontro eu cá;
15 Em cismar — sozinho, à noite —
Mais prazer encontro eu lá;
Minha terra tem palmeiras,
Onde canta o sabiá.

Não permita Deus que eu morra,
20 Sem que eu volte para lá;
Sem que desfrute os primores
Que não encontro por cá;
Sem qu'inda aviste as palmeiras,
Onde canta o sabiá.

(Do livro *Poesias completas*,
ed. de Manuel Bandeira)

Comentários e atividades

Quando escreveu este poema, um dos mais populares e mais justamente famosos de nossa língua, estava o poeta no exílio, isto é, fora da sua pátria, cujas doçuras mais ressaltavam à distância, aumentadas pela saudade, propiciando-nos estes singelos e sentidos versos.

Os versos estão no ritmo popular da redondilha (7 sílabas); a linguagem é simples e suave. E, embora nos fale das qualidades da nossa terra, quase não usa qualificativos, numa lição de sobriedade que devemos aproveitar.

[6] *Várzea* ou *vargem* é o terreno plano, ou campina, cultivado.

[7-8] Estes dois versos foram aproveitados na letra do Hino Nacional.

[8] Qual o verbo subentendido neste verso?

_____

[14] Entenda-se: Aqui não encontro primores semelhantes; *tais* aqui é adjetivo.

[20, 21, 23] Classifique a locução *sem que* (= se não).

_____

[23] *Inda* é forma que se usa a par de *ainda*; o apóstrofo indica a supressão que se faz, na pronúncia, da vogal final da palavra *que*.

9. O MACACO E O GATO

Monteiro Lobato

Simão, o macaco,[1] e Bichano, o gato,[1] moram juntos na mesma casa. E pintam o sete.[2] Um furta coisas, remexe gavetas, esconde tesourinhas, atormenta o papagaio; outro arranha os tapetes, esfiapa as almofadas e bebe o leite das crianças.[3]

Mas, apesar de amigos e sócios, o macaco sabe agir com tal maromba, que[4] é quem sai ganhando sempre.

Foi assim no caso das castanhas.

A cozinheira pusera a assar nas brasas umas castanhas e fora à[5] horta colher temperos. Vendo a cozinha vazia, os dois malandros se aproximaram. Disse o macaco:

— Amigo Bichano, você, que tem uma pata jeitosa, tire as castanhas do fogo.

O gato não se fez insistir, e com muita arte começou a tirar as castanhas.

— Pronto,[6] uma...

— Agora aquela de lá... Isso[6]. Agora aquela gorducha... Isso. E mais a da esquerda, que estalou...

O gato as tirava, mas quem as comia, gulosamente, piscando o olho, era o macaco...

De repente, eis que surge a cozinheira, furiosa, de vara na mão. — Espere aí, diabada!...[7]

Os dois gatunos sumiram-se aos pinotes.

— Boa peça, hem?[8] — disse o macaco lá longe. O gato suspirou:

— Para você, que comeu as castanhas. Para mim foi péssima, pois arrisquei o pelo[9] e fiquei em jejum, sem saber que gosto tem uma castanha assada...

O bom-bocado não é para quem o faz, é para quem o come.

(Do livro *Fábulas*)

Comentários e atividades

Que nome se dá à frase final, que encerra um ensinamento? Cite três semelhantes que você conheça.

___

[1] Atente à pontuação da 1ª frase: sempre se separa por vírgula uma expressão que esclarece e explica outra ('aposto') (V. § 10).

[2] Diga com outras palavras: "pintam o sete".

___

[3] Nas orações do 2º período, sublinhe todos os objetos diretos (V. § 60).

[4] Classifique o *que*.

___

[5] Por que está acentuado o *a*?

___

[6] Classifique as palavras *pronto* (2º diálogo) e *isso* (3º).

___

[7] Classifique *diabada*: dê a sua função sintática.

___

[8] *Hem* é a grafia recomendada pelo Vocabulário Oficial; mais usual é *hein*.

___

[9] O substantivo *pelo*, segundo o novo Acordo Ortográfico, não mais se acentua (*pêlo*) para distinguir-se da contração *pelo* e da forma *pelo*, do verbo *pelar*.

Repare na colocação dos pronomes átonos, indiferentemente antes ou depois dos verbos: "O gato *as* tirava", "Os dois malandros *se* aproximaram", "Os dois gatunos sumiram-*se*" — Por quê? (V. § 123, nº 10.)

___

Assinale três locuções adverbiais e classifique-as.

_____

_____

Você aprova o procedimento do macaco? Por quê?

_____

_____

Repare no correto emprego de s e z: *apesar de, pusera, brasas; cozinha, vazia.* — Por que *jeitosa* se escreve com s?

_____

Histórias de mentirosos - II

10. A VARETA

J. SIMÕES LOPES NETO

Naquele tempo, as espingardas eram de carregar pela boca; o cartucho apareceu muito mais tarde. E por serem mais leves e mais baratas, eu só usava varetas de marmeleiro.

Uma vez, por esquecimento, depois de carregar a arma, deixei-lhe dentro a vareta.

De tarde, atirando a um bando de pombas que havia pousado sobre uma laranjeira, no tiro lá se foi a vareta.

As pombas — nem se pergunta, nem se duvida! — caíram todas, a chumbo.[1]

Mas a vareta, essa ficou espetada no tronco da laranjeira, e lá deixei-a ficar.

Pois no ano seguinte estava ela toda florida e cheia de botões... e no outro ano já deu marmelos, por sinal que[2] bem[3] graúdos.

(Do livro *Casos de Romualdo*)

Comentários e atividades

[1] Todos os caçadores gostam de apregoar, como o nosso Romualdo, qualidades excepcionais em que dificilmente podemos acreditar...

[2] Faz falta ao sentido o *que* assinalado? Classifique-o.

[3] *Bem*, aqui, não é advérbio de modo; classifique-o.

Composição oral: Os alunos que souberem, contarão aos colegas alguma história inverídica, como esta.

11. CAJUEIRO PEQUENINO

Juvenal Galeno

Cajueiro pequenino,
Carregadinho de flor,
À sombra das tuas folhas
Venho cantar meu amor,
5   Acompanhado somente
Da brisa pelo rumor,
Cajueiro pequenino,
Carregadinho de flor.

Tu és um sonho querido
10 De minha vida infantil.
Desde esse dia... me lembro...
Era uma aurora de abril,
Por entre verdes ervinhas
Nasceste todo gentil,
15 Cajueiro pequenino,
Meu lindo sonho infantil.

Que prazer quando encontrei-te
Nascendo junto ao meu lar!
— "Este é meu, este defendo,
20 Ninguém mo venha arrancar!"
Bradei, e logo, cuidoso,
Contente fui te alimpar,
Cajueiro pequenino,
Meu companheiro do lar.

25 Cresceste... Se eu te faltasse,
Que de ti seria, irmão?
Afogado nestes matos,
Morto à sede no verão...
Tu que foste sempre enfermo
30 Aqui neste ingrato chão!
Cajueiro pequenino,
Que de ti seria, irmão?

Cresceste... crescemos ambos,
Nossa amizade também;
35 Eras tu o meu enlevo,
O meu afeto o teu bem;
Se tu sofrias... eu, triste,
Chorava como... ninguém!
Cajueiro pequenino,
40 Por mim sofrias também!

Quando em casa me batiam,
Contava-te o meu penar;
Tu calado me escutavas,
Pois não podias falar;
45 Mas no teu semblante, amigo,
Mostravas grande pesar,
Cajueiro pequenino,
Nas horas do meu penar!

Após as dores... me vias
50 Brincando ledo e feliz
O "tempo-será" e outros
Brinquedos que eu tanto quis!
Depois cismando a teu lado
Em muitos versos que fiz...
55 Cajueiro pequenino,
Me vias brincar feliz!

  Mas um dia... me ausentaram...
  Fui obrigado ... parti!
  Chorando beijei-te as folhas...
60 Quanta saudade senti!
  Fui-me longe... muitos anos
  Ausente pensei em ti...
  Cajueiro pequenino,
  Quando obrigado parti!

65 Agora volto e te encontro
  Carregadinho de flor!
  Mas ainda tão pequeno,
  Com muito mato ao redor...
  Coitadinho, não cresceste
70 Por falta do meu amor,
  Cajueiro pequenino,
  Carregadinho de flor.

(Das Lendas e canções populares;
transcrito da Antologia romântica,
de Manuel Bandeira)

Comentários e atividades

[1] Diga que nome recebem os versos que têm o mesmo ritmo e o mesmo número de sílabas dos desta poesia.

[2] Repare no tom de afeto que o diminutivo empresta ao adjetivo *carregado*.

[3] Explique por que se acentua o *a* da locução *à sombra*.

[6] Ponha este verso na ordem direta.

[20] Na língua escrita, os pronomes pessoais átonos *me* e *o* combinam-se, produzindo a contração *mo*; na língua falada, seria mais natural dizer: "Ninguém *me* venha arrancá-*lo*".

[21] *Cuidoso* = cuidadoso.

[26] Repare na vírgula antes do vocativo *irmão*. — Como explica o tratamento *irmão* dado a uma *árvore*?

[36] Que verbo se subentende neste verso?

[50] *Ledo* = alegre.

Por que nos versos 1, 7, 15, 23, 31, 39, 47, 55, 63 e 71, há vírgula antes ou depois de "cajueiro pequenino"?

---

12. O POLIGLOTA

Humberto de Campos

Achava-se Emílio de Meneses em uma roda da Pascoal,[1] quando chegou um amigo e apresentou-lhe um rapaz que vinha em sua companhia:

— Apresento-te Fulano;[2] é nosso patrício e tem corrido[3] o mundo inteiro. Fala corretamente o inglês, o francês, o italiano, o espanhol, o alemão.

O rapaz sorria modesto, ante[4] os elogios, e a palestra voltou ao que era. Ao fim de um hora, durante a qual apenas proferiu alguns monossílabos, o viajante despediu-se e se foi embora.[5]

— Que tal esse camarada? — perguntou a Emílio um dos[6] da roda.

— Inteligentíssimo e, sobretudo, muito criterioso — opinou o rei dos boêmios.

— Mas ele não disse palavra.

— Pois é por isso mesmo — tornou Emílio.

E rindo:

— Você não acha que é ter talento saber ficar calado em seis línguas diferentes?

(Do livro *O Brasil anedótico*)

Comentários e atividades

Poliglota é aquele que sabe falar várias línguas.

[1] *Pascoal*: nome de uma loja no Rio de Janeiro, onde costumavam reunir-se escritores, entre os quais o poeta Emílio de Meneses, famoso pelos seus ditos irônicos e mordazes, e o autor do trecho, Humberto de Campos. — Aqui, o substantivo *roda* tem sentido coletivo = grupo.

[2] *Fulano* é a palavra que se usa quando não se quer nomear uma pessoa; igualmente *Sicrano* e *Beltrano*: são verdadeiros pronomes indefinidos.

[3] *Tem corrido*: aqui o pretérito perfeito composto, como na maioria dos casos, exprime um fato que começou no passado e pode prolongar-se até o momento atual. (V. § 146, 2º, c.)

[4] *Ante*, preposição (= diante de, em face de, perante), não deve confundir-se com o advérbio *antes*.

[5] Mais natural na fala brasileira é a colocação *foi-se* embora.

[6] Classifique os pronomes *um* e *os*.

---

13. O MEU ESPELHO

Constâncio Alves

Não esqueci, meu espelho,
A tua sábia lição,
Não foi regra, nem conselho,
Foi apenas reflexão.
5 Lembro-me bem desse dia:
Soluçava de paixão.
E no meu quarto gemia
De cortar o coração.

Felizmente ninguém via,
10 Andando daqui pra ali,
Num dos meus passos te vi
E ao meu choroso carão.
Ah! que vergonha senti
Por fazer tal figurão...

15 E logo, ao pensar naquela
Grotesca situação,
(Nunca vira coisa assim)
Deixei de chorar por ela,
Passei a rir-me de mim,
20 Curou-me o riso a paixão.

Caso te vejas assim,
Pio leitor, meu irmão,
Nalgum momento nefando,
O papel representando
25 Do amor barbado e chorão,
Anda, aceita o meu conselho:
Na tua melancolia,
Vai consultar o espelho,
Pois tinha toda razão
30 O sujeito que dizia:
Ele reflete e nós não.

(Tirado do livro *Breviário da Bahia*, de Afrânio Peixoto)

Comentários e atividades

[1-2] "Não esqueci a tua lição".

[5] "Lembro-ME bem Desse dia": Os verbos *lembrar* e *esquecer*, só quando pronominais têm objeto indireto, com a preposição *de*.

[11 e 13] *Carão* e *figurão* não trazem ideia de aumento; que sugerem, então, esses aumentativos?

_____

[16] *Grotesco*: ridículo, que provoca o riso.

[22] *Pio*: piedoso.

[23] *Nefando*: desagradável.

[26 a 28] Passe as frases destes três versos para o tratamento você.

_____

_____

_____

[31] Repare no 'jogo de palavras' que faz o autor com o verbo *refletir*, que tanto significa "espelhar, retratar" como "pensar detidamente, meditar".

Aponte dois vocativos que aparecem no texto.

_____

14. LENDA DA VITÓRIA-RÉGIA

(Adaptação)

Da vitória-régia, estranha flor[1] aquática do rio Amazonas, contam os índios esta lenda:

Naiá, indiazinha bonita, pensava, como todos os de sua tribo, que a lua era um belo guerreiro de prata, e que, do casamento das jovens com ele, nasciam as estrelas do céu.

Todas as noites, Naiá ia para a floresta e ficava admirando a lua com os seus raios prateados. Às vezes, saía correndo através da floresta, para ver se conseguia alcançá-la com os seus braços. Por mais altas que fossem as montanhas escaladas pela jovem, a lua pairava[2] sempre longe, muito longe, inatingível, no céu infinito.

Naiá desistiu de buscar o guerreiro de prata, e caiu numa tristeza infinda.

Uma noite, porém, aproximou-se do rio largo e sereno e viu dentro dele, bem lá no fundo, refletida[3] a imagem da lua, o guerreiro branco que amava. Não teve a menor dúvida: Era ele que lá estava, chamando-a, numa prece de amor.

E lançou-se às águas do rio-mar,[4] num mergulho ansioso. Foi se afundando, se afundando, com desespero, mais e mais, até desaparecer para sempre.

Então a lua, que não quisera fazer de Naiá uma estrela do céu, resolveu torná-la uma estrela das águas: transformou o corpo da indiazinha numa flor[1] imensa, bela e majestosa — a vitória-régia.

E todas as noites de luar essa flor[1] diferente abre as suas pétalas enormes, para que a lua ilumine a sua corola[5] rosada...

Comentários e atividades

[1] Aponte os adjetivos e pronomes que servem de adjunto ao substantivo *flor*.

[2] *Pairar*: ficar parado no espaço.

[3] Dê dois sinônimos de *refletida*.

[4] *Rio-mar* é o nome que se costuma dar ao Amazonas, em virtude da sua imensidade.

[5] *Corola* é o envoltório da flor, contido no 'cálice' e composto das pétalas.

Redação: Reproduza por escrito, com suas próprias palavras, a lenda que acabou de ler.

15. A CAÇA AO JACARÉ

GASTÃO CRULS

Na tarde seguinte, depois de um agradável percurso, em montaria,[1] pelo rio abaixo, fui ter, com Malila e outras índias, a um espraiamento, cortado de baías e poções.

À flor da água,[2] percebia-se um ponto escuro e imóvel. Eu diria uma pedra, se Malila não me afiançasse que era um jacaré.

— Quer ver como eu vou pegá-lo?

Sorri incrédulo, mas ela, sem esperar resposta, recomendou-me que ficasse por ali mesmo e logo desapareceu da minha vista.

Passados alguns instantes, ei-la[3] que surge entre o capim da beirada oposta. Marchava cautelosa e trazia um longo fio, provavelmente qualquer embira[4] de cipó, a escorrer-lhe dos cantos da boca. A cada passo, redobrava de astúcia e já andava de rasto,[5] cosida[6] aos pedrouços da ourela[7] do poção. Assim conseguiu chegar até um grande lajedo,[8] que se adentrava pelo rio, em respaldo[9] íngreme e sobranceiro. Foi aí que se acocorou, bem no topo do alcantil,[10] mas velada por uns esgalhos,[11] e ficou a atentar longamente para a sua presa, o mesmo ponto imóvel e escuro, já então pertinho.[12]

De repente: catrapus![13] Malila jogara-se sobre o jacaré. Mal[14] tive, tempo de desferir um grito, enquanto a água espadanava[15] por todos os lados e ela surtia[16] a meio busto, abraçada ao dorso do enorme sáurio.[17] A luta era feroz, e o monstro, tomado de surpresa, rabeava enfurecido, de cabeça aprumada e fauce hiante.[18] Mas foi só um momento e ambos mergulharam rápido,[19] sumindo-se num turbilhão de espuma. Logo a seguir, já nas minhas vizinhanças, nova agitação da água e Malila que aparecia outra vez, sempre às carranchas[20] no animal. Aí,[21] porém, a fera já não estava tão impetuosa, pois que a indiazinha conseguira voltear-lhe fortemente a mandíbula com a corda levada entre os dentes.

— Este está pronto — disse-me ela com o rosto aclarado por um sorriso de satisfação. E puxando a sua presa pela ponta da embira, pôs-se a nadar calmamente em direitura a mim.

— Mas, como é que você faz uma coisas destas?! — perguntei, boquiaberto, quando ela alcançou a praia e já estava a salvo de qualquer perigo.

— Isso não é tão difícil como o senhor pensa. Basta um pouco de fôlego que dê para passar o laço enquanto o jacaré está debaixo da água e tem a boca fechada. Tudo é se ter as pernas bem presas à volta do seu corpo, para ficar com os braços livres e poder trabalhar ligeiro,[19] porque este bichinho é muito mau, e, às vezes, quando mergulha, faz manha e não quer mais voltar à tona. Então, é preciso não perder tempo e calcar fundo nos seus olhos, o que só se pode fazer com a mão esquerda, porque a direita já deve estar ocupada no arrocho do queixo. Também, quando a fisgadela é boa, ele vem direitinho pra cima, que nem peixe tinguijado.[22]

E o que lhe parecia coisa tão simples, avultava aos meus olhos como façanha incrível, ante a figura do horrendo sáurio, com mais de 18 pés de comprimento.[23]

(Do livro *A Amazona misteriosa*)

Comentários e atividades

Eis um trecho de rara força descritiva: o estilo é vivo e claro, a despeito da riqueza de vocabulário, que o autor sabe manejar com mestria. As frases são bem pontuadas, servindo de modelo no gênero. É riquíssimo o trecho em lições de formação de palavras. Pode o professor aproveitá-lo ao máximo, para exercícios de vária ordem.

[1] Na Amazônia se dá o nome de *montaria* a pequenas canoas, feitas, muitas vezes, de troncos escavados a fogo.

[2] *À flor da água*: na sua superfície.

[3] A palavra de designação *eis* perde o *s*, quando seguida do pronome átono de 3ª pessoa, que toma as formas *lo, la, los, las*.

[4] *Embira*: fibra vegetal que serve de corda.

[5] *Rastro* tem a variante *rasto*.

[6] *Cosido* quer dizer "costurado"; aqui tem o sentido de "muito unido".

[7] *Ourela*: borda, margem, cercadura, orla.

[8] Analise o substantivo *lajedo*.

_____

[9] *Respaldo*: encosto, espaldar.

[10] *Alcantil*: rocha íngreme, talhada verticalmente.

[11] *Esgalho*: ramificação; "velada por uns esgalhos" quer dizer: escondida por uns ramos.

[12] Faça a análise de *pertinho*.

_____

[13] *Catrapus* é uma interjeição que procura sugerir o ruído de uma queda repentina na água.

[14] Analise *mal*.

_____

[15] *Espadanar*: jorrar aos borbotões, isto é, em jatos fortes.

[16] *Surtir*: irromper, surgir; *surtir* está aqui empregado por *surdir*, que é uma variante de *surgir*.

[17] *Sáurio*: réptil do tipo do lagarto e do jacaré.

[18] *Fauce hiante*: goela aberta; hiante é um adjetivo, não muito usado, da mesma família do subst. *hiato*; veja se é capaz de dizer, já que conhece a significação delas, qual a relação de sentido que há entre ambas as palavras.

[19] Aqui, *rápido* não é o adjetivo; a mesma coisa com a palavra *ligeiro*, mais adiante: classifique-as.

___

[20] *Às carranchas*: escarranchado, isto é, de pernas muito abertas, como quem monta a cavalo; também se diz *escanchado*.

[21] Classifique *aí*, reparando que, nesta passagem, não exprime lugar.

___

[22] *Tinguijado*: envenenado pela planta *tingui*, que, lançada à água dos rios, mata os peixes próximos, os quais sobem à tona.

[23] Dê a significação do homófono não homógrafo de *comprimento*.

___

Atividades a partir do texto

1. Aponte:

a) dez palavras derivadas.

b) todas as palavras compostas, incluindo as formadas de prefixo e sufixo ao mesmo tempo.

2. Procure antônimos para *incrédulos, astúcia, íngreme, velada, impetuosa*.

3. Classifique todos os adjuntos adnominais do 1º período.

> *Pontuação*
> Repare que se isolam por vírgula:
> a) Os vários adjuntos adverbiais de uma frase que não são pedidos obrigatoriamente pelo verbo:
> Na tarde seguinte, — depois de um agradável percurso, — em montaria, — pelo rio abaixo, — com Malila e outras índias, — à flor da água, — etc.
> b) Quaisquer expressões intercaladas ou explicativas:
> Ela, *sem esperar resposta*, recomendou-me...; O monstro, *tomado de surpresa*, rabeava enfurecido; Aí, *porém*, a fera...
> *A leitura em voz alta*. — A leitura deve ser feita com todas as entoações adequadas, para que seja devidamente ritmada. Convém reparar que as vírgulas, quase sempre, marcam uma pausa em que o tom de voz se eleva um pouco, ao contrário do ponto e vírgula e do ponto, que correspondem a um tom de voz que se abaixa, mais no ponto que no ponto e vírgula.

16. NA PRAIA

Hélcio Martins

Nos vapores da fumaça
vai subindo uma canção,
na onda que vira espuma
perdeu-se o meu coração.

5 O mar levou-te no seio,
na praia eu canto sozinho,
as ondas que te esconderam
esconderam meu caminho.

Da lembrança do que foste
10 vou fazendo uma cantiga
que a fumaça vai levando
como o mar à minha amiga.

A canção do mar calou-se
na tarde que vem chegando,
15 no vazio do meu canto
tua ausência vai ficando.

Quem vem buscar minha amada?
Quem vem aqui me buscar?
....
Esta é a canção dos que perdem
20 os seus caminhos no mar.

(Original cedido pelo autor)

Comentários e atividades

Canta o poeta a saudade de uma pessoa amada que o mar levou.

Mais uma vez temos uma poesia com a graça da redondilha.

Repare-se que o autor não utiliza maiúscula no início de cada verso.

Na recitação se poderá perceber a musicalidade dos versos, todos bem ritmados, cheios de delicadeza, o que proporciona aquele encantamento que só a boa poesia traz.

[2] O sujeito está posposto ao predicado, fato usual em nossa língua; aponte outro verso em que o mesmo acontece.

_____

[3] O verbo *virar* não é transitivo, aqui; classifique-o.

_____

[12] Classifique o *como*; diga que verbo se subentende neste verso.

_____

[19] Aponte, no poema, um adjetivo substantivado.

Histórias de mentirosos - III

17. O NAUFRÁGIO DOS POTES

Manuel Antônio de Almeida

Estávamos quase a chegar ao[1] ancoradouro; viajava ao lado do meu navio um enorme *peru*[2] carregado unicamente de potes. De repente, arma-se um temporal, que[3] parecia vir o mundo abaixo; o vento era tão forte, que[3] do mar, apesar da escuridão, viam-se contradançar no espaço as telhas arrancadas da cidade alta. Afinal, quando já parecia tudo sossegado e começava a limpar o tempo, veio uma onda tão forte e em tal direção, que[3] as duas embarcações esbarraram com toda a força uma contra a outra. Já muito maltratadas pelo temporal que acabavam de suportar, não puderam mais resistir, e abriram-se ambas de meio a meio: o navio vazou toda a sua carga e passageiros, e o *peru* toda a sua carregação de potes; ficou o mar coalhado deles, em tão grande quantidade os havia! Os marinheiros e outros passageiros trataram de agarrar-se a tábuas, caixões e outros objetos para se salvarem; porém o único que se[4] escapou fui eu, e isso devo à feliz lembrança que tive: do pedaço de navio em que tinha ficado dei um salto sobre o pote que boiava mais perto. Com o meu peso o pote mergulhou, e enchendo-se d'água desapareceu debaixo de meus pés; porém isto não teve lugar antes que eu, percebendo o que ia acontecer, não[5] saltasse imediatamente desse pote para outro. A este outro e a todos os mais[6] aconteceu a mesma coisa, porém servi-me do mesmo meio, e assim, como[7] a força das ondas os impelia para a praia, vim de pote em pote até à[8] terra sem o menor acidente!

(Do livro *Memórias de um sargento de milícias*)

Comentários e atividades

[1] Ao contrário da linguagem corrente no Brasil, com o verbo *chegar* a língua literária prefere a preposição *a* e não *em*.

[2] *Peru*: embarcação de carga, com um só mastro.

[3] Classifique os *quês* assinalados.

_____

_____

[4] O *se*, aqui, é pronome de realce, pois é dispensável.

[5] Este *não* que aqui aparece não tem valor negativo.

[6] Classifique a palavra *mais*.

_____

[7] Indique um sinônimo para este *como* e classifique-o.

_____

[8] Seria mais aconselhável não acentuar este *a*, pois a palavra *terra*, quando é o oposto de *bordo*, não costuma usar-se com artigo.

18. BERÇO

B. LOPES

Recordo: um largo verde e uma igrejinha,
Um sino, um rio, um pontilhão e um carro
De três juntas bovinas que ia e vinha
Rinchando alegre, carregando barro.

⁵ Havia a escola, que era azul e tinha
Um mestre mau, de assustador pigarro...
(Meu Deus! que é isto, que emoção a minha
Quando estas cousas tão singelas narro?)

Seu Alexandre, um bom velhinho rico
¹⁰ Que hospedara a Princesa; o tico-tico
Que me acordava de manhã, e a serra...

Com o seu nome de amor Boa Esperança,
Eis tudo quanto guardo na lembrança,
Da minha pobre e pequenina terra!

(Do livro *Helenos*, de 1896)

Comentários e atividades

Diga que nome se dá a este tipo de poema.

_____

[2] *Pontilhão*: diminutivo de *ponte*.

[8] A forma *cousa* era de uso comum na língua escrita da época; *singelas*: simp**les**.

[10] A que princesa se refere o poeta? Dê o plural de *tico-tico*.

_____

[13] Classifique a palavra *quanto*.

_____

19. O LEÃO E O RATINHO

MONTEIRO LOBATO

Ao sair do buraco viu-se um ratinho entre as patas do **leão**. Estacou, de pelos em pé, paralisado pelo terror.[1] O leão, porém,[2] não **lhe fez mal**[3] nenhum:

— Segue em paz,[4] ratinho; não tenhas medo[4] de teu rei.

Dias depois o leão caiu numa rede. Urrou desesperada**mente, bateu-se**,[5] mas quanto mais se agitava mais preso no laço ficava.

Atraído pelos urros, apareceu o ratinho.

— Amor com amor se paga — disse ele lá consigo;[6] e pôs-se **a roer**[7] as cordas. E como[8] a rede era das tais que, rompida a primeira **malha, as outras** se afrouxam,[9] pôde o leão deslindar-se e fugir.

Mais vale paciência pequenina do que arrancos de leão.

(Do livro *Fábulas*)

ANTOLOGIA

Comentários e atividades

[1] Diga qual a classificação correta da locução *pelo terror*: modo, causa, lugar; substitua a contração *pelo* por uma preposição simples com o mesmo valor.

_____

[2] Dê três sinônimos de *porém*.

_____

[3] Classifique a palavra *mal* e ponha-a no plural.

_____

[4] Conjugue em todas as pessoas: *segue em paz e não tenhas medo*.

_____

_____

_____

[5] Dê um sinônimo de *bateu-se*, com um verbo do mesmo radical e com um prefixo.

_____

[6] Classifique *consigo*.

_____

[7] Conjugue por escrito, atendendo à grafia, o presente do indicativo de *roer*. (Releia o § 40, nº 6, OBS., e 12.)

_____

_____

_____

[8] Classifique o *como*.

_____

[9] Conjugue o presente do indicativo de *afrouxar*.

_____

_____

_____

Cite os dois provérbios que ocorrem na leitura.

_____

Aponte um vocativo que ocorre na leitura.

_____

20. A VIRTUDE

Visconde de Pedra Branca

Põe na virtude,
Filha querida,
De tua vida
Todo o primor.

5 Não dês à sorte,
Que tanto ilude,
Sem a virtude
Algum valor.

Tudo perece:
10 Murcha a beleza,
Foge a riqueza,
Esfria o amor;

Mas a virtude
Zomba da sorte,
15 Até da morte
Disfarça o horror.

Brilha a virtude
Na vida pura,
Qual na espessura
20 Do lírio a cor.

Cultiva atenta,
Filha mimosa,
Sempre viçosa,
Tão linda flor.

(Transcrito do livro *Exercícios de gramática*, revisto por Mário Barreto)

Comentários e atividades

[3-4] Ordem direta: "todo o primor (= perfeição) de tua vida".

[9] *Perecer*: morrer, acabar-se.

[19] Dê um sinônimo para *qual* e classifique-o.

_____

[20] Por que "filha querida" (v. 2) e "filha mimosa" (v. 22) estão entre vírgulas?

_____

Atividades sugeridas pelo texto

1. Faça concordar com o tratamento você todos os verbos que estão no imperativo.

2. Classifique, quanto à significação (§§ 5-8), todos os verbos desta poesia.

3. Faça uma relação de todos os pronomes que aqui aparecem, classificando-os.

4. Ponha na ordem direta as orações dos versos 10, 11, 12, 17.

21. SUBÚRBIOS CARIOCAS

LIMA BARRETO

Os subúrbios do Rio de Janeiro são a mais curiosa coisa em matéria de edificação da cidade. A topografia[1] do local, caprichosamente montuosa, influiu decerto[2] para tal aspecto; mais influíram, porém, os azares das construções.

Nada mais irregular, mais caprichoso, mais sem plano qualquer, pode ser imaginado. As casas surgiram como se fossem semeadas ao vento e, conforme as casas, as ruas se fizeram. Há algumas delas que começam largas como *boulevards* e acabam estreitas que nem[3] vielas; dão voltas, circuitos inúteis e parecem fugir ao alinhamento reto com um ódio tenaz e sagrado.

Às vezes se sucedem na mesma direção com uma frequência irritante, outras se afastam, e deixam de permeio um longo intervalo coeso[4] e fechado de casas. Num trecho, há casas amontoadas umas sobre outras, numa angústia[5] de espaço desoladora, logo adiante um vasto campo abre ao nosso olhar uma ampla perspectiva[4].

Marcham assim ao acaso as edificações e conseguintemente o arruamento. Há casas de todos os gostos e construídas de todas as formas.

Vai-se por uma rua a ver um correr de chalés, de porta e janela, parede de frontal, humildes e acanhados, de repente se nos depara[6] uma casa burguesa, dessas de compoteiras na cimalha[7] rendilhada, a se erguer sobre um porão alto com mezaninos[8] gradeados. Passada essa surpresa, olha-se acolá e dá-se com uma choupana de pau a pique[9] coberta de zinco ou mesmo palha, em torno da qual formiga uma população; adiante, é uma velha casa de roça, com varanda e colunas de estilo pouco classificável, que parece vexada e querer ocultar-se, diante daquela onda de edifícios **disparatados** e novos.

Não há nos nossos subúrbios coisa alguma que nos lembre **os famosos** das grandes cidades europeias, com as suas vilas de ar **repousado e satisfeito**, as suas estradas e ruas macadamizadas[10] e cuidadas, **nem mesmo se** encontram aqueles jardins cuidadinhos, aparadinhos,[11] penteados, **porque** os nossos, se os há, são em geral pobres, feios e desleixad**os.**

(Do livro *Triste fim de Policarpo* **Quaresma**)

Comentários e atividades

[1] *Topografia*: disposição natural do terreno.

[2] *Decerto*, que se escreve numa só palavra, quase sempre exprime dúvida, e **não certeza.**

[3] *Que nem*: locução conjuntiva comparativa.

[4] Procure no dicionário sinônimos de *coeso* e *perspectiva*.

[5] *Angústia* (de espaço) quer dizer estreiteza, aperto.

[6] Esta construção com o verbo *deparar-se* é a que mais se encontra nos escritores**; menos frequente** é *deparar com*.

[7] *Cimalha*: saliência da parte mais alta de uma parede, onde assentam os beira**is do telhado.**

[8] *Mezanino*: janelinha de porão.

[9] *De pau a pique*: construídas sobre paus espetados verticalmente no chão.

[10] *Macadamizado*: calçado a macadame, isto é, com pedra britada comprimi**da.**

[11] Diga qual o valor dos diminutivos *cuidadinhos* e *aparadinhos*.

Redações sugeridas: 1. Meu bairro. — 2. Um passeio pelos subúrbios.

22. O ENTERRO DA CIGARRA

Olegário Mariano

As formigas levavam-na... Chovia.
Era o fim. Triste outono fumarento...
Perto uma fonte, em suave movimento,
Cantigas d'água trêmula carpia.

5 Quando eu a conheci, ela trazia
Na voz um triste e doloroso acento,
Era a cigarra de maior talento,
Mais cantadeira desta freguesia.

Passa o cortejo entre árvores amigas...
10 Que tristeza nas folhas... que tristeza!
Que alegria nos olhos das formigas.

Pobre cigarra! Quando te levavam,
Enquanto te chorava a natureza,
Tuas irmãs e tua mãe cantavam...

(Do livro *Últimas cigarras*, na coletânea *Toda uma vida de poesia*)

Comentários e atividades

[1] *Levavam-na.* Por que o pronome objeto direto tem a forma *na*? — No verso 5 aparece com a forma *a*.

[4] "Carpia (= chorava), trêmula, cantigas d'água".

[8] Dê o masculino de *cantadeira*; qual a palavra primitiva donde provém *freguesia*?

[9] Apresente dois sinônimos para *cortejo*.

[12-14] Escreva estes três versos como se o autor empregasse o tratamento *você*.

23. MEU CARNEIRO JASMIM

José Lins do Rego

Até que afinal conseguira[1] o meu carneiro para montar. Vivia a pedi-lo ao tio Juca, ao primo Baltasar do Beleza, a todos os parentes que tinham rebanho. Um dia chegou um carneiro para mim. Já vinha manso e era mocho.[2] Carneiro nascido para montaria. Chamava-se Jasmim. Via chegar ao engenho os meninos do Zé Medeiros, do Pilar, cada um no seu carneiro arreado, esquipando[3] pela estrada. E uma grande inveja enchia o meu coração.

Comecei então a alimentar o sonho de ser dono também de um cavalinho daqueles. E um sonho de menino é maior que de gente grande, porque fica mais próximo da realidade. O meu tomara conta de todas as minhas faculdades.[4] E de tanto pedir, eu entrara na posse do objeto sonhado. Já tinha o meu carneiro Jasmim. Faltavam-me a sela e os arreios. Sonhei também noites inteiras com o meu corcel todo metido nos seus arreios de luxo. Queria-os, e, por fim, mandaram fazê-los em Itabaiana.

Os canários do Santa-Rosa iriam cantar sem a sedução da minha armadilha escancarada.[5] Era todo agora para o meu carneiro chamado Jasmim. Conduzia-o de manhã para o pasto, levava água fria para ele beber, dava-lhe banho com sabonete, penteava-lhe a lã. E à tardinha saía para os meus passeios. Esses passeios, sozinho, pela estrada, montado no meu Jasmim penteado, arrastavam-me aos pensamentos de melancólico. Deixava a dócil cavalgadura a rédeas soltas,[6] e fugia para dentro no meu íntimo. Pensava em coisas ruins — no meu avô morto, e no que seria do engenho sem ele (...)

O carneirinho, com o passo miúdo, andava os meus caminhos, e eu nem os olhava, embebido que estava nos meus pensamentos (...) Mas um incidente qualquer me arrancava dessas cogitações. E começava a ver a estrada de verdade.

O Jasmim sabia andar os seus caminhos com segurança, conhecia os atalhos e os desvios das poças d'água. Eu parava quase sempre pela porta dos moradores (...) Os filhos corriam para ver o meu carneiro e pediam uma montada. Ficava brincando com eles, com os pequenos servos do meu avô, com eles subindo nas pitombeiras e comendo jenipapo maduro, melado de terra, que encontrávamos pelo chão. Contavam-me muita coisa da vida que levavam, dos ninhos de rola que descobriam, dos preás que pegavam para comer, das botijas de castanha que faziam (...)

O sol já quase escondido, nas minhas caminhadas de volta. Por debaixo das[7] cajazeiras,[8] o escuro frio da noite próxima. O carneiro corria. E o medo daquele silêncio de fim de dia, daquelas sombras pesadas, fazia-me correr depressa com o meu corcel[9]. Trabalhadores, de enxada no ombro, vinham do serviço para casa. Conversavam às gaitadas, como se[10] as doze horas do eito[11] não lhes viessem pesando nas costas.

(Do livro *Menino de engenho*, cap. 27)

Comentários e atividades

[1] *Até que afinal* (= finalmente) é uma locução; classifique-a. — Como se pode saber em que pessoa está o verbo *conseguira*? Qual a outra pessoa que tem a mesma forma?

[2] *Mocho*: sem chifres.

[3] *Esquipar*: andar a montaria num passo em que levanta a um só tempo a mão e o pé do mesmo lado.

[4] *Faculdades*: funções do corpo e espírito.

[5] O menino da história, encantado com o carneiro que ganhara, deixou de lado as armadilhas que costumava usar, para apanhar pássaros.

[6] Classifique e explique a locução *a rédeas soltas*.

_____

_____

[7] *Por debaixo de* não constitui locução, mas compõe-se da preposição *por* e da loc. prepositiva *debaixo de*.

[8] *Cajazeira* é um dos raros nomes de árvore de gênero diferente do fruto.

[9] O autor aplica ao carneiro um nome que se usa para cavalo. Na 1ª frase do 2º parágrafo, aliás, usa, por analogia, *cavalinho*.

[10] A combinação de *como* (conjunção comparativa) e *se* (conj. condicional) dá à comparação o caráter de hipótese, de condição difícil de acreditar.

[11] *Eito*: trabalho pesado, de limpeza a enxada, numa plantação.

Histórias de mentiros - IV

24. A FLOR E A FONTE

Vicente de Carvalho

"Deixa-me, fonte!" dizia
A flor, tonta de terror.
E a fonte, sonora e fria,
Cantava, levando a flor.

5 "Deixa-me, deixa-me, fonte!"
Dizia a flor, a chorar:
"Eu fui nascida no monte...
Não me leves para o mar."

E a fonte, rápida e fria,
10 Com um sussurro zombador,
Por sobre a areia corria,
Corria levando a flor.

"Ai, balanços do meu galho,
Balanços do berço meu;
15 Ai, claras gotas de orvalho,
Caídas do azul do céu..."

Chorava a flor, e gemia,
Branca, branca de terror,
E a fonte, sonora e fria,
20 Rolava, levando a flor.

"Adeus, sombras das ramadas,
Cantigas do rouxinol;
Ai, festa das madrugadas,
Doçuras do pôr do sol;

25 Carícias das brisas leves
Que abrem rasgões de luar...
Fonte, fonte, não me leves,
Não me leves para o mar!"

As correntezas da vida
30 E os restos do meu amor
Resvalam numa descida,
Como a da fonte e da flor...

(Do livro *Rosa, rosa de amor*,
em *Poemas e Canções*)

Comentários e atividades

[1 e 8] Use os verbos *deixar* e *levar* concordando com os tratamentos *vocês* e *vós*.

_____

_____

[3] *Sonoro* é o que produz som.

[7] *Fui nascida*: pretérito perfeito composto com o auxiliar *ser* (= nasci), forma pouco usada.

[10] *Sussurro*: o marulhar da água; o poeta diz "sussurro zombador", como se a fonte estivesse zombando da flor.

[11] *Por sobre* não é locução; explique o valor de cada preposição.

[13-16] A flor chora o tempo em que, balançando no galho em que nascera ("berço"), recebia as límpidas gotas de orvalho.

[21] Dê dois sinônimos de *ramada*, também derivados de *ramo*.

[25-26] A flor recebia, como carícia, o mesmo vento brando que, afastando as nuvens, permitia passagem ("rasgões") ao luar.

[31] *Resvalam:* escorregam. — O poeta, como é muito comum, faz uma comparação entre o destino da flor e o de um seu amor que também estava quase acabando-se.

25. A ONÇA E A RAPOSA

Gastão Cruls

A onça andava querendo pegar a raposa, mas esta[1] era muito ladina e sempre se escapulia.

Ela teve então a ideia de fingir-se morta e, depois de mandar espalhar a notícia entre os outros bichos, espichou-se na cova a fio comprido.[2]

Os outros bichos respiraram de alívio quando souberam da morte do seu mais feroz inimigo, mas quiseram certificar-se com os próprios olhos se dali por diante poderiam viver mesmo descansados.

Confiantes, eles já estavam bem próximos da onça, que continuava imóvel, estirada no chão, quando a raposa chegou apressada e perguntou-lhes:

— Ela já arrotou?

— Não — responderam os outros bichos.

— Pois olhe que o defunto meu avô arrotou três vezes quando morreu — afirmou a raposa.

A onça, ouvindo isto, deu logo três arrotos. A raposa riu-se e disse:

— Quem já viu alguém arrotar depois de morto?

E todos zarparam numa corrida.

(Do livro A Amazônia misteriosa)

Comentários e atividades

[1] Repare na locução verbal *andava querendo pegar*: o verbo principal é *pegar*: *andava* e *querendo* são auxiliares. (V. § 151.) — *Esta* é pronome demonstrativo substantivo, pois substitui *raposa*.

[2] *A fio comprido*: locução adverbial de modo = horizontalmente.

Exercícios sugeridos pelo texto

1. Aponte três adjetivos em função de predicativo (§ 8º).

2. Classifique os pronomes que se encontram na leitura.

26. VOZES DE ANIMAIS

Pedro Diniz

Palram pega e papagaio
E *cacareja* a galinha,
Os ternos pombos *arrulham*,
Geme a rola inocentinha.

5 *Muge* a vaca, *berra* o touro,
Grasna a rã, *ruge* o leão,
O gato *mia*, *uiva* o lobo,
Também *uiva* e *ladra* o cão.

Relincha o nobre cavalo,
10 Os elefantes dão *urros*,
A tímida ovelha *bala*,
Zurrar é próprio dos burros.

Regouga a sagaz raposa,
Brutinho muito matreiro;
15 Nos ramos *cantam* as aves,
Mas *pia* o mocho agoureiro.

Sabem as aves ligeiras
O *canto* seu variar;
Fazem *gorjeio* às vezes,
20 Às vezes põem-se a *chilrar*.

O pardal, daninho aos campos,
Não aprendeu a *cantar*;
Como os ratos e as doninhas,
Apenas sabe *chiar*.

25 O negro corvo *crocita*,
Zune o mosquito enfadonho,
A serpente no deserto
Solta *assobio* medonho.

Chia a lebre, *grasna* o pato,
30 Ouvem-se os porcos *grunhir*,
Libando o suco das flores,
Costuma a abelha *zumbir*.

Bramam os tigres, as onças,
Pia, pia, o pintainho,
35 *Cucurica* e *canta* o galo,
Late e *gane* o cachorrinho.

A vitelinha dá *berros*,
O cordeirinho *balidos*,
O macaquinho dá *guinchos*,
40 A criancinha *vagidos*.

A *fala* foi dada ao homem,
Rei dos outros animais
Nos versos lidos acima
Se encontram em pobre rima
45 As vozes dos principais.

(Tirado do *Manual de português*,
de Celso Cunha)

Comentários e atividades

[1] Pega (com ê fechado) é ave europeia da mesma família do corvo, de coloração preta.

[14] *Brutinho*: diminutivo de *bruto*, nome pelo qual se designam, em geral, os animais irracionais.

[16] *Mocho*: coruja; *agoureiro* ou *agourento*: que traz mau agouro, isto é, má sorte.

[31] *Libar*: sugar.

[34] *Pintainho* tem como forma variante, mais comum, *pintinho*.

[44] *Rima* é a coincidência dos sons no fim dos versos: há rima quando são iguais os fonemas a partir da última vogal tônica de dois ou mais versos próximos: *balidos — vagidos, rima — acima* etc.

Encontre pelo menos dois sinônimos para: *terno* (v. 3), *tímido* (v. 11), *daninho* (v. 21), *enfadonho* (v. 26); procure também dois antônimos para cada um desses adjetivos.

_____

_____

_____

27. BORBOLETAS

Vivaldo Coaracy

Dias seguidos de chuva. Alegria entre as plantas do jardim, esturricadas[1] pela seca, queimadas pelo sol. As folhas dos caládios espalmam-se, sequiosas, para receber a água que o céu sobre[2] elas despeja. Pelo saibro, entre os canteiros, formam-se regos por onde[3] escorrem miniaturas de riachos....

E assim foi[4] por dias e dias seguidos. Hoje, porém, depois do almoço, houve uma longa estiada....

Já observaram como é lindo o primeiro raio de sol que atravessa as nuvens depois de um período de chuvarada?[5] Tem um brilho e encanto que o tornam inconfundível. O ar está lavado, expurgado das poeiras, fumaças e outras sujidades que habitualmente o poluem e que não sentimos porque já estamos acostumados a respirá-las.[6] A faixa de luz atravessa-o[6] pura e limpa, incontaminada. Só então podemos ver e apreciar a verdadeira cor, de ouro claro volatilizado, de um raio de sol...

Pois[7] hoje um raio de sol assim afastou o biombo[8] das nuvens e veio vestir o meu jardim. As plantas estavam limpas e brunidas, e a luz que as banhou pôs em relevo[9] verdadeiras cores, a sutil distinção dos matizes. Só[10] o sol que vem logo depois de uma chuva longa nos mostra as verdadeiras cores da folhagem, em toda a opulência e variedade dos verdes,[11] em toda a[12] riqueza de uma gradação infinita de coloridos...

O meu raio de sol, o primeiro depois de tantos dias, envolveu a cerca toda[12] num grande amplexo, como que[13] a matar saudades. Transformou em diamantes e pérolas todas as gotas de água debruçadas à[14] beira das folhas. Trouxe uma cor mais quente ao róseo dos cachos do amor-agarradinho e ao violeta das ipomeias. Acariciou longamente o verde-escuro[15] das folhas de guaco. Debruou de cetim a renda clara das folhas do jacarandazinho que se apruma, petulante, em meio de tudo aquilo.

E enquanto[16] eu olhava, deslumbrado, a demonstração de magia, elas surgiram. Não sei como,[17] não sei donde;[17] mas de repente ali estavam. As borboletas. Dir-se-ia[18] que haviam sido criadas pelo sol,[19] Não eram muito grandes, tamanho médio. Todas iguais. Amarelas, de um amarelo claro e vivo, a destacar-se como um grito de alegria sobre o verde lavado da folhagem. Surgiam em bando numeroso, não sei quantas, como um corpo de baile, em piruetas. E em torno dos cachos cor-de-rosa[20] iniciaram o bailado. Subiam, desciam, avançavam recuavam, cruzavam-se, pousavam um momento para logo alçar-se de novo em voo ondulante, traçando no ar os arabescos complexos de uma coreografia delirante, cujas curvas meus olhos hipnotizados[21] não conseguiam acompanhar. Era uma explosão pirotécnica[22] de alegria, em voltejos e rodopios, a celebrar a glória do sol.

O sol demorou-se pouco. Distribuiu carícias e sorrisos e, satisfeito ao ver que tudo estava em ordem neste pedacinho do seu mundo, recolheu-se de novo atrás da cortina para envolver-se no cobertor das nuvens. O céu fechou-se mais uma vez. A capa cinzenta tornou a se[23] unir, recobertos os rasgões e esgarçados. Não mais se adivinhou[24] o forro azul. E a chuva voltou a cair, mansinha e persistente, prometendo enfiar pelo resto do dia e pela noite adentro.

E as borboletas? As borboletas desapareceram. De repente, como haviam surgido, sem deixar vestígios. Sumiram. Não sei como, nem sei para onde. Possivelmente estarão por aí,[25] escondidas no meio da folhagem, esperando que apareça, por poucos momentos que seja, outro raio de sol dentro do qual possam bailar. Esperam serenas porque sabem que outros raios de sol hão de vir.[26] E saboreiam em silêncio a alegria que tiveram... Vou aguardar[26] a volta das minhas borboletas.

(Do livro *Cata-vento*)

Comentários e atividades

[1] *Esturricadas* ou *estorricadas*: muito secas; ressequidas; quase queimadas.

[2] Qual o antecedente (§ 171-2) de *sobre*?

[3] *Por onde*: pelos quais; repare no valor relativo de *onde* e diga qual o seu antecedente.

[4] *Foi*: aconteceu; nesta frase, *ser* é verbo intransitivo.

[5] Que valor tem, aqui, o sufixo *-arada*?

[6] Atente nas várias formas que assume o pronome átono objeto direto de 3ª pessoa, conforme a terminação do verbo.

[7] *Pois*, em casos deste, é palavra continuativa.

[8] *Biombo*. Muitas vezes os escritores utilizam certas palavras fora do seu sentido usual, no que se chama "sentido figurado", com o intuito de embelezar e tornar mais expressivo o estilo ou maneira de escrever. Deixam-se levar, principalmente, por certas semelhanças, ou comparações, que fazemos em nosso espírito: como se fossem um biombo, as nuvens impediam a visão do céu azul; tal como quem veste uma roupa nova, assim pareciam as plantas do jardim aos raios do sol. Aponte outros termos usados em sentido figurado.

[9] *Pôr em relevo*: acentuar, salientar.

[10] Classifique o *só* (não é advérbio).

[11] *Verde*, aqui é nome substantivo; forme uma frase em que seja nome adjetivo.

[12] *Toda a riqueza* = a riqueza toda (V., adiante, "a cerca toda"); *toda riqueza, toda cerca*, sem artigo, significaria: qualquer riqueza, qualquer cerca.

[13] *Como que*: como; o *que* serve de realce.

[14] Explique por que se acentua o *a*.

[15] Forme o feminino plural de *verde-escuro* e o plural de *amor-agarradinho*.

[16] Classifique *enquanto*.

[17] Que verbo se pode subentender após os advérbios *como* e *donde*?

[18] Por que esta colocação do pronome *se*?

[19] Passe para a voz ativa (§ 141): "Haviam sido criadas pelo sol".

[20] Repare que o adjetivo composto *cor-de-rosa* é invariável.

[21] *Hipnotizados*: muito fixos, como que magnetizados pela atenção.

[22] *Pirotécnico*: de fogos de artifício.

[23] Também estaria certa a colocação "a unir-se"; fazendo a próclise, neste caso, o autor evitou a sucessão, desagradável para o ouvido, de hiatos que se formariam ("*tornou a unir-se*").

[24] Atente à ortografia de *adivinhar*, com a sílaba *di*.

[25] Repare-se no valor indefinido que tem, nesta locução, o advérbio *aí*.

[26] Analise *hão de vir* e *vou aguardar* (§ 151).

Lições que a vida nos dá

28. O TEMPO É DE FLAMBOYANT[1]

Por que somos tão cegos às vezes aos "milagres" vegetais que acontecem anualmente? No entanto, que outra finalidade tem a Beleza senão deslumbrar-nos?

(...) Em novembro tudo é expectativa:[2] o *flamboyant* se prepara para a gloriosa festa de verão. As flores chegam de repente, apressadas demais, antes mesmo de a filigranada[3] folhagem completar seu misterioso trabalho. Em dezembro é uma festa para os olhos aquele exagero de cor: a árvore explode em vermelho, como incendiada, e continua assim, tingindo a paisagem do Ano Novo.

Quando o horizonte se alarga (Lagoa Rodrigo de Freitas ou Ilha de Paquetá), o *flamboyant* aparece em toda a sua dignidade e beleza (...)

Adoro *flamboyant*! Para mim é sinal definitivo da chegada do verão. Sinto que há música no rendilhado de sua folhagem; mas só conseguem ouvi-la os que se abrigam, em quietude contemplativa, na quente solidão de um grande silêncio emocionado — os poetas e os namorados.

Você que se entedia no monótono de uma tarde vazia, penetre outra vez na alegria da vida, pela contemplação da natureza milagrosa: *AGORA É TEMPO DE FLAMBOYANT*!

(Adaptado de um artigo de GENERICE VIEIRA, no *Jornal do Brasil*)

Comentários e atividades

[1] *Flamboyant* (pronuncia-se | flambuaiã |), nome de uma bela árvore cujas flores vermelhas recobrem toda a sua copa, é palavra francesa que quer dizer "chamejante".

[2] *Expectativa*: espera ansiosa.

[3] *Filigranada*: rendilhada.

Sugestões para redação: 1. Um jardim florido. 2. O entardecer no verão.

29. O PASTORZINHO ADORMECIDO

Malba Tahan

Vencido pela fadiga, o pobre pastorzinho deitou-se à[1] sombra de uma grande árvore, a margem da estrada, e dormiu placidamente.

Que[2] idade poderia ter aquele pegureiro de feições tão delicadas? Quinze ou dezesseis anos, talvez... Era um adolescente.[3]

Passou pela grande estrada o Rei com sua rutilante guarda de nobres e cavaleiros. O poderoso monarca não tinha filhos, e procurava ansioso pelo mundo um herdeiro digno de sua invejável coroa. Ao avistar, pois, o jovem zagal, o Rei parou e, dirigindo-se ao oficial que o acompanhava, disse-lhe:

— Que[2] belo menino vejo ali, a dormir, sob aquela árvore! Se a boa sorte o colocou no meu caminho, para que contrariar o Destino?[4] Tenho o pressentimento de que[2] poderei realizar agora o sonho admirável de minha vida! Vou levar aquele jovem para o meu palácio e fazê-lo herdeiro do meu trono e de meus tesouros.

E o Rei desceu de sua bela carruagem e aproximou-se cuidadoso do pastorzinho adormecido.

Mas — como é incerto e caprichoso o destino[4] das criaturas! — o pastorzinho dormia tão sereno, tão tranquilo, que[2] o poderoso monarca ficou com pena de acordá-lo.

— Não, não o despertarei agora — exclamou afinal. — Seria uma crueldade arrancá-lo às delícias do sono. Voltarei depois.

E, deixando o pastorzinho adormecido, seguiu a jornada, pela estrada longa, para nunca mais voltar...

*

Momentos depois, pela estrada silenciosa passava uma formosa princesa, com suas aias e damas de companhia. Acentuadamente romântica, não hesitava em satisfazer as fantasias mais extravagantes que lhe ditava o arrebatado coração. Ao pousar os olhos no pastorzinho adormecido, encheu-se de súbita alegria e exclamou:

— Que lindo rapaz vejo ali, a dormir, descuidado, sob aquela árvore! Tem, precisamente, as feições admiráveis do noivo que sonhei para mim. Vou levá-lo, agora mesmo, para o palácio de meus pais e elegê-lo meu futuro esposo. Sinto-me, desde já, loucamente apaixonada por esse louro pastorzinho!

E a sentimental princesa aproximou-se leve e delicadamente[5] do eleito de seu coração.

Mas — como é incerto e caprichoso o destino das criaturas! — o jovem dormia tão plácido, tão tranquilo, que a princesinha romântica ficou com pena de acordá-lo.

— Não! Seria impiedade despertá-lo agora! É bem possível que esteja até a sonhar comigo! Voltarei depois, ao cair da tarde!

E a encantadora filha de reis, deixando o pastorzinho adormecido, seguiu jornada, pela longa estrada, para nunca mais voltar.

*

....

Meus amigos, reparai[6] bem.

Quantas vezes, em meio do turbilhão de vossa existência, não ficastes,[7] como o pastorzinho da lenda, adormecidos à margem da grande estrada da Vida? E de vós também se aproximaram, em certos momentos, sem que pudésseis perceber, a Fortuna e o Amor...?

(Do livro *Minha vida querida*)

Comentários e atividades

[1] Explicar as duas crases que figuram no 1º período.

[2] Classificar os *quês* assinalados no texto.

[3] Qual a função sintática de *adolescente*? (Repare no verbo!)

[4] O substantivo *destino*, que é abstrato em "É caprichoso o *destino* das criaturas", torna-se concreto nesta outra frase: "Para que contrariar o *Destino*?", em que a palavra se 'personifica', isto é, é imaginada como um ser real. O mesmo acontece com *amor*, habitualmente abstrato, mas concreto na última frase desta história.

[5] "...*leve e delicadamente*..." (V. § 168.)

[6] Conjugue em todas as pessoas: *reparai bem*.

[7] Faça a análise morfológica de *ficastes*.

Exercícios de vocabulário

Indique todos os sinônimos de *pastor* que aparecem na leitura.

Substitua por sinônimos as palavras grifadas, fazendo, quando preciso, as adaptações necessárias:

a) *Vencido* pela *fadiga*, dormiu *placidamente*.

b) Tenho o *pressentimento* de que poderei *realizar* agora o *sonho admirável* de minha *vida*!

c) Como é *incerto* e *caprichoso* o *destino* das *criaturas*!

d) Seria *impiedade* despertá-lo *agora*!

e) O seu *arrebatado* coração *encheu-se* de *súbita* alegria.

Encontre um sinônimo e dois antônimos para cada palavra ou locução destacada:

    feições *delicadas*

    invejável coroa

    contrariar o Destino

    cuidadoso

    crueldade

    estrada *silenciosa*

    ao *cair da tarde*

30. VELHA ANEDOTA

Artur Azevedo

Tertuliano, frívolo peralta,
Que foi um paspalhão desde fedelho,
Tipo incapaz de ouvir um bom conselho,
Tipo que, morto, não faria falta,

5   Lá num dia deixou de andar à malta,
E indo à casa do pai, honrado velho,
A sós na sala, diante de um espelho,
À própria imagem disse em voz bem alta:

— Tertuliano, és um rapaz formoso!
10 És simpático, és rico, és talentoso!
Que mais no mundo se te faz preciso?

Penetrando na sala, o pai sisudo,
Que por trás da cortina ouvira tudo,
Severamente respondeu: — Juízo!

(Do livro *Rimas* de Artur Azevedo)

Comentários e atividades

[2] *Fedelho*: muito criança; criançola.

[5] *Lá*, neste verso, é palavra de realce, e não advérbio; — *à malta*: na vadiagem.

[12] *Sisudo*: ajuizado.

Exercício sugerido

Faça uma lista dos adjetivos que funcionam como predicativo, outra dos que têm a função de adjunto adnominal.

Trovas

No coração moram sonhos,
Como pombas nos pombais...
Mas as pombas vão e vêm,
Eles vão, não voltam mais...
*
De muita gente que existe
E que julgamos ditosa,
Toda a ventura consiste
Em parecer venturosa.

Coitado do mentiroso:
Mente uma vez, mente sempre;
Mesmo que fale verdade,
Todos lhe dizem que mente.
*
É nossa alma uma criança
que nunca sabe o que faz:
— quer tudo que não alcança,
quando alcança não quer mais.

31. O RIACHO CRISTALINO

TRISTÃO DE ATAÍDE

Certa[1] tarde, depois de um dia de sol, do mais ardente[2] sol do sertão, começou o céu a cobrir-se de negro. Não havia nas redondezas um rancho, uma tapera, uma furna sequer,[3] que abrigasse a tropa. Resolveram então, Arinos e camaradas, armar barracas na própria chã, ao sopé de pequeno cômoro, a cujas faldas corria um riacho de águas cristalinas. Tão claras eram elas, que se podia ver o colorido[4] dos pedrouços, formando-lhe o leito. Armadas as barracas, abrigados caminheiros e camaradas, roncou a tormenta. E só quem já assistiu[5] às trovoadas do sertão, que aos mais afoitos apavoram, pode compreender o que tenham sido essas horas de elementos[6] em fúria. Toda a[7] noite, uivando por arrancar dos esteios as lonas frágeis, rodou o vento; e torrentes de água ensopavam a terra, inundando o abrigo ilusório dos viajantes. Pela madrugada, amainou o tempo, e mal[8] se quebraram as barras,[9] saiu Arinos a[10] ver os estragos causados pela tempestade e a apreciar a torrente impetuosa de lama em que, seguramente, se teria convertido[11] o paradisíaco riacho da véspera. Qual não[12] foi o seu espanto ao observar-lhe as águas tranquilas, mais túmidas por certo, mas tão imaculadas como ele as vira[13] ao recolher-se! A enxurrada, coando pelo leito pétreo das nascentes e do curso do regato, não conseguira macular o cristal das águas!

(Do livro *Afonso Arinos*)

Comentários e atividades

[1] *Certo* (e suas flexões), quando antes de substantivo, é pronome indefinido: "*certa* tarde", isto é, "*uma* tarde"; após o substantivo é nome adjetivo, significando "exato": "quantidade *certa*".

[2] Diga em que grau está o adjetivo *ardente*.

[3] *Sequer*, antecedido de substantivo e do artigo indefinido *um*, *uma*, é pronome indefinido: "*uma furna* SEQUER" equivale a "*qualquer furna*".

[4] É comum, como no texto, a substantivação de um adjetivo com a anteposição do artigo; assim como o autor escreveu "o *colorido* dos pedrouços", pode dizer-se "o *cristalino* das águas", "o *frágil* das lonas".

[5] O verbo *assistir*, quando significa "presenciar", é transitivo indireto, seguido da preposição *a*. Daí a crase com o artigo: "assistiu *às* trovoadas". Mas sem crase: "presenciou *as* trovoadas", "viu *as* trovoadas", porque *presenciar* e *ver* não pedem preposição *a*: são transitivos diretos.

[6] *Elementos*, aqui, quer dizer: as forças da natureza — o vento, a chuva, os relâmpagos e trovões.

[7] *Todo, toda*, seguidos de artigo definido (*todo o, toda a*), exprimem inteireza, totalidade; "*toda a noite*", portanto, é "a noite inteira". Sem artigo = "qualquer" indicando repetição: "*Toda* noite durmo às nove horas" (isto é, "qualquer noite", "todas as noites").

[8] Classifique a palavra *mal* (V. § 169, nº 2).

___

[9] "*Mal se quebraram as barras*" quer dizer: "mal amanheceu, mal o sol desfez ("quebrou") as faixas ("barras") da escuridão".

[10] "*Saiu a ver*": seguindo-se a verbo que indica movimento, é usual a preposição *a* com valor final, em lugar de *para*.

[11] Tente explicar este emprego do futuro do pretérito composto (V. § 146, 3º, d).

___

[12] Em frases como esta, *não* é palavra de realce, sem valor negativo; na verdade, o seu espanto existiu, e foi muito (= *qual*, pronome indefinido).

[13] Em que tempo está *vira*? Conjugue no mesmo tempo todas as outras pessoas e diga que outro verbo tem, noutro tempo, algumas formas iguais.

___

___

O valor dos sinônimos

Repare: 1. Como estava doente, recolheu-se ao *leito*.
2. Pedrouços formavam o *leito* do rio.
Na 1ª frase, *leito* pode substituir-se por *cama*, o que é impossível na 2ª. Então anote:

___

Só na frase ressalta a significação das palavras.

___

Nem sempre, como se vê do exemplo, é indiferente o emprego dos sinônimos. Atente sempre a isso ao fazer os seus exercícios.

Exercícios sugeridos

1. Reescreva a leitura, substituindo por sinônimos todas as palavras e locuções que for possível; faça as adaptações necessárias.

   Modelo: *Uma* tarde, *após* um dia *ensolarado*,... , *principiou* o céu a *enegrecer*.

2. De um substantivo concreto se podem derivar adjetivos, com o auxílio de certos sufixos, podendo o radical sofrer, às vezes, modificações:

cristal – cristalino, paraíso – paradisíaco, pedra – pétreo.

Forme, então, dos substantivos seguintes, os adjetivos correspondentes, e use-os como adjuntos dos substantivos que vêm a seguir:

inferno – barulho; *ferro* – vontade; *chuva* – águas; *terra* – criaturas; *noite* – ave; *escola* – atividades; *vidro* – olhar; *cabelos* – tônico; *mão* – trabalho; *cavalo* – dentes; *porco* – gordura; *boi* – carne; *inverno* – frio; *água* – planta; *lodo* – pedras; *cinza* – céu; *estudante* – banda; *olhos* – globo; *boca* – som; *boca* – cavidade; *nariz* – fossas; *rei* – porte; *primavera* – clima; *verão* – calor; *outono* – frutas;

Sufixos que se devem usar: -ai, -ar, -eno, -ento, -ico, -ino, -il, -io, -eo, -oso, -urno.

Modelo: *dia* – trabalho *diurno*.

32. BAHIA

RIBEIRO COUTO

Nas águas nostálgicas do Recôncavo
Espelhas a tua nobre velhice,
Bahia de Todos os Santos, de todas as glórias.

Os comerciantes, com suas famílias, estão à fresca
5   Nas janelas coloniais onde há vasos de flor.
Tantas torres, tantas palmeiras e tanto céu!

Os dendezeiros afetuosos, de vigia na paisagem,
Tomam conta dos horizontes e acenam para as igrejas.
As caravelas holandesas? Deixa estar, não voltam mais...

10   Ao bater das trindades em Nosso Senhor do Bonfim,
As negras risonhas que vendem comidas de nome africano
Passam, com graça indolente, no crepúsculo.

Tudo é feitiço, nas tuas ruas, no teu céu, nas tuas águas.
O vento é morno e faz carícias (dengues mulatos)
¹⁵ Dizendo baixo uns mansos convites que me amolentam.

Bahia, bem que te escuto a boa cantiga,
Aquela carinhosa, meiga cantiga
Com que embalaste a nação no berço.

Esta noite, ao ficar sob o teu céu, Bahia,
²⁰ Quero sentir no peito a tua mão de afago
E adormecer ao som da tua voz materna.

(Do livro *Noroeste e outros poemas do Brasil*)

Comentários e atividades

Este poema nos mostra que a 'rima', tão habitual nos versos, não é elemento essencial à poesia: é apenas mais um enfeite, dos tantos que os poetas utilizam. Grandes poetas de nossa língua *têm usado* e *usam* versos sem rima, conhecidos como "versos brancos" ou "versos soltos".

[1] *Nostálgico*: melancólico; neste verso tem sentido mais ativo: que provoca nostalgia, isto é, que traz saudades da terra natal. — *Recôncavo* é uma região do estado da Bahia onde se localiza Salvador.

[10] *Trindades*: o toque das ave-marias, às 6 horas da tarde.

[14] *Dengue*: faceirice.

[18] Por que chama o autor a Bahia de "berço" do Brasil?

33. O ELEFANTE E AS FORMIGAS

Gustavo Barroso

Tendo um elefante, ao passar pelas veredas da floresta, esmagado sem ver uma fila de formigas, estas ficaram muito tristes e mandaram-lhe as mais argutas do formigueiro em embaixada, para pedir-lhe que, quando andasse por aqueles lados, prestasse um pouco de atenção aos seus passos, evitando matar bichos que lhe não faziam o menor mal.

As formigas embaixadoras[1] treparam a um tronco de árvore, a fim de falar ao elefante; porém este, quando viu o seu pequenino tamanho e a sua fraqueza, encheu-se de desprezo e, metendo a tromba num charco, aspirou água que sobre elas soprou num jato, matando-as todas.

Todo o formigueiro ficou furioso com a morte das suas embaixadoras[1] e declarou guerra ao elefante, que recebeu essa notícia às gargalhadas.

Contudo, à noite, enquanto dormia, as formigas, em aluvião,[2] vieram roer-lhe a planta dos pés. Pela manhã, mal começou a andar, o elefante sentiu dores nas solas das patas, não aguentou a aspereza do saibro e correu para uma lagoa.

As formigas tinham cavado[3] túneis subterrâneos nas duas margens. Ao peso do paquiderme, o terreno abateu e ele despejou-se da ribanceira nas águas fundas, onde pereceu afogado.

E as formigas ajudaram a devorar-lhe o corpo imenso.

(Do livro *Apólogos orientais*)

Comentários e atividades

[1] *Embaixadoras*, em vez de *embaixatrizes*; na 1ª vez, no texto, a palavra é adjetivo; na 2ª, porém, é substantivo. Há de ter contribuído para o feminino menos usual o fato de fazer-se referência a animais, e não a pessoas.

[2] *Aluvião*, que propriamente quer dizer "inundação", "enxurrada", aqui se usa com valor coletivo: grande número. — A palavra é do gênero feminino.

[3] Em que tempo está o verbo *cavar*?

---

34. ILUSÕES DA VIDA

Francisco Otaviano

¹ Quem passou pela vida em branca nuvem,
E em plácido repouso adormeceu;
Quem não sentiu o frio da desgraça;
Quem passou pela vida e não sofreu;
⁵ Foi espectro de homem, não foi homem,
Só passou pela vida, não viveu.

(Da *Antologia romântica*, organizada por Manuel Bandeira)

Comentários e atividades

[1] *Em branca nuvem*: sem realizar nada proveitoso.

[5] *Espectro*: sombra, imitação.

Trovas

Quem corre nem sempre alcança
Nem vence por madrugar;
Quem quiser chegar a tempo
Ande firme e devagar.

*

Eu quero dar um conselho
A quem o quiser tomar:
Quem quiser viver no mundo
Há de ouvir, ver e calar.

Quem muito alto quer subir
Sem ter asas pra voar,
As nuvens já estão se rindo
Da queda que ele há de dar.

*

Morre um afeto, outro nasce,
Passa um desejo, outro vem,
Depois de um sonho, outro sonho
De tantos que a vida tem.

35. SANTO[1] TOMÁS E O BOI QUE VOAVA

Humberto de Campos

Contam os fastos[2] da Ordem de S. Domingos que, achando-se S. Tomás de Aquino em sua cela, no Convento de S. Tiago, curvado sobre obscuros manuscritos medievais,[3] ali entrou, de repente, um frade folgazão, o qual foi exclamando com escândalo:

— Vinde ver, irmão Tomás, vinde ver um boi voando!

Tranquilamente, o grande doutor da Igreja ergueu-se do seu banco, deixou a cela[4] e, vindo para o átrio[5] do mosteiro, pôs-se a olhar o céu, a mão em pala sobre os olhos fatigados do estudo. Ao vê-lo assim, o frade jovial desatou a rir com estrépito:

— Ora, irmão Tomás, então sois tão crédulo a ponto de acreditar que um boi pudesse voar?

— Por que não, meu irmão? — retrucou Tomás de Aquino.

E com a mesma singeleza, flor da sabedoria:[6]

— Eu preferi admitir que um boi voasse a[7] acreditar que um religioso pudesse mentir.

Comentários e atividades

[1] *Santo* Tomás é forma de uso clássico; *São* Tomás é a que mais se usa hoje em dia.

[2] *Fastos* ou *anais* são os livros que registram fatos ou obras memoráveis.

[3] *Medievais*: da Idade Média.

[4] *Cela* é o pequeno aposento de um religioso num convento; e *sela*?

_____

[5] *Átrio*: pátio.

[6] *Flor da sabedoria* tem que função sintática?

_____

[7] Repare que o verbo *preferir* se constrói com a prep. *a* e não com a locução *do que*.

Exercícios sugeridos pelo texto

1. Relacione as locuções verbais que ocorrem neste trecho; diga que valor tem o verbo auxiliar que figura em cada uma delas (V. § 151).

2. Ponha nos tratamentos *tu* e *você* os verbos que estão na 2ª pessoa do plural.

36. A CORUJA E A ÁGUIA

Monteiro Lobato

Coruja e águia, depois de muita briga, resolveram fazer as pazes.
— Basta de guerra — disse a coruja. — O mundo é grande, e tolice maior que o mundo é andarmos a comer os filhotes uma da outra.
— Perfeitamente[1] — respondeu a águia. — Também eu não quero outra coisa.
— Nesse caso combinemos isto: de ora[2] em diante não comerás nunca os meus filhotes.
— Muito bem. Mas como posso distinguir os teus filhotes?
— Coisa fácil. Sempre que encontrares uns borrachos[3] lindos, bem feitinhos de corpo, alegres, cheios de uma graça especial que não existe em filhote de nenhuma outra ave, já sabes, são os meus.
— Está feito! — concluiu a águia.

Dias depois, andando à caça, a águia encontrou um ninho com três mostrengos[4] dentro, que piavam de bico muito aberto.

— Horríveis bichos! — disse ela. — Vê-se logo que não são os filhos da coruja.

E comeu-os.

Mas eram os filhos da coruja. Ao regressar à toca, a triste mãe chorou amargamente o desastre e foi justar[5] contas com a rainha das aves.

— Quê?[6] — disse esta, admirada. — Eram teus filhos aqueles mostrenguinhos? Pois, olha, não se pareciam nada com o retrato que deles me fizeste...

Comentários e atividades

Para retrato de filho ninguém acredite em pintor pai. Já diz o ditado: "*Quem o feio ama, bonito lhe parece*".

[1] *Perfeitamente*, aqui, não deve classificar-se como advérbio de modo; como você o classifica? (V. § 170, 7).

[2] Nesta frase, dê um sinônimo de *ora*, e classifique-o.

[3] *Borracho*: filhote ainda implume (= sem penas) do pombo e, por extensão, também de outras aves.

[4] *Mostrengo* (sem *n* na 1ª sílaba) é forma tradicional relacionada com *mostrar*; hoje é mais corrente *monstrengo*, por influência de *monstro*.

[5] *Justar*, aqui, é forma variante de *ajustar*; também significa "competir", "combater", "entrar em justa" (= competição, torneio entre homens armados de lanças).

[6] Por que recebe acento circunflexo este *quê*?

Exercício de redação: Feche o livro e reconte, com suas próprias expressões, a fábula que acaba de ler.

37. A NOITE SANTA

Selma Lagerlöf
(escritora sueca)

Era uma vez um homem que saiu por uma noite escura em busca de fogo. Batia a todas as portas, implorando:

— Socorrei-me, boas almas! Minha mulher acaba de ter um filho e eu preciso acender lume para aquecê-la e ao pequenino.

Mas já era alta noite; toda a gente estava dormindo, e ninguém lhe respondia. De repente o homem enxergou ao longe um clarão e, caminhando para lá, viu uma fogueira acesa, e à volta dela um rebanho de carneiros brancos dormindo, e um velho pastor a guardá-los, também mergulhado no sono.

Quando o homem que andava à procura de brasas chegou ao pé dos carneiros, despertou com o barulho dos seus passos três canzarrões que estavam dormindo aos pés do pastor. Abriram os cães as largas bocas para ladrar; mas nenhum som saiu delas. O homem notou que o pelo dos ferozes animais se erriçava[1] e que as suas presas[2] aguçadas luziam ao clarão da fogueira. E todos três se atiraram a ele. Um[3] abocanhou-lhe uma perna, outro uma das mãos, e o terceiro lançou-se-lhe à garganta; mas as mandíbulas e os dentes recusaram-se ao serviço, e o homem nada sofreu.

Quis ele então abeirar-se mais do fogo, para de lá tirar algumas brasas. Mas os carneiros eram tantos e estavam deitados tão juntinhos, que não havia caminho por entre[4] eles. O homem teve de pisá-los[5] para avançar; e nenhum deles acordou, nem se mexeu.

Quando o homem chegou junto à fogueira, o pastor levantou a cabeça. Era criatura ruim e mal-encarada. Ao ver ali o desconhecido, pegou do[6] seu cajado de ponta muito aguçada e atirou-o contra ele. Assobiando[7] no ar, o cajado voou direto ao homem; quando, porém, ia atingi-lo, desviou-se dele e foi espetar-se na terra.

Então o homem, aproximando-se do pastor, falou-lhe assim: — Compadece-te de mim, amigo, e deixa-me levar algumas brasas. Minha mulher acaba de ter um filho, e eu precisava acender fogo, para agasalhar a ela e ao pequenino.

A primeira ideia do pastor foi recusar; mas depois pensou nos cães que não tinham ladrado nem mordido, nos cordeiros que não tinham fugido, no cajado que não tinha querido ferir o homem. E sentiu um vago terror.

— Leva o que quiseres — respondeu.

Ora, o fogo estava quase apagando-se. Já não havia galhos nem achas grandes a arder: só um monte de brasas miúdas; e o homem não tinha pá, nem qualquer coisa em que pudesse levá-las. Ao ver isto, o pastor repetiu:

— Leva quanto[8] queiras.

E no íntimo se regozijava, por ver que o homem não poderia levar o fogo nas mãos nuas. Mas ele, abaixando-se, afastou as cinzas, agarrou uma porção de brasas incandescentes e colocou-as numa aba da veste. E os tições não lhe queimaram nem as mãos nem[9] a roupa, e ele seguiu com as brasas, como se fossem nozes ou maçãs.

O pastor, vendo tudo isto, pensou consigo: "Mas que noite é esta, em que os cães não mordem, e os carneiros não se espantam, e o cajado não fere, e as brasas não queimam?" Chamou então o homem e perguntou-lhe:

— Que noite é esta, em que as próprias coisas se mostram capazes de piedade?

E o homem respondeu:

— Se não és capaz de percebê-lo[10] por ti próprio, de nada me servirá explicar-te.

E afastou-se, para ir levar calor à mulher e ao filho.

Então resolveu o pastor não perder de vista o desconhecido, até que soubesse o que significava tudo aquilo. Levantou-se, pois,[11] e seguiu atrás dele.

Depressa viu que o pobre homem nem sequer[12] tinha uma cabana para morar. A mulher e o filhinho estavam deitados numa espécie de caverna aberta na montanha e cujas paredes eram nuas e frias.

Pensou então no perigo de morrer de frio que a criança corria e, duro e mau como era, sentiu-se contudo abalado por tamanha[13] miséria. Do saco que trazia ao ombro retirou uma pele branca muito macia e entregou-a ao desconhecido, dizendo-lhe que deitasse nela o pequenino.

Mas, no mesmo instante em que acabava de dar esta primeira prova de caridade e mansidão, os seus olhos abriram-se à Verdade, e ele viu o que até aí não tinha podido ver, e ouviu o que não pudera ouvir:

À sua roda havia um círculo de anjos com asas muito brancas e de mais brilho que a prata. Cada um trazia na mão uma lira ou cítara,[14] e todos cantavam, em voz clara e sonora, que tinha enfim nascido o Salvador, vindo[15] ao mundo para remir os pecados dos homens.

E o pastor compreendeu então porque é que nessa noite rara as próprias coisas brutas se recusavam a fazer o mal. Por toda a parte via agora grupos de anjos, e não apenas dentro da humilde gruta: via-os espalhados pela encosta do monte, ou adejando pelo céu. Bandos deles vinham deslizando pela estrada, e todos paravam junto da gruta, a contemplar o recém--nascido.

E tudo era contentamento, júbilo, suaves cânticos, harmonias festivas. E o pastor distinguia agora tudo isso na escuridão da noite, na mesma treva onde nada via pouco antes.

O que aquele pastor estava vendo, todos nós podemos ver também. Todas as noites de Natal voam os anjos pelo céu. Vê-los ou não, isso depende unicamente de nós.

Nada valem círios,[16] lâmpadas e outras luzes nossas. A própria Lua e o próprio Sol não são precisos para vermos. O que nos falta quase sempre são os olhos que possam e queiram ver — olhos que saibam abrir-se ao esplendor de Deus!

(Adaptado do livro *Os sete pecados mortais e outras histórias*, traduzido por Agostinho de Campos)

Comentários e atividades

[1] *Erriçar* é forma variante de *eriçar* = arrepiar. Os dicionários só costumam registrar a 2ª forma.

[2] *Presa* é o nome que se dá ao dente canino de certos mamíferos; é com esses dentes que os carnívoros seguram a sua "presa" (animal agarrado).

[3] Em casos como este, *um* e *outro*, ao mesmo tempo que pronomes indefinidos, têm valor de numerais ordinais.

[4] *Por entre* não é locução: ambas as preposições conservam o seu valor. (V. § 176.)

[5] *Teve de pisá-los*, isto é, foi obrigado a pisá-los: é sensível o valor de necessidade, obrigação que o auxiliar *ter*, seguido da prep. *de*, empresta à locução verbal. (V. § 151.)

[6] A presença da preposição *de* em seguida ao verbo *pegar* exprime que o movimento é muito rápido; tem valor diferente a construção sem a preposição: "pegou o seu cajado". — *Cajado* é o bastão de madeira usado pelos pastores, com uma das extremidades arqueada.

[7] *Assobiar* tem a variante *assoviar*; compare também: *covarde — cobarde, taberna — taverna*.

[8] *Quanto*, aqui sem antecedente, não é pronome relativo, mas indefinido.

[9] "... *nem* as mãos *nem* a roupa": *nem*, repetida, continua sendo conjunção coordenativa aditiva.

[10] Classifique este *lo* (não é pronome pessoal).

[11] *Pois*, posposto ao verbo, é conj. coord. conclusiva.

[12] *Nem sequer* e *nem mesmo* devem considerar-se como locução adverbial de negação.

[13] *Tamanho* (e flexões) = *tão grande*. É, pois, o adjetivo *grande* modificado pelo advérbio de intensidade *tão*, com o valor de comparativo de igualdade.

[14] *Cítara*: instrumento musical de cordas semelhante à *lira*; esta se usava na Grécia e Roma antigas e tinha o formato aproximado de um U, cortado no alto por uma barra onde se fixava uma das extremidades das cordas.

[15] *Vindo*, aqui, é particípio (= *chegado*); lembre-se de que o gerúndio tem forma igual, e se reconhece, na prática, quando equivale a *chegando*.

[16] *Círio*: grande vela de cera; não confunda com seu homófono *sírio* = da Síria.

Exercícios sugeridos pelo texto

1. Emprego e classificação dos pronomes que aparecem na leitura.

2. Classificação das locuções prepositivas.

38. O LAVRADOR E SEUS FILHOS

La Fontaine
(escritor francês)

Um lavrador abastado
Vendo próximo o seu fim,
Aos filhos, sem testemunhas,
Do leito falou assim:

5 "Não vendais o campo herdado
De avós a pais transmitido,
Pois nele (não sei o sítio),
Jaz um tesouro escondido.

Com valor e persistência
10 Conseguireis descobri-lo;
Cavando o chão, revolvendo-o,
Lhe arrancareis o sigilo.

Não haja um palmo de campo
Que escape ao corte da enxada;
15 Fique a paterna courela
De fundos sulcos rasgada."

Morto o velho, eis, presto, os filhos
Procedem à escavação,
Crivam de covas o solo,
20 Solapando todo o chão.

E tanto a terra mexeram
Daqui, dalém, dacolá,
Que, ao cabo de um ano, o campo
Maior colheita lhes dá.

25 Tesouro oculto? nem sombra!
Mas o pai mostrar-lhes quis
Ser o trabalho o tesouro
Que torna a gente feliz.

Comentários e atividades

[3] *Testemunha*: pessoa que ouviu ou presenciou algum fato.

[5] Ponha o verbo *vender* concordando com os tratamentos *tu* e *você*. — *Herdado*: recebido como herança.

---

[7] *Sítio*: lugar, local.

[8] *Jazer*: estar situado ou colocado.

[12] *Sigilo*: segredo.

[15] *Courela*: porção de terra cultivável.

[16] *Sulco*: rego aberto na terra.

[17] *Presto* (adv.): com presteza, rapidamente.

[20] *Solapar*: escavar.

39. HINO NACIONAL

I

Ouviram do Ipiranga as margens plácidas
De um povo heroico o brado retumbante,
E o sol da liberdade, em raios fúlgidos,
Brilhou no céu da Pátria nesse instante.

5 Se o penhor dessa igualdade
Conseguimos conquistar com braço forte,
Em teu seio, ó liberdade,
Desafia o nosso peito a própria morte!

Ó pátria amada,
10 Idolatrada,
Salve! Salve!

Brasil, um sonho intenso, um raio vívido
De amor e de esperança à terra desce,
Se em teu formoso céu, risonho e límpido,
15 A imagem do Cruzeiro resplandece!

Gigante pela própria natureza,
És belo, és forte, impávido colosso,
E o teu futuro espelha essa grandeza,

  Terra adorada
20   Entre outras mil,
  És tu, Brasil,
  Ó Pátria amada!
  Dos filhos deste solo és mãe gentil,
  Pátria amada,
25   Brasil!

II

Deitado eternamente em berço esplêndido,
Ao som do mar e à luz do céu profundo,
Fulguras, ó Brasil, florão da América,
Iluminado ao sol do Novo Mundo!

30 Do que a terra mais garrida
Teus risonhos, lindos campos têm mais flores;
"Nossos bosques têm mais vida",
"Nossa vida" no teu seio "mais amores".

  Ó Pátria amada,
35   Idolatrada,
  Salve!, Salve!

Brasil, de amor eterno seja símbolo
O lábaro que ostentas estrelado,
E diga o verde-louro dessa flâmula:
40 — Paz no futuro e glória no passado.—

Mas, se ergues da justiça a clava forte,
Verás que um filho teu não foge à luta,
Nem teme, quem te adora, a própria morte,

  Terra adorada
45   Entre outras mil,
  És tu, Brasil,
  Ó Pátria amada!
  Dos filhos deste solo és mãe gentil,
  Pátria amada,
50   Brasil!

(Letra oficial, de autoria de OSÓRIO DUQUE ESTRADA)

Comentários e atividades

A linguagem usada na poesia tem características bastante diferentes da utilizada na prosa.

Em primeiro lugar, costuma ser uma linguagem medida, isto é, cada verso tem número predeterminado de sílabas, com o que se obtém um ritmo harmonioso, musical.

O poeta, levado pela necessidade do ritmo, é obrigado, muitas vezes, a inversões, em certos casos violentas, que não teriam cabimento na prosa.

Podem predominar, conforme o gosto do poeta, palavras de pouco emprego na prosa, e desconhecidas da linguagem usual.

No Hino Nacional Brasileiro conjugam-se todos esses fatores, que o tornam, por vezes, de difícil compreensão, o que faz necessário seja integralmente explicado aos nossos estudantes, para ser *sentido*, quando cantado.

Esse o motivo deste comentário e interpretação.

[1 e 2] — Estes versos contêm inversões sucessivas; em prosa se pode ler nesta ordem:

"As margens plácidas do Ipiranga ouviram o brado retumbante de um povo heroico" — referência ao grito "Independência ou morte!", proferido por D. Pedro I às margens desse riacho, grito que significou a liberdade do Brasil.

[5-8] — "Se conseguimos conquistar, com braço forte, o penhor (= garantia) dessa igualdade, em teu seio (= íntimo), ó liberdade, o nosso peito desafia a própria morte." — isto é: Para garantir a igualdade (de nação livre), mostramo-nos um povo forte; e, uma vez conquistada a liberdade, para mantê-la não temeremos desafiar nem mesmo a morte.

[12-15] — Quando a constelação do Cruzeiro do Sul brilha em nosso belo céu, sem nuvens, é como se um raio de luz, cheio de vida, descesse à terra para trazer aos homens a garantia (cristã) de um futuro cheio de amor e fraternidade.

[18] — A ordem inversa torna quase incompreensível este verso, que deve entender-se, depois de lido na ordem natural ("E essa grandeza espelha o teu futuro"): A natureza, que te fez tão grande, deixa transparecer, como que reflete um futuro glorioso.

[23] — "És mãe gentil dos filhos deste solo".

[26] — Entenda-se: A região onde está situado o Brasil tem riquezas eternas.

[28] — "Florão da América": a mais preciosa joia do Novo Mundo.

[30-31] — "Teus risonhos, lindos campos têm mais flores do que a terra mais garrida".

[32-33] — V. os versos 7-8 da leitura 8, "Canção do Exílio".

[37-38] — "Brasil, o lábaro (= estandarte) estrelado que ostentas seja símbolo de amor eterno" — referência às estrelas bordadas em nossa bandeira, entre as quais o Cruzeiro do Sul, que é um sinal cristão de amor ao próximo.

[39] — *Verde-louro*: alusão às cores principais da nossa bandeira, verde e amarelo, que simbolizam, segundo o poeta, um passado cheio de glórias e um porvir de paz.

[41] — "A clava forte da justiça" — *Clava* é a maça com que vem armado, nas estátuas que o representam, o gigantesco Hércules, herói da Antiguidade; aqui simboliza a arma defensora da Justiça, com a qual o povo brasileiro — com um passado cheio de glória e desejoso de um futuro de paz — combaterá quem pretender ferir-nos a liberdade conquistada.

[43] — "Quem te adora nem teme a própria morte".

Vocabulário

plácido: calmo, tranquilo. – *retumbante*: que ecoa com estrondo. – *fúlgido*: brilhantíssimo. – *penhor*: garantia. – *seio*: íntimo; o coração; o âmago. – *idolatrado*: muito amado. – *vívido*: cheio de vida, de esplendor; ardente. – *impávido*: destemido. – *espelhar*: refletir; deixar antever. – *florão*: joia preciosa. – *garrido*: vistoso, enfeitado, florido. – *fulgurar*: brilhar intensamente. – *lábaro*: estandarte, bandeira. – *clava*: maça (arma antiga, constante de um pau bastante pesado, com uma das extremidades mais grossa).

Atividades

1. Qual o sujeito de *ouviram*?

2. Quem proferiu o "brado retumbante"? Quando?

3. Procure dizer, com suas próprias palavras, o que está contido nos versos 5 a 8.

4. Que coisa nos traz à mente a ideia de "amor e esperança" (v. 13)?

5. Qual a função sintática de "o teu futuro" (v. 18)?
   _____

6. Conjugue o pres. do ind. do verbo *espelhar*.
   _____
   _____

7. Diga qual a função sintática de *lábaro* e *símbolo* (v. 37-38).
   _____

8. Classifique as palavras *que* e *quem* (v. 42-43).
   _____

9. Encontre sinônimos para as palavras abaixo (consulte um dicionário).

   plácidas _____   impávido _____

   heroico _____   grandeza _____

   liberdade _____   eternamente _____

   intenso _____   iluminado _____

   límpido _____   ergues _____

Leituras suplementares

1. O DOIDO

Artur Azevedo

Não havia dúvida: o pobre Canuto estava completamente doido. A princípio foram uns acessos profundos de melancolia, um desejo de andar metido pelos cantos, com a cara para o lado da parede, como se o mundo não lhe importasse para mais nada, contemplando as unhas, sorrindo.

Vieram depois os monólogos, os longos monólogos incoerentes, em que ele não dizia coisa com coisa — até que um dia ficou furioso, quebrou pratos e garrafas, escangalhou um velho relógio de armário, e, descendo ao terreiro da fazenda, espancou um moleque, matou algumas galinhas, e espojou-se no chão, às gargalhadas!

A família fechou-se toda num quarto, aos gritos. Foram os pretos que subjugaram o doido e conseguiram metê-lo num pardieiro arruinado, que havia sido senzala noutro tempo, e amarrá-lo solidamente a uma viga.

*

Imagine-se a aflição do pobre Miranda, o velho fazendeiro, com o filho doido — um filho querido, rapaz inteligentíssimo, que concluíra o terceiro ano de Direito em São Paulo e estava passando as férias na fazenda do pai.

E a mãe, aquela excelente senhora, carinhosa como todas as roceiras, ferida assim na fibra mais delicada do seu coração de mulher simples?

E as duas irmãs, uma das quais, a Maricas, era noiva do Meireles, um moço que tinha loja na vila, quatro léguas distante da fazenda?

*

A fúria do mísero Canuto pôs tudo em rebuliço.

Depois de algemado o louco, Miranda, com a cabeça perdida, mandou que o seu pajem de mais confiança, o Miudinho, selasse o seu cavalo também de mais confiança, o Furta-Moças, e fosse à vila, a todo galope, chamar o médico.

Quando este veio, encontrou o doente prostrado entre duas pretas velhas que o benziam, resmungando rezas e fazendo bruxedos e feitiçarias. A grande crise passara.

O médico era um verdadeiro médico da roça.

— Homem, seu Miranda — confessou ele — não se trata da minha especialidade; é a primeira vez que na minha clínica aparece um caso de loucura. Eu podia receitar alguma coisa, mas, creia, sem ter muita confiança no que faria... Mande quanto antes o seu rapaz para o Rio de Janeiro, e meta-o no hospício ou nalguma casa de saúde. O acesso pode voltar de um momento para outro, e talvez tenhamos que lamentar alguma desgraça. Com doidos não se brinca!

*

À tarde apareceu na fazenda o Meireles, o lojista, o noivo da Maricas. O Miudinho, de passagem para a casa do médico, dera-lhe notícia do fato. O moço mostrava muita solicitude, muito interesse.

Era um rapaz de vinte e cinco anos, baixinho, de feições microscópicas e uns olhos, uns grandes olhos muito abertos que pareciam ocupar o rosto inteiro. Falava pelos cotovelos,[4] desejoso de se mostrar entendido em todos os assuntos — e, agora, discutia casos de loucura e aprovava o conselho do médico.

— Mas quem o há de levar ao Rio de Janeiro? — perguntou o fazendeiro.

— Eu! — disse logo muito depressa o Meireles. — Deixe-o comigo.

O lojista cuidou desde logo de captar a confiança do doido, que tinha momentos perfeitamente lúcidos. Conversaram durante uma hora. Canuto deixou-se convencer de que estava doente e devia dar um passeio à Capital Federal para tratar-se.

A mãe quis opor-se a essa viagem, as irmãs choraram muito e o velho Miranda sentiu-se fraquear entre aquelas explosões de lágrimas.

Mas era preciso levá-lo dali. Esse era o único meio de curá-lo, e evitar uma desgraça maior.

*

Dois dias depois, Canuto entrou no trem de ferro em companhia do seu futuro cunhado. Chegaram à noite à Capital Federal, depois de uma viagem sem incidentes, durante a qual o doido apenas se mostrou taciturno. Ninguém perceberia o seu estado mental, se o Meireles, morto por dar à língua[5], não contasse aos outros passageiros a história do pobre moço.

Veio recebê-los na plataforma da estação um caixeiro do Comendador Barbosa, correspondente do velho Miranda, que providenciara pelo correio e pelo telégrafo.

— Se quiser — disse o caixeiro ao Meireles — daqui mesmo pode seguir para a casa de saúde e lá deixar o doente. Está tudo preparado para recebê-lo.

E depois de indicar o estabelecimento, cujo diretor se achava prevenido, acrescentou:

— Basta dizer-lhe que vai da parte do Comendador Barbosa.

O Meireles receou por instantes que Canuto houvesse prestado atenção às palavras do caixeiro, e recusasse acompanhá-lo; mas o seu

---

4 *Falar pelos cotovelos*: falar de mais.
5 *Dar à língua*: revelar um segredo.

olhar de doido era tão inexpressivo, tão morto, que tais receios logo se desfizeram.

Efetivamente, quando o Meireles o convidou a entrar num carro estacionado na Praça da República, o bacharel não fez a menor objeção, e deixou-se levar.

Chegados que foram à casa de saúde, Canuto desceu do carro e embarafustou resolutamente pelo corredor, antes que o Meireles lhe dissesse uma palavra.

A primeira pessoa que o doido encontrou — numa sala aonde se dirigiu — foi o próprio diretor do estabelecimento. Cumprimentou-o com muita amabilidade, e disse-lhe:

— Sr. Doutor, trago a vossa senhoria o maluco de quem lhe falou o Sr. Comendador Barbosa.

E apontou para o Meireles, que por seu turno entrava na sala, com os grandes olhos exageradamente abertos.

— Bem! já estou prevenido — disse o diretor.

— A mania dele — acrescentou Canuto ao ouvido do médico — é dizer que está no seu juízo, e que o doido sou eu. Aí fica o pobre rapaz aos cuidados de vossa senhoria.

Dizendo isto, disfarçou e saiu para a rua.

— Bom, meu amigo — disse o diretor, batendo carinhosamente no ombro do Meireles —; vamos lá para dentro. Vou dar-lhe um quartinho muito bom para descansar.

O Meireles sorriu:

— Perdão, doutor, eu não preciso descansar.

— Há de precisar, há de precisar; chegou de viagem, deve estar fatigado.

— Não, senhor, tanto que tenciono ir esta noite ao teatro; dormirei no hotel e voltarei para a roça amanhã, no trem da madrugada. Vim simplesmente entregar-lhe o doido de quem lhe falou o Comendador Barbosa.

— Pois sim, pois sim, deixe lá o doido... já sei, já sei... O senhor fica nesta casa alguns dias e depois volta para a fazenda de seu pai...

— Ora esta! Pelo que vejo, o doutor está me confundindo com o doido!

— Não, não estou, creia que não estou... Venha, venha comigo...

— Ora que brincadeira sem graça! Onde está o Canuto?

— Deixe lá o Canuto! Vamos... venha para o seu quarto...

— Já lhe disse, doutor, que está enganado! Eu não sou o doido! O doido é o outro!

E cada vez o Meireles arregalava mais aqueles olhos inverossímeis.

Depois de dizer, cheio de calma: — Bom!, é teimoso... — o diretor calcou um botão elétrico.

— Que faz?

— Vai ver.

Entraram dois enfermeiros, dois latagões musculosos.

— Leve este doente para o quarto número 7.

— Mas...

— Levem-no! Se protestar, metam-lhe a camisola de força.

Daí a cinco minutos, o Meireles estava no quarto, e com a tal camisola, porque caiu na asneira de protestar.

Quatro dias passou o pobre-diabo na casa de saúde, onde chegou a tomar três duchas geladas.

Foi preciso que Canuto aparecesse na fazenda, e que o velho Miranda adivinhasse tudo e telegrafasse ao Comendador Barbosa, pedindo-lhe para desmanchar o engano.

*

Canuto está hoje completamente restabelecido e formado. Advoga, mas não serei eu quem lhe confie alguma causa.

(Do livro Contos efêmeros)

2. A PÁTRIA

OLAVO BILAC

Ama, com fé e orgulho, a terra em que nasceste,
Criança! não verás país nenhum como este!
Olha que céu! que mar! que rios! que florestas!
A natureza, aqui, perpetuamente em festa,
É um seio de mãe a transbordar carinhos.
Vê que vida há no chão! vê que vida há nos ninhos,
Que se balançam no ar, entre os ramos inquietos!
Vê que luz! que calor! que multidão de insetos!
Vê que grande extensão de matas, onde impera,
Fecunda e luminosa, a eterna primavera!
Boa terra! jamais negou a quem trabalha
O pão que mata a fome, o teto que agasalha...
Quem com o seu suor a fecunda e umedece,
Vê pago o seu esforço, e é feliz, e enriquece!
Criança! Não verás país nenhum como este:
Imita na grandeza a terra em que nasceste!

(Das Poesias infantis)

Apêndice

I – PALAVRAS DE CLASSIFICAÇÃO VARIÁVEL OU DIFÍCIL

A — 1. art. def. fem. sing.; pl.: *as*; masc.: *o, os*. Vem sempre antes de substantivo. Ex.: *a* escola. — 2. pron. pess. obl. átono, 3ª p. sing.; pl.: *as*; masc.: *o, os*. Equivale a *ela*; variantes: *lo, la, los, las; no, na, nos, nas* (V. § 121). Ex.: *Estimo-a* muito; *Trouxeram-na* para *fazê-la* estudar aqui. — 3. pron. dem. fem. sing.; pl.; *as*, masc.: *o, os*. Equivale a *aquela* (V. § 127). Ex.: Não trouxe todas as provas; só *as* que estavam prontas e *a* de José. — 4. prep. essencial. Muitas vezes equivale a *para*; tem sempre um antecedente e um consequente (V. § 172). É invariável. Ex.: Saiu *a* pé; Agrada *a* todos; *A* mim ofereceram todas as vantagens.

AFORA — 1. adv. de lugar: Saiu pela rua *afora*. — 2. Palavra de exclusão: *Afora* a medalha de ouro, ganhou vários livros.

ATÉ — 1. prep. essencial: Acompanhei-o *até* o colégio. — 2. Palavra de inclusão (= *mesmo*): De tão faminto, comeria *até* a casca.

BASTANTE — 1. adj. (= suficiente); pl.: *bastantes*. Ex.: Trouxe *bastantes* livros. — 2. adv. de intensidade (= *suficientemente*): As obras estão *bastante* adiantadas.

BEM — 1. s.m. (pl.: *bens*). Ex.: É preciso distinguir o *bem* do mal. — 2. adv. de modo (ant.: *mal*): Ontem não me sentia *bem*. — 3. adv. de intens.: As obras estão *bem* adiantadas. — 4. Palavra de reforço: Sentou-se *bem* na frente.

CERCA DE — loc. avaliativa: Meu professor possui *cerca de* 5 mil livros.

CERTO — 1. adj. (= *exato*): hora *certa*. — 2. pron. indef. adj. (= *algum*) *Certas* horas fico impaciente. — 3. adv. de dúvida (= *decerto*): *Certo* perdeste o juízo.

COMO — 1. adv. de modo: *Como* chove! — 2. adv. interr. de modo: *Como* vais?; Não sei *como* escapou. — 3. Prep. acidental; a) = *por*: É tido *como* sábio; b) = *na qualidade de*: Falo *como* professor. — 4. conj. sub. causal (= *porque*); só se usa no início da frase: *Como* demorava, não o esperei. — 5. conj. sub. conformativa (= *conforme*): Tudo correu *como* desejávamos. — 6. conj. sub. comparativa (= *quanto, qual*): O céu estava escuro *como* breu; Estudei tanto *como* você. — 7. conj. coord. aditiva (combinada com *tanto*): Tanto João *como* Paulo são bons alunos.

CONFORME — 1. adj. (= *semelhante*): Eram diferentes no tamanho, mas *conformes* na aplicação ao estudo. — 2. prep. acidental (= *de acordo com*): *Conforme* a recomendação da professora, passei a limpo as redações. 3. conj. sub. conformativa (seguida de verbo = *de acordo com o que*): *Conforme* recomendou a professora, passei a limpo as redações.

DEMAIS — 1. pron. indef. (= *outros*); a) subst.: Vocês dois podem sair agora; os *demais* esperarão a sua vez; b) adj.: Os *demais* livros virão amanhã. — 2. adv. de intens.: Sofreu *demais*. — 3. Palavra continuativa: *Demais* (= *além disso*), nada posso fazer.

DETERMINADO — 1. adj. (= *decidido, resoluto*): Encontrou pela frente um homem de vontade animosa e *determinada*; idem (= *estabelecido*): As provas se realizarão em dias previamente *determinados*. — 2. pron. indef. adj. (sempre antes do subst. = *algum*): Exigiu *determinadas* condições.

DIFERENTES — 1. adj. (= *desiguais*): São dois irmãos muito *diferentes*. — 2. pron. indef. adj. (sempre antes do subst. = *alguns*): A professora chamou-lhe a atenção *diferentes* vezes, antes de puni-lo.

DIREITO — 1. s.m.: Defenderei o meu *direito*; Faculdade de *Direito*. — 2. adj.: braço *direito*. — 3. adv. de modo: Ande *direito*.

DIVERSOS — V. *diferentes*.

EMBORA — 1. Palavra de realce (ou de despedida), na expressão "Ir-se *embora*". — 2. conj. sub. concessiva (= *ainda que*): *Embora* estivesse demorando, esperei-o.

ENTÃO — 1. adv. de tempo (= *nessa ocasião*): Cursava, *então*, o 1º ano. — 2. conj. coord. conclusiva (= *pois*): Fez-me um grande favor; fiquei-lhe, *então*, muito agradecido. — 3. interj.: E *então*?

EXCETO — Palavra de exclusão (V. § 170, 1).

FEITO — 1. partic. de *fazer*: Tens *feito* teus deveres? — 2. adj.: prato *feito*. — 3. s.m.: Praticou *feitos* heroicos. — 4. prep. acid. (= *à semelhança de, como*): Berenice, *feito* maluca, a nada atendia. — 5. interj.: Amanhã às duas? *Feito*!

FORA — 1. s.m.: Levou um *fora*. — 2. adv. de lugar: Jogou *fora* o cigarro. — 3. Palavra de exclusão (= *exceto*): Ninguém, *fora* ele, se queixou. — 4. interj.: *Fora*!

JÁ — 1. adv. de tempo: Voltarei *já*. — 2. (Repetido) conj. coord. altern.: *Já* chora, *já* ri, *já* se enfurece.

JUNTO — 1. adj.: Sempre andam *juntos*. — 2. adv. de lugar: Vão *junto* as encomendas prometidas.

ISTO É — 1. loc. explicativa: Seus olhos eram um espelho, *isto é*, reflexo dos seus mais íntimos pensamentos. — 2. loc. de retificação: Tirei 9, *isto é*, 8,8.

LÁ — 1. s.m. (nota musical). — 2. adv. de lugar: Não posso ir *lá*. 3. adv. de tempo: As provas serão em dezembro; até *lá*, poderás preparar-te bem. — 4. Palavra de realce: Diga-me *lá* o que houve.

LOGO — 1. adv. de tempo: *Logo* te encontrarei. — 2. Palavra de reforço (= *exatamente*): Sentou-se *logo* após a professora; Chegou *logo* em seguida. — 3. conj. coord. concl. (= *portanto*): Estudou, *logo* aprendeu.

MAIS — 1. pron. indef. adj. (= *outros*): Chegaram *mais* alunos; (= *em maior quantidade*): Exigiram *mais* energia; Traga *mais* giz. — 2. pron. indef. subst. (= *outra coisa*): Tens *mais* que dizer?; (= *o restante*): Quanto ao *mais*...; (= *os outros, os demais*): Não se ocupou dos *mais*. — 3. adv. de intensidade: Estudava *mais*, antigamente; Agora é *mais* aplicado; Cheguei *mais* cedo. — 4. adv. de tempo (= *já*): Não é *mais* o diretor.

MAL — 1. s.m.: *Mal* de muitos consolo é. — 2. adv. de modo: Ainda lê muito *mal*; *Mal* (= *com esforço*) conseguia respirar. — 3. adv. de intens. (= *pouco*): Quando chegou ao Brasil, *mal* sabia falar o português. — 4. adv. de negação (= *nem sequer*): *Mal* sabe o que o espera. — 5. conj. sub. temporal (= *logo que*): *Mal* entrou em casa, estirou-se na cama.

MEIO — 1. s.m.: O melhor *meio* de aprender é estudar. — 2. numeral fracionário: *meio* quilo. — 3. adv. de intens. (= *um tanto*): Ela anda *meio* estranha, ultimamente.

MELHOR — 1. adj. no grau comp. e superl. (= *mais bom, mais boa*): o *melhor* aluno; Este livro é *melhor*. — 2. adv. de modo (= *mais bem*): Vai passando *melhor*. — 3. interj.: Não queres? *Melhor*!

MENOS — 1. pron. indef. adj.: Hoje vieram *menos* alunos. — 2. pron. indef. subst.: Contento-me com *menos*; Isto é o *menos*. — 3. adv. de intens.: Para emagrecer, precisas comer *menos*; És *menos* estudioso que ela; Andas *menos* depressa que o necessário. — 4. Palavra de exclusão (= *exceto*): Tudo, *menos* isso.

MESMO — 1. adj. (= *idêntico, igual, invariável*): Estudo sempre com o *mesmo* entusiasmo; O tempo continuava o *mesmo*; Dê-me um caderno da *mesma* qualidade deste. — 2. pron. dem. adj. (= *esse, essa, aquele, aquela*): Na *mesma* noite chegaram os campeões; Moram juntos na *mesma* casa. — 3. adv. de afirmação (= *na verdade, realmente*): Ele está *mesmo* mais gordo; Foram ver se a onça estava *mesmo* morta. — 4. Palavra de reforço (= *exatamente, precisamente*): Caiu um raio *mesmo* em frente da nossa casa. — 5. Palavra de inclusão (= *até*): *Mesmo* ele compreenderia; Chegou *mesmo* a chorar. — 6. Palavra de realce: Foi você *mesmo* que eu chamei; Reservei o melhor para mim *mesmo*. — 7. Palavra de concessão: *Mesmo* doente (ou *Mesmo* estando doente), foi dar aula. [OBS.: Neste último exemplo, não se pode classificar *mesmo* como conjunção concessiva, porque esta exigiria o verbo no subjuntivo. Compare: Embora *estivesse* doente...; Ainda que *estivesse* doente; Mesmo que *estivesse* doente.]

MUITO — 1. pron. indef.; a) adj.: *muito* carinho, *muitas* crianças; b) subst.: *Muitos* aconselham, poucos dão o exemplo. — 2. adv. de intens.: Estudei *muito*; É *muito* estudioso; Aprende *muito* depressa.

NEM — 1. adv. de neg. (= *nem sequer*): Não contribuiu *nem* com um níquel; Ele *nem* imaginava o que lhe podia acontecer; (= *não*): *Nem* estudava, *nem* nos deixava estudar. — 2. conj. coord. adit.: (= e *não*): Conversando, ele não estudava *nem* nos deixava estudar.

NÃO OBSTANTE — 1. loc. adv. de concessão (= *apesar disso*): *Não obstante*, persiste no seu propósito. — 2. loc. prep. (= *apesar de*): Custava-lhe a crer, *não obstante* o testemunho dos seus olhos. — 3. loc. conj. coord. advers. (= *porém*): Tomei todas as precauções, *não obstante* caí.

O — V. *a*

ONDE — 1. pron. rel. (precedido de prep.; = *que, o qual, a qual, os quais, as quais*): O sítio para *onde* vou é de meu tio; Às terras por *onde* (= *pelas quais*) andei, prefiro a minha. — 2. pron. adv. rel. de lugar (= *em que*): Tenho saudades da terra *onde* nasci. — 3. adv. de lugar: Meu lugar é *onde* ela estiver. — 4. adv. interr. de lugar: *Onde* moras?; Desejo saber *onde* está ele.

O QUE — loc. pron. dem. (= *isso*): José foi aprovado, *o que* não admira. — V. também *que*.

ORA — 1. adv. de tempo (= *agora*): É o estudo que *ora* me preocupa. — 2. conj. coord. alterno. (repetida): Ocupava seu tempo *ora* lendo, *ora* estudando. — 3. interj.: *Ora!* Não me venha com essa! — 4. Palavra continuativa: Devia ter chegado cedo; *ora*, aconteceu que o trem se atrasou. — 5. Palavra de realce: *Ora* agora me diga uma coisa.

OUTRO — 1. adj. (= *diferente, modificado*): O motivo é *outro*; Voltaste *outro* das férias. — 2. pron. indef.: a) adj.: *outro* livro, *outras* pessoas; b) subst.: Se não aproveitares, *outro* o fará.

PIOR — 1. adj. (= *mais mau*): O *pior* cego é o que não quer ver. Substantivado: O *pior* de tudo era a sua teimosia. — 2. adv. de modo (= *mais mal*): Hoje fiz *pior* do que ontem.

POIS — 1. conj. coord. concl. (= *portanto*); sempre vem após o verbo: Vocês fizeram ótima prova, ontem; estão, *pois*, de parabéns. — 2. conj. coord. explic. (= *que*): Não insistas, *pois* o diretor não pode atender-te. — 3. conj. sub. causal (= *porque*); Não pude sair, *pois* estava adoentado. — 4. Palavra de realce: Posso ir-me embora, *pois* não? — Aparece nas loc. interj. *pois sim, pois não, pois bem*.

PORQUE, PORQUÊ, POR QUE — 1. porque (dissílabo átono) — a) conj. coord. expl. (= *que*): Não insista, *porque* é inútil; — b) conj. sub. causal (= *como*): Não saí *porque* estava doente (= Como estava doente, não saí); c) conj. sub. final (= *para que*), sempre com o verbo no subj.: Rezai *porque* não entreis em tentação. — 2. porquê (dissílabo oxítono) — s.m. (= *causa, motivo, razão*): Curioso, procura sempre saber o *porquê* de tudo. — 3. *por que* — a) loc. adv. interr. de causa: *Por que* não vieste mais cedo?; Não sei *por que* ele ainda não veio: sabes *por quê*? — (OBS.: Vindo no fim da frase, em pausa, como no último exemplo, o *que* é acentuado porque se torna monossílabo tônico); b) preposição *por* + pron. rel. *que* (= *pelo qual, pela qual, pelos quais, pelas quais*): Larga era a estrada *por que* caminhávamos; c) prep. *por* + pron. interr. *que* (= *por qual, por quais*): Perguntei-lhe *por que* razão gritava tanto.

POUCO — 1. pron. indef. adj.: *pouco* caso, *pouca* chuva. — 2. pron. indef. subst.: Isso é *pouco*; Ainda falta um *pouco*; O *pouco* que sei, devo-o a meus mestres. — 3. adv. de intens.: Estudava *pouco*; era *pouco* aplicado; *pouco* antes. — 4. adj. (= *raro*): Os bons livros são *poucos*.

PRIMEIRO — 1. numeral ordinal: *primeiro* livro. — 2. pron. dem. subst. (= *aquele*): Procurei Pedro e Paulo, mas só encontrei o *primeiro*. — 3. adv. de tempo (= *antes*): Vou te mostrar *primeiro* os dicionários.

PRÓPRIO — 1. adj. (= *conveniente, adequado*): Usava roupas *próprias* para o verão; (= *peculiar, particular, natural*): É *próprio* do homem pensar. — 2. Palavra de realce: Só pensava em si *próprio*.

QUAL, O QUAL — 1. o *qual* (e flexões: *a qual, os quais, as quais*) — pron. rel.: Relembro com carinho os meus professores, aos *quais* devo o que sei. — 2. *qual, quais* — a) pron. interr. adj.: Sabia *quais* livros devia ler; *Qual* esporte praticas?; Verás *qual* recompensa te darei; b) pron. interr. subst.: *Qual* é o meu? Já verás *qual*. — 3. conj. sub. comparativa (= *como*): Caiu *qual* folha arrancada pelo vento. — 4. interj. (exprime incredulidade): *Qual!*

QUANDO — 1. adv. interr. de tempo: *Quando* partirás?; Não sei *quando* partirei. — 2. Conj. sub. temporal: *Quando* voltares, traze-me uma lembrança.

QUANTO — 1. pron. rel. (= *que*), sempre precedido de *tudo, todos, todas*: Tenho tudo *quanto* preciso; Traga todas *quantas* houver. — 2. pron. indef. adj.: *Quanta* vaidade! — 3. pron. interr. adj.: *Quantos* dias faltam?; Diga-me *quanto* dinheiro gastou. — 4. pron. interr. subst.: Com *quanto* ficaste? — 5. pron. indef.: Gastou *quanto* tinha. — 6. adv. de intens.: *Quanto* sofri!; *Quanto* mais estuda, mais aprende.

QUE, QUÊ — 1. s.m (= *coisa indefinível*); sempre acentuado, por ser tônico: Um *quê* de ternura se irradiava de seu olhar. — 2. pron. rel. (tem sempre um antecedente que o substitui; equivale a *o qual, a qual, os quais, as quais*): Adorei o presente *que* me deste. — 3. pron. interr. — a) adj. (= *qual?*); *Que* livros trouxeste?; Fiquei sem saber *que* gosto tem uma castanha assada. — b) subst. (= *que coisa?*): *Que* trazes aí? [Às vezes vem formando locução com o: O *que* dizes?] — 4. pron. indef. (exclamativo) adj.: *Que* relógio bonito!; *Que* graça! — 5. adv. de intens. (= *quão*): *Que* bela é a vida de criança! — 6. conj. coord. expl. (= *pois*): Não insista, *que* ele não poderá atender-te. — 7. conj. sub. causal (= *porque*): Não posso acompanhar-te, *que* tenho de voltar cedo. — 8. conj. sub. final (com o verbo no subj.; equivale a *para que*): "As estrelas da manhã despertam a todos, *que* se levantem a servir a Deus". — 9. conj. sub. consecutiva — a) em frases negativas, seguida de *não*: Não leio uma página de Machado de Assis *que* não o admire ainda mais. — b) precedida de *tão, tanto, tal, tamanho, cada*: É tão meiga, *que* a todos cativa. — 10. conj. sub. concessiva (= *ainda que, embora*): Cem anos *que* eu viva, não esquecerei aquele instante. — 11. conj. sub. comp. (= *do que*): És mais estudiosa *que* ele. — 12. conj. sub. temporal (= *logo que, desde que*): Chegados *que* foram, subiram para o quarto; Dois anos já decorreram *que* chegamos aqui. — 13. conj. sub. integrante (muitas vezes entre dois verbos, podendo vir precedida de preposição; a oração começada por um *que* integrante pode substituir-se por *isso*): Convém *que* estudes; Tua aprovação depende de *que* te esforces; Peço-te *que* me ajudes; Tenho esperança de *que* sejas aprovado. (*Isso* convém; ... depende *disso*; Peço-te *isso*; Tenho esperança *disso*.) — 14. prep. acidental (= *de*); unicamente em locução verbal com o verbo auxiliar *ter*: Tens *que* (= *de*) obedecer-lhe! — [OBS. Numa frase como "Nada mais tenho *que* fazer" (= *que deva ser feito*), *que* é pronome relativo.] — 15. Palavra de realce (tirada da frase, não lhe altera o sentido): *Que* Deus te acompanhe; *Que* suplício *que* foi a prova! — 16. interj.: *Quê!* Ainda negas? [Acentuado por ser monossílabo tônico.]

QUEM — 1. pron. rel. (= *o qual, a qual, os quais, as quais*; tem antecedente; vem sempre precedido de preposição): Estimo as *pessoas* de *quem* recebo ensinamentos; Faço tudo por *aqueles* a *quem* devo favores; Até agora não chegou o *colega* por *quem* esperava. — 2. pron. indef. subst. — a) = *aquele que*: Respeito *quem* me respeita; *Quem* te avisa amigo é; — b) = *alguém*: *Quem* me dera obter boa nota! — 3. pron. interr. subst. (= *qual pessoa?*): *Quem* me chama?; Não sei *quem* me chama.

SALVO — 1. 1ª p. sing. pres. ind. de *salvar*: Desse modo *salvo* minha responsabilidade. — 2. partic. de *salvar*: Moisés foi *salvo* das águas. — 3. adj.: Chegou são e *salvo*. — 4. Palavra de exclusão (= *exceto*): Todos, *salvo* José.

SE — 1. Pron. pess. obl. átono reflexivo de 3ª p. — a) = *a si mesmo(s), –a(s)*: Penteava-*se* com capricho; b) = *um ao outro* (indicando reciprocidade): Os dois olharam-*se* desconfiados; c) parte inseparável de um verbo pronominal: Queixava-*se* da vida. — 2. pron. apassivador (indica voz passiva): Fez-*se* (= *foi feita*) uma prova preliminar; Fizeram-*se* (= *foram feitas*) duas provas preliminares; Muitas palavras *se* pronunciam (= *são pronunciadas*) inutilmente. — 3. conj. integrante (vem após um verbo; exprime dúvida): Veja *se* ele já chegou. — 4. conj. cond. (= *caso*; exprime condição, hipótese): *Se* te esforçares, aprenderás (= Caso te esforces).

SEGUNDO — 1. numeral ordinal. — 2. s.m. (= 1/60 do minuto). — 3. prep. acidental (= *de acordo com*, vem seguida de subst. ou pron.); "Pagar dízimos *segundo* o costume". — 4. conj. sub. conformativa (vem seguida de verbo): *Segundo* disse, fez.

SEMELHANTE — 1. s.m.: Respeita o teu *semelhante*. — 2. adj. (= *parecido*): O sono é *semelhante* à morte. — 3. pron. dem. adj. (= *esse(s)*, *essa(s)*): Não me dou com *semelhante* gente.

SENÃO — 1. s.m. (= *defeito*): Não lhe descobri um *senão*. — 2. conj. coord. adit. (combinada com *não só, não apenas*): Não apenas se esforçou, *senão* sacrificou-se. — 3. conj. coord. advers. (= *porém*): Não estavam tristes, *senão* alegres. — 4. conj. coord. altern. (= *ou*): Chegue na hora, *senão* irei sozinho. — 5. Palavra de exclusão (= *exceto*): Nada quero, *senão* o meu direito; Quem, *senão* ele, poderá valer-nos?

SÓ — 1. adj. (= *desacompanhado, sozinho*): Deixe-me *só*. — 2. Palavra de exclusão (= *apenas*): *Só* você pode resolver esse caso. — 3. Palavra de realce: Veja *só* que pretensão!

TAL — 1. pron. dem. adj. (= *esse(s), essa(s)*): Em *tais* condições, aceito; Não acredito em *tal* informação; No dia *tal*, a *tal* hora. — 2. pron. dem. subst. (= *isso*): Não diga *tal*. — 3. pron. indef. adj. (reforçado por *um*): Estavam procurando um *tal* Pafúncio. — 4. pron. indef. subst. (= *um, outro*): Um corre, outro cai, *tal* se ajoelha. — 5. adj. — a) (= *tão grande*): Seu susto foi *tal*, que perdeu a fala; b) (*tão mau*): Encontrei-o em *tal* estado, que me deu pena; c) (= *exatamente igual*): É *tal* como (ou *qual*) o pai.

TAMBÉM — 1. Palavra de inclusão (= *igualmente*). *Também* eu gostaria de ir; *Também* houve fogos de artifício; Não te quero ver descalço, e *também* não te deixarei mais brincar na rua. — 2. Palavra de realce: (= *aliás*): *Também*, isso é demais!; *Também*, você nem presta atenção; Estudaste muito, é verdade; *também*, se não tivesses estudado, estarias em maus lençóis.

TAMPOUCO — Palavra negativa de inclusão (= *também não*): Tua nota não me agradou, *tampouco* a de José.

TANTO — 1. adj. (= *tão grande, tão intenso, tão forte*): O frio era *tanto*, que o rio se congelou. — 2. pron. indef. adj.: Tenho *tantos* livros para ler! — 3. pron. indef. subst. (pl.): *Tantos* sofrem, e tão poucos se alegram! 4. adv. de intens.: De *tanto* insistir, acabou conseguindo o que queria; Custa *tanto* fazer um trabalho bem-feito!

TODO — 1. s.m. (= *conjunto*): Um *todo* harmonioso. — 2. pron. indef. adj. — a) (= *inteiro, integral*); vem seguido de artigo, ou após o substantivo: Brinquei *todo* o dia e descansei a noite *toda*; b) (= *cada, qualquer*): *Toda* noite nos conta uma história nova: É *todo* dia a mesma coisa! — 3. pron. indef. subst. (pl.): *Todos* se entusiasmaram com a ideia. — 4. adv. de intens. (= *completamente*), variando excepcionalmente em gênero e número: O copo ficou *todo* quebrado, e a toalha, *toda* encharcada.

UM, UMA — 1. art. indef. (pl. *uns*): Trouxe-te *um* romance [qualquer] (ou *uns* romances). — 2. numeral card. (opõe-se a *dois, três* etc.): José saiu à *uma* (= 1) hora, e Maria às duas; Preciso de *um* (= 1) caderno e de três blocos.

— 3. pron. indef. adj. (= *certo, algum*): *Umas* vezes está triste, outras vezes alegre; *Um* dia tornarei a ver-te; Vou dedicar *uns* dias a preparar-me para a prova. — 4. pron. indef. subst.: Para *uns*, tudo corre em mar de rosas; para outros, só há tristezas; O macaco e o gato moram na mesma casa; *um* esconde os brinquedos das crianças, outro arranha os tapetes.

II – PEQUENO DICIONÁRIO DE SINÔNIMOS E ANTÔNIMOS E DE DEFINIÇÕES DE PALAVRAS MENOS USUAIS

abastado adj.: que tem o bastante para viver bem; rico.
abominável adj.: detestável, execrável.
abrigo s.m.: proteção, agasalho, albergue.
adejar v.: bater asas, voejar.
adivinhar v.: antever, prever.
admirável adj.: maravilhoso, estupendo, notável.
admoestar v.: V. *repreender*.
adverso adj.: V. *contrário*.
afago s.m.: carícia, carinho.
afetado adj.: V. *artificial*.
afiançar v.: assegurar, afirmar.
afoito adj.: temerário, imprudente; corajoso.
alarido s.m.: vozerio, gritaria.
albergue s.m.: V. *abrigo*.
alcançar v.: atingir, obter, conseguir.
alçar v.: levantar, elevar.
alegre adj.: expansivo, satisfeito, contente; festivo, | Ant.: V. *triste*.
alegria s.f.: satisfação, contentamento, júbilo. | Ant.: tristeza.
alvorada s.f.: o amanhecer, o alvorecer, o nascer do sol ou do dia, arrebol, aurora. | Ant.: V. *ocaso*.
amainar v.: serenar, abrandar, acalmar-se.
ambíguo adj.: que tem mais de um sentido; equívoco, confuso. | Ant.: claro.
amesquinhar v.: V. *aviltar*.
amplexo s.m.: abraço.
análogo adj.: V. *semelhante*.
angústia s.f.: aperto do coração; grande aflição; estreiteza de espaço; aperto.
antever v.: V. *adivinhar*.
aparecer v.: surgir, mostrar-se, assomar. | Ant.: desaparecer.
apatia s.f.: insensibilidade; moleza, indiferença | Ant.: fervor, sensibilidade, atividade.
apavorar v.: amedrontar.
apresar v.: V. *prender*.

aprisionar v.: V. *prender*.
arabesco s.m.: desenho caprichoso.
ardente adj.: brilhante, vivo, intenso, forte; que queima, causticante. | Ant.: apático; suave; frio.
arguto adj.: de espírito vivo; sagaz, perspicaz, inteligente. | Ant.: tolo.
arreado adj.: aparelhado com os arreios.
arrebatado adj.: excitado, enlevado, extasiado; precipitado. | Ant.: refletido, calmo.
arrebatar v.: encantar, enlevar, extasiar.
arrebol s.m.: V. *alvorada*.
arrocho s.m.: aperto.
arrojado adj.: V. *corajoso*.
artificial adj.: postiço, afetado; dissimulado. | Ant.: natural.
áspero adj.: duro, rijo. | Ant.: V. *liso*.
aspirar v. 1. sorver o ar ou um líquido; sugar; 2. (com prep. a) pretender, desejar, almejar.
assomar v.: aparecer, subir, mostrar-se, surgir | Ant.: V. *desaparecer*.
astúcia s.f.: esperteza, lábia, sagacidade.
atormentar v.: afligir, importunar.
audaz adj.: V. *corajoso*.
avejão s.m.: visão, fantasma.
aventurar-se v.: arriscar-se, expor-se.
aviltar v.: amesquinhar, denegrir, rebaixar. | Ant.: V. *exaltar*.
avultar v.: tomar vulto, crescer.
azares s.m.: acaso, casualidade.
bater-se v.: combater, lutar por; debater-se.
boêmio adj. e s.m.: que leva a vida na vadiagem; vadio, vagabundo.
boquiaberto adj.: de boca aberta, espantado.
botija s.f.: vaso de barro (onde geralmente se acredita haver tesouro escondido).
bradar v.: gritar.
brando adj.: suave, ameno, macio. | Ant.: duro.
brilhar v.: fulgir, esplender, luzir.
brilho s.m.: fulgor, esplendor; cintilação, clarão, luzeiro.
brunido adj.: polido, brilhante, luzidio.
bruto adj.: irracional; rude, grosseiro.
bruxedo s.m.: bruxaria.
burguês adj.: da burguesia, isto é, classe de pessoas de recursos, abastadas.
busca s.f.: procura. *Em busca de*, loc. prep.: à procura de.
cadência s.f.: ritmo.

cair da tarde expr. subst. masc.: o ocaso, o entardecer. | Ant.: o amanhecer, o alvorecer, aurora, alvorada.

calcar v.: apertar com os pés ou com as mãos; pisar com força.

calma s.f.: serenidade, quietação, tranquilidade, placidez, brandura, sossego, paciência. | Ant.: alvoroço; impaciência.

calmo adj.: sereno, manso, quieto, brando, tranquilo, plácido, pacífico | Ant.: V. *inquieto*.

campanha s.f.: planície.

caprichoso adj.: inconstante, variável.

capturar v.: V. *prender*.

carmim s.m.: vermelho vivo.

causa s.f.: demanda, questão.

cauteloso adj.: cauto, prudente, prevenido, precavido, cuidadoso. | Ant.: imprudente.

ceder v.: não resistir, concordar; sucumbir; anuir. | Ant.: resistir.

célere adj.: V. *rápido*.

censurar v.: V. *repreender*.

certo adj.: seguro, exato. | Ant.: incerto, inseguro, inexato.

chã s.f.: planície, terreno plano.

chamuscar v.: expor às chamas.

chispa s.f.: fagulha.

cica s.f.: travo amargoso das frutas, especialmente quando não maduras.

circuito s.m.: volta completa, círculo.

cismar v.: meditar.

cismativo adj.: pensativo, meditativo.

civilidade s.f: V. *cortesia*.

claro adj.: límpido, nítido, evidente, manifesto, inequívoco, óbvio. | Ant.: V. *confuso*.

clemência s.f.: indulgência, misericórdia, mercê. | Ant.: V. *inclemência*.

coar v.: escorrer.

cobiça s.f.: desejo intenso, imoderado; avidez; ambição de riquezas.

coeso adj.: unido.

coetâneo adj. e s.m.: contemporâneo, coevo.

coevo adj. e s.m.: contemporâneo.

cogitação s.f.: pensamento profundo, reflexão.

colorir v.: pintar, matizar, irisar.

cômoro s.m.: elevação; canteiro.

comum adj.: frequente, usual, habitual, trivial, vulgar. | Ant.: V. *raro*.

confuso adj.: pouco claro; dúbio, ambíguo, equívoco; enigmático. | Ant.: V. *claro*.

conhecido adj.: sabido, certo. Ant.: desconhecido.

constante adj.: contínuo, persistente, perseverante. | Ant.: inconstante, dispersivo, caprichoso, volúvel.

contemporâneo s.m. e adj.: coevo, coetâneo. | Ant.: antepassado; futuro, póstero.

contínuo adj.: seguido, ininterrupto, constante. | Ant.: descontínuo, interrompido, intermitente, intervalado.

contrariar v.: opor-se a; contradizer. | Ant.: concordar com, harmonizar-se a; propiciar, favorecer.

contrário adj.: adverso, desfavorável, oposto. | Ant.: favorável, propício.

corajoso adj.: audaz, arrojado, destemido, destemeroso, ousado, intrépido, impávido, intimorato, afoito. | Ant.: V. *covarde*.

corcel s.m.: montaria veloz (especialmente cavalo).

coreografia s.f.: série de passos de uma dança.

cortejo s.m.: procissão, acompanhamento, séquito.

cortesia s.f.: polidez, civilidade, urbanidade, delicadeza. | Ant.: V. *indelicadeza*.

costas s.f.: dorso.

covarde adj.: medroso, poltrão, timorato, ignavo. | Ant.: V. *corajoso*.

criatura s.f.: ser (de preferência humano), ente; pessoa, homem.

cristalino adj.: de cristal, límpido, transparente.

criterioso adj.: ponderado, comedido, ajuizado, judicioso, sensato. | Ant.: desatinado, desassisado, insensato.

cru adj.: não cozido; forte, violento, rude, duro, chocante.

crueldade s.f.: malvadez, impiedade. | Ant.: piedade, misericórdia.

cuidadoso adj.: zeloso, diligente. | Ant.: descuidado, relaxado, desmazelado.

daninho adj.: V. *nocivo*.

débil adj.: delicado, frágil, grácil.

debruar v.: bordar.

delgado adj.: fino, pouco espesso, grácil. | Ant.: grosso, espesso.

delicado adj.: suave, meigo, cortês, amável. | Ant.: grosseiro, rude.

delirante adj.: febril, de excessiva vivacidade.

denegrir v.: V. *aviltar*.

desajeitado adj.: inábil, canhestro, desjeitoso. | Ant.: jeitoso.

desaparecer v.: sumir; apagar-se, cessar. | Ant.: V. *aparecer*.

desconhecido adj.: ignorado, incerto, ignoto. | Ant.: conhecido.

desferir v.: soltar, proferir.

desfrutar v.: deliciar-se com, gozar de; saborear, fruir.

desigual adj.: dessemelhante, diferente.

desleal adj.: infiel, insincero, desonesto. | Ant.: V. *leal*.

deslindar-se v.: desembaraçar-se.

deslumbrado adj.: maravilhado, encantado, fascinado, seduzido; ofuscado de luz.
desolador adj.: entristecedor.
despertar v.: acordar.
despretensão s.f.: modéstia.
destemido adj.: V. *corajoso*.
destro adj.: V. *jeitoso*.
detestar v.: antipatizar com; odiar, abominar, execrar. | Ant.: V. *estimar*.
detestável adj.: execrável, abominável.
dignificar v.: V. *exaltar*.
dilacerar v.: rasgar.
disparatado adj.: despropositado, absurdo, desarrazoado.
dócil adj.: manso, obediente, submisso. | Ant.: indócil, bravo.
dormir v.: adormecer.
dorso s.m.: costas, reverso.
dúbio adj.: V. *confuso*.
ecoar v.: repetir, repercutir, ressoar.
efêmero adj.: passageiro, transitório, curto. | Ant.: perene, durável.
elogiar v.: louvar, enaltecer. | Ant.: repreender, censurar.
embebido adj.: concentrado, absorvido.
emergir v.: sair de. | Ant.: imergir.
enaltecer v.: V. *exaltar*.
encantar v.: maravilhar, fascinar, seduzir, atrair.
encosta s.f.: descida, rampa, ladeira, declive.
enfermo adj. e s.m.: doente.
enlevo s.m.: encanto.
entediar-se v.: aborrecer-se.
entoação s.f.: tom de voz.
equívoco adj.: V. *confuso*.
eriçar ou **erriçar** v.: arrepiar.
escolho s.m.: rochedo à flor (= superfície) da água; recife.
esgarçado adj.: desfiado, esfiapado, descosturado.
espalhar v.: esparzir, espargir.
esparzir v.: espargir, espalhar.
espelhar v.: refletir, retratar.
esplender v.: V. *brilhar*.
esplendor s.m.: brilho intenso.
estacar v.: parar subitamente.
esteio s.m.: escora, sustentáculo.
estéril adj.: árido, infecundo, improdutivo, maninho, sáfaro. | Ant.: fecundo.
estimar v.: prezar, apreciar; gostar de. | Ant.: V. *detestar*.

esturricado adj.: estorricado, ressequido, tostado, quase queimado.
exalçar v.: V. *exaltar*.
exaltar v.: enaltecer, elevar, dignificar, exalçar. | Ant.: V. *aviltar*.
excluir v.: afastar, não admitir, eliminar. | Ant.: incluir.
execrar v.: V. *detestar*.
execrável adj.: V. *detestável*.
expurgado adj.: purificado, limpo.
exterior s.m.: a parte de fora; as nações estrangeiras. | Ant.: interior.
externo adj.: que está fora; de fora; exterior. | Ant.: interno.
extraviar-se v.: perder o rumo; desviar-se do caminho habitual.
façanha s.f.: proeza.
fadiga s.f.: cansaço.
fagulha s.f.: chispa.
falda s.f.: sopé, aba da montanha.
fascinar v.: V. *encantar*.
fausto s.m.: luxo, suntuosidade.
fecundo adj.: V. *fértil*.
fértil adj.: produtivo, fecundo, feraz, úbere, ubertoso. | Ant.: V. *estéril*.
fervor s.m.: grande desejo; piedade; fé. | Ant.: indiferença, apatia.
fibra s.f. (fig.): o recanto mais íntimo.
filantropia s.f.: amor à humanidade; altruísmo. | Ant.: misantropia.
fímbria s.f.: orla, beira, borda.
fino adj.: delgado, grácil.
fisgadela s.f.: ação de fisgar, isto é, prender ou agarrar com rapidez.
fixo adj.: imóvel, firme, estável; seguro. | Ant.: móvel, instável, solto.
formigar v.: existir em grande número (como formigas num formigueiro).
frágil adj.: fraco, débil, quebradiço, delicado. | Ant.: forte, rijo, durável.
fragor s.m.: estrondo.
freguesia s.f.: paróquia; povoação, lugarejo.
frequente adj.: V. *comum*.
frívolo adj.: fútil, volúvel, banal.
fulgir v.: V. *brilhar*.
fulgor s.m.: brilho forte.
fumarento adj.: nevoento, nublado.
funesto adj.: fatal; cruel.
furna s.f.: caverna, gruta, cova.
gorjear v.: cantar, trinar, trilar (os pássaros).
grácil adj.: delicado, delgado, fino, débil, frágil.
gradação s.f.: sucessão gradual, isto é, que se faz aos poucos.
grandeza s.f.: magnitude, grandiosidade. | Ant.: pequenez, insignificância.
grotesco adj.: ridículo, risível.

habitual adj.: V. *comum*.
hesitar v.: vacilar.
horrendo adj.: horrível, muito feio.
ignavo adj.: V. *covarde*.
ignoto adj.: V. *desconhecido*.
ilusório adj.: enganoso, falso, vão. | Ant.: verdadeiro, genuíno, autêntico, real.
imaculado adj.: sem mancha ou mácula; puro; limpo.
imergir v.: entrar em. | Ant.: emergir.
imodéstia s.f.: vaidade, convencimento, presunção; ostentação. | Ant.: V. *modéstia*.
imóvel adj.: parado, fixo, inerte. | Ant.: móvel, movimentado.
impávido adj.: V. *corajoso*.
impensado adj.: irrefletido, inconsiderado, imprudente. | Ant.: ponderado.
imperar v.: reinar.
impetuoso adj.: violento, agitado. | Ant.: calmo, tranquilo.
impiedade s.f.: V. *inclemência*.
implorar v.: rogar, suplicar.
importância s.f.: V. *prestígio*.
imprudente adj.: temerário, afoito, incauto, precipitado, descuidado. | Ant.: V. *cauteloso*.
inatingível adj.: que não se pode atingir; inalcançável.
incandescente adj.: em fogo, aceso.
incerto adj.: imprevisível, mudável.
incidência s.f.: reflexo.
incidente s.m.: caso, acontecimento, ocorrência.
inclemência s.f.: severidade, rigor, impiedade, insensibilidade. | Ant.: V. *clemência*.
incluir v.: admitir, fazer entrar. | Ant.: excluir.
incoerente adj.: desordenado, disparatado, ilógico.
inconsiderado adj.: V. *impensado*.
incontaminado adj.: que não se contaminou; imaculado; puro, limpo.
incorporação s.f.: inclusão, reunião de várias coisas numa só.
incrédulo adj.: descrente.
indelicadeza s.f.: descortesia, impolidez, grosseria. | Ant.: V. *cortesia*.
indomável adj.: bravio, invencível. | Ant.: domável, subjugável, sujeitável.
indulgência s.f.: V. *clemência*.
inesgotável adj.: inextinguível, inexaurível, inacabável. | Ant.: esgotável, extinguível, exaurível, consumível.
infindo adj.: sem fim, inacabável.
influência s.f.: V. *prestígio*.
infrutífero adj.: inútil, vão.
íngreme adj.: muito inclinado; escarpado; difícil de subir. | Ant.: suave.

inquieto adj.: intranquilo, alvoroçado, agitado. | Ant.: V. *calmo*.
insignificância s.f.: pequenez.
instável adj.: móvel, oscilante. | Ant.: estável.
interior s.m.: o lado de dentro; o sertão. | Ant.: exterior.
interno adj.: que está dentro; de dentro. | Ant.: externo.
inundar v.: alagar.
inútil adj.: vão, infrutífero, frustrado.
invejável adj.: cobiçável, desejável. | Ant.: desprezível, indesejável.
inverídico adj.: suposto, fictício, fabuloso, quimérico. | Ant.: verdadeiro.
inverossímil adj.: que não parece verdadeiro; improvável. | Ant.: verossímil.
irisar-se v.: colorir-se, matizar-se (das cores do arco-íris).
irrefletido adj.: impensado.
irreprimível adj.: que não se pode conter; indomável, irrefreável, incoercível. | Aut.: reprimível, refreável, coercível.
jeitoso adj.: hábil, habilidoso, destro, maneiroso. | Ant.: desajeitado.
ladino adj.: esperto, astucioso.
latagão s.m.: homem robusto e de estatura elevada.
leal adj.: sincero, franco, honesto; fiel. | Ant.: V. *desleal*.
lenda s.f.: conto, história imaginosa; tradição popular.
lento adj.: moroso, tardo, lerdo. | Ant.: V. *rápido*.
lerdo adj.: V. *lento*.
lesto adj.: V. *rápido*.
leviano adj.: irrefletido, impensado; sem seriedade. | Ant.: sensato.
libertar v.: liberar, livrar. | Ant.: V. *prender*.
límpido adj.: claro, limpo, cristalino, transparente.
limpo adj.: expurgado, purificado; límpido.
liso adj.: macio, brando, suave ao tato. | Ant.: áspero.
lume s.m.: fogo.
luxo s.m.: pompa, suntuosidade, fausto. | Ant.: simplicidade.
luzir v.: brilhar.
macio adj.: liso, suave, mole, brando. | Ant.: áspero.
macular v.: sujar, manchar.
magnitude s.f.: grandeza. | Ant.: V. *pequenez*.
majestoso adj.: que tem majestade; grandioso.
maléfico adj.: V. *nocivo*.
maravilhar v.: V. *encantar*.
maromba s.f.: maroteira, esperteza.
matiz s.m.: colorido; tom das cores.
matizar v.: colorir em tons de variação suave.
meigo adj.: terno, suave.
melancolia s.f.: tristeza.

melancólico adj.: tristonho, taciturno, triste.
mercê s.f.: V. *clemência*.
microscópico adj.: miúdo, muito pequeno.
miniatura s.f.: reprodução em ponto pequeno.
misantropia s.f.: desestima à humanidade; aversão a viver em sociedade com os outros homens. | Ant.: filantropia.
misericórdia s.f.: V. *clemência*.
modéstia s.f.: simplicidade, singeleza, despretensão. | Ant.: V. *imodéstia*.
modesto adj.: sem vaidade nem convencimento; simples, despretensioso. | Ant.: convencido, pretensioso, imodesto, orgulhoso.
monólogo s.m.: fala de alguém consigo mesmo; solilóquio.
moroso adj.: V. *lento*.
mortífero adj.: que traz ou causa a morte; mortal.
natural adj.: espontâneo, simples. | Ant.: V. *artificial*.
nocivo adj.: daninho, maléfico, prejudicial. | Ant.: benéfico, útil.
oca s.f.: cabana ou palhoça de índios.
ocaso s.m.: o pôr do sol; crepúsculo da tarde; poente, entardecer. | Ant.: V. *alvorada*.
ondulante adj.: que ondeia, oscilante como uma onda.
orla s.f.: borda, fímbria.
oscilante adj.: móvel, instável, ondulante.
ostentação s.f.: imodéstia, luxo.
ousado adj.: V. *corajoso*.
outeiro s.m.: colina, morro, pequeno monte.
oxidado adj.: enferrujado.
pachorra s.f.: paciência, calma, fleuma. | Ant: impaciência.
pachorrentamente adv.: calmamente.
paciência s.f.: resignação; pachorra, calma.
paixão s.f.: amor descontrolado; afeto imoderado e violento.
pajé s.m.: chefe espiritual dos índios.
paradisíaco adj.: próprio do paraíso; celeste, muito agradável.
paralisado adj.: imobilizado.
paspalhão s.m.: tolo, toleirão.
passageiro adj.: efêmero, transitório.
pastor s.m.: pegureiro, zagal.
peça s.f.: engano, logro, partida.
pedrouço s.m.: monte de pedras.
pegureiro s.m.: pastor.
penar v.: sofrer, padecer.
pensativo adj.: cismador, cismativo.
pequenez ou pequeneza s.f.: insignificância. | Ant.: grandeza.

perdoar v.: desculpar, remitir.
perecer v.: desaparecer; morrer.
perene adj.: duradouro, eterno. | Ant.: V. *passageiro*.
perpetuamente adv.: eternamente.
persistente adj.: contínuo, insistente, tenaz.
perspectiva s.f.: panorama, vista geral.
pétreo adj.: de pedra.
petulante adj.: insolente, ousado, atrevido.
plácido adj.: V. *calmo*.
plano s.m.: previsão, planejamento.
polidez s.f.: V. *cortesia*.
polido adj.: luzidio, brunido; cortês.
poluir v.: contaminar, sujar.
pompa s.f.: V. *luxo*.
ponderado adj.: pensado, refletido, meditado; premeditado; prudente. | Ant.: impensado.
pôr do sol, expr. subst. masc.: V. *ocaso*.
postiço adj.: V. *artificial*.
pouco a pouco loc. adv. de tempo: devagar, aos poucos, lentamente. | Ant.: rapidamente, depressa, logo.
prece s.f.: oração, reza; súplica.
prender v.: aprisionar, capturar, apresar. | Ant.: V. *libertar*.
presa s.f.: animal (ou coisa) que se conseguiu apreender; dente canino dos animais.
pressentimento s.m.: intuição, palpite.
prestígio s.m.: importância, influência. | Ant.: desprestígio.
presto adj.: V. *rápido*.
presunção s.f.: V. *imodéstia*.
pretender v.: aspirar a.
prever v.: V. *adivinhar*.
primor s.m.: perfeição, esmero.
produtivo adj.: V. *fértil*. | Ant.: V. *estéril*.
profícuo adj.: proveitoso, útil, vantajoso. | Ant.: improfícuo, improdutivo, inútil, vão.
próximo adj.: vizinho; imediato, seguinte. | Ant.: distante, longínquo, afastado.
prudência s.f.: cautela, precaução, sensatez, siso. | Ant.: imprudência, insensatez.
rápido adj.: lesto; célere, presto. | Ant.: V. *lento*.
raramente adv. de tempo: raro, pouco; poucas vezes. | Ant.: frequentemente.
raro adj.: incomum, invulgar, excepcional, desusado. | Ant.: V. *comum*.
real adj.: verdadeiro, verídico.

realizar v.: efetuar, tornar real.
rebaixar v.: aviltar, amesquinhar.
recuperar v.: conseguir de volta o que se perdera; recobrar.
redobrar v.: duplicar, aumentar.
redondezas s.f.pl.: arredores.
refletir v.: espelhar, retratar.
regozijar-se v.: alegrar-se, rejubilar-se.
remir v.: redimir, resgatar, livrar; expiar.
repreender v.: censurar, admoestar. | Ant.: V. *elogiar*.
resistir v.: não ceder; oferecer resistência; opor-se. | Ant.: ceder.
ressoar v.: ecoar.
retratar v.: espelhar, refletir.
retumbante adj.: que estrondeia.
ribanceira s.f.: barranco íngreme à margem de um rio.
ribeiro s.m.: riacho, regato.
rigor s.m.: severidade, dureza, inclemência.
ritmo s.m.: cadência; musicalidade; movimento regular.
salubre adj.: saudável.
salutar adj.: saudável.
são adj.: saudável.
saudável adj.: salubre, salutar, são, sadio. | Ant.: inóspito, insalubre.
sedento adj.: sequioso.
sedução s.f.: atração, fascínio.
sedutor adj.: atraente, fascinante. | Ant.: repelente, repulsivo.
seio s.m.: âmago, íntimo.
semblante s.m.: figura, fisionomia, aparência.
semelhante adj.: idêntico, análogo, parecido, conforme, igual, símil. | Ant.: desigual.
sensato adj.: prudente, ponderado. | Ant.: V. *leviano* e *imprudente*.
senzala s.f.: conjunto de casas ou alojamentos que antigamente se destinavam aos escravos.
sequioso adj.: sedento.
sereno adj.: tranquilo, calmo.
severidade s.f.: rigor, inclemência.
silencioso adj.: calado. | Ant.: barulhento, ruidoso.
símil adj.: V. *semelhante*.
simplicidade s.f.: V. *modéstia*.
sina s.f.: destino, sorte.
singeleza s.f.: V. *modéstia*.
singelo adj.: simples, modesto.
soalheira s.f.: a hora de maior calor ao sol; exposição aos raios do sol.

sobranceiro adj.: alto, elevado.
solicitude s.f.: atenção, cuidado, empenho, interesse.
sonho s.m.: desejo ardente; aspiração; ideal; visão.
sopé s.m.: falda, base de monte.
suave adj.: brando.
súbito adj.: repentino. — **de súbito** loc. adv. de modo: de repente.
suntuosidade s.f.: V. *luxo*.
sutil adj.: difícil de perceber; delicado.
taciturno adj.: 1. silencioso, calado, mudo. 2. tristonho, melancólico;
tapera s.f.: casebre, choupana.
tardo adj.: V. *lento*.
tenaz adj.: persistente, perseverante. | Ant.: indolente, inerte; conformado.
tom s.m.: 1. entoação; som; 2. colorido, tonalidade, matiz.
tombar v.: cair pesadamente.
tona s.f.: superfície.
tonalidade s.f.: tom (2).
topo s.m.: alto; extremidade superior.
torrente s.f.: jorro, correnteza, catadupa.
traidor adj.: traiçoeiro.
tranquilidade s.f.: V. *calma*.
tranquilo adj.: sereno, calmo, pacífico, plácido. | Ant.: inquieto.
transitório adj.: efêmero, passageiro.
triste adj.: melancólico, taciturno. | Ant.: V. *alegre*.
trivial adj.: V. *comum*.
túmido adj.: inchado, intumescido, crescido.
turbilhão s.m.: redemoinho; forte agitação circular das águas.
úbere adj.: V. *fértil*.
urbanidade s.f.: V. *cortesia*.
usual adj.: V. *comum*.
vacilar v.: hesitar, oscilar.
vago adj.: indefinível, impreciso.
vão adj.: inútil.
vasto adj.: amplo, grande, largo. | Ant.: estreito, pequeno.
velar v.: 1. esconder, tapar. 2. vigiar, proteger.
vencido adj.: dominado, derrotado, prostrado.
venturoso adj.: feliz, afortunado, ditoso. | Ant.: infeliz, infortunado, desditoso, malsinado.
verdadeiro adj.: real, verídico. | Ant.: V. *inverídico* e *artificial*.
vereda s.f.: caminho estreito.
verídico adj.: V. *verdadeiro*.
verossímil adj.: que parece verdadeiro; provável. | Ant.: inverossímil.

vertiginoso adj.: que gira com grande rapidez (a ponto de provocar vertigens); estonteante, perturbador.
vestígio s.m.: sinal; rastro.
vexado adj.: envergonhado.
viçoso adj.: cheio de viço, isto é, de vigor, de vida (em referência aos vegetais).
visão s.f.: sonho.
volatilizado adj.: reduzido a uma substância volátil, como o gás e o vapor.
vulgar adj.: V. *comum*.
zagal s.m.: pastor.
zarpar v.: fugir, sair apressadamente.

Respostas dos exercícios

Noções elementares de sintaxe (p. 19)

1. Orações (sentido completo): a), c) e g).
Partes de oração (sentido incompleto): Todos as demais.

2. b) Na noite de Natal *toda a família se reúne*. – d) Um rebanho de carneiros brancos *dormia*. – e) O pelo dos ferozes animais *se arrepiava*. – f) *As presas dos animais brilhavam* ao clarão da fogueira. – h) Aluno que não estuda *não aprende*. – i) Viu que o pobre homem *não tinha onde morar*. – j) *Ao seu redor havia um círculo de anjos de asas muito brancas e de mais brilho que a prata*. – l) O lindo palácio do príncipe *surgiu ao longe*. – m) Simão, o macaco, e Bichano, o gato, *viviam brigando*. – n) *Todos os bichos respeitavam* o temível leão, rei dos animais.

3. (1) *declarativas afirmativas:* b), d) e e).
(2) *declarativas negativas:* a) e g).
(3) *interrogativas diretas:* i), l) e o).
(4) *interrogativas indiretas:* j), k), n) e p).
(5) *imperativas afirmativas:* c), h) e m).
(6) *imperativa negativa:* f).

4. a) O *sol* brilha. – b) Os *pássaros* voam. – c) A *vaca* muge. – d) Chegou um *desconhecido* (ou *homem*, ou *carro* etc.] – e) O *tempo* passa. – f) Brilham as *estrelas*. – g) Os *livros* instruem. – h) O *pão* alimenta. – i) O *soldado* combate. – j) A *brisa* refresca.

5. a) Ninguém *saiu* [ou *chegou*, ou *entrou*, ou *sabia*, ou *acertou* etc.] – b) Quem estuda *aprende*. – c) Cada um *trouxe um livro*. – d) Estes *são melhores*. – e) Lindas borboletas amarelas *voavam*. – f) O trigo *alimenta*. – g) Deus *criou o mundo*. – h) O homem e a mulher *se amam*. – i) Nossa família *se reúne no Natal*. [ou *é unida* etc.] – j) Um grande grupo de alunos *fez uma excursão*.

6. Eu | rego as plantas. – A rosa e o cravo | embelezam os jardins. – Um raio | caiu sobre a árvore. – Caim | matou Abel. – As abelhas | fabricam o mel. – O verão | está próximo. – O homem do nosso tempo | está conquistando o espaço. – Ninguém | acredita num mentiroso. – O navio | atracou. – Vários passageiros | desembarcaram do navio.

7. a) aluno *aplicado* [ou *estudioso*] – b) *agradável* [ou *aprazível*] passeio à *bela* [ou *bonita, linda* etc.] praia – c) ar *campestre* – d) histórias *instrutivas* [ou *agradáveis*] – e) *simples* [ou *pobre, rústica* etc.] manjedoura – f) *linda* [ou *fresca*, ou *esplêndida, luminosa* etc.], eu e minha *cara* [ou *prezada, querida*] colega fomos colher *lindas* [ou *perfumadas*] flores *coloridas* – g) pele *delicada* [ou *sensível*] aos *fortes* raios – h) remédio *milagroso*.

8. a) passa (intr.) – b) criou (tr.) o mundo em seis dias. – c) no sétimo dia descansou (intr.) – d) agitava (tr.) – e) aprecia (tr.) – f) escutavam (intr.) atentamente – g) correm (intr.) durante as férias – h) rezavam (intr.) – i) precisa (tr.) de professores. – j) desabou (intr.).

9. a) O caçador apanhou uma *cutia* [ou *lebre, paca* etc] – b) A professora chamou-*me* [ou *o, te, nos, os*] – c) O cavalo come *capim* [ou *milho* etc.] – d) O sol derreteu o *gelo*. – e)

A lã *nos* protege contra o frio. – f) Admiro os *homens* de coragem. – g) As árvores balsâmicas purificam o *ar*. – h) Os ingratos esquecem os *benefícios* recebidos. – i) As frutas, só as como maduras. – j) O escultor modela *estátuas*. – k) Fui à casa de Paulo, mas lá não havia *ninguém*. – l) "Tudo *nos* une, nada *nos* separa." – m) O criminoso merece *castigo*. – n) Ama teus pais e respeita-os. – o) O piloto conduz o *navio* [ou *avião*]. – p) A contemplação da natureza alegra nosso *espírito*.

10. a) *de* – b) *em* – c) *d(o)* – d) *em* – e) *a* – f) *a* – g) *a* – h) *a(os)* – i) *de* – j) *de*

11. a) *(a)os idosos* [ou *mais velhos*] – b) *alunos, professores* – c) *dono* – d) *ti* – e) *lhe* – f) *lhes, lhes, lhe* – g) *lhe*.

12. Objetos diretos: *dúvidas, teu livro, o dicionário* – *belos poemas* – *uma carta* – *a caça, la*. – *muitos presentes* – *o livro prometido* – *um prêmio* – *teu bem, os, te* – *o ladrão, no* – *Português*.

Objetos indiretos: *de teu auxílio* – *a José* – *ao programa de televisão* – *lhe* – *lhe* – *ao melhor aluno* – *em teus pais, lhes* – *nos exames*.

13. a) *laranja, limão* – b) *A Terra* [ou *Vênus, Marte* etc.] – c) *estrelas* – d) *Dom Pedro* – e) *Deus* – f) *O leão* [ou *o tigre* etc.] – g) *tartaruga, a lebre* – h) *flores, as folhas* – i) *Os alunos* – j) *A cera* – k) *céu*.

14. a) *está* – b) *é* – c) *parecia* – d) *ficaram* [ou *permaneceram*] – e) *ficou* – f) *vira* – g) *fores* – h) *estava* [ou *esteve*] – i) *ficou* – j) *foram* [ou *serão*].

15. a) *um vício* – b) *calados* [ou *quietos*] – c) *espuma* – d) *contente* [ou *satisfeito* etc.] – e) *gigante* – f) *um astro* [ou *quente*] – g) *firme*.

16. Adjuntos adnominais: *escura*. – *lindo, azul*. – *velho*. – *frio, tranquilo*. – *idoso*. – *gentil*. – *impetuoso* – *velho*. – *marítimo*. – *aéreas* – *grossas, arenoso*.

Predicativos: *saudável*. – *profundíssimo*. – *surdo*. – *delicioso*. – *cego*. – *seguras*.

17. Objetos diretos: *o fogo*. – *o seu pastor*. – *o médico*. – *os alunos estudiosos, os preguiçosos*. – *nossa obrigação*. – *a Exposição*. – *um companheiro*. – *aquela lição*. – *os homens* – *as*.

Predicativos: *acostumado*. – *delirante*. – *justo*. – *admirado*. – *solitário*. – *cansada*. – *funesta*. – *prejudiciais*.

18. a) *a, dócil, soltas, (d)o, meu*. – b) *O, pequenino, um, lindo, querido, sua, infantil*. – c) *O, a, toda (n)um* [*num*], *grande*. – d) *Os, verdadeiros, (d)a, as, os, preto, (n)a, miúda*. – e) *calmos, as, a, (n)uma, preguiçosa, larga, branca, transparentes*. – f) *Seus, pequenos, (n)os, tombados*.

19. a) Adormeceu *logo*. – b) *À tarde* começou o céu a colorir-se *totalmente* de nuvens. – c) Resolveram *então* armar as barracas. – d) Zunia *ruidosamente* o vento. – e) O tempo melhorou *depois* [ou *mais tarde*]. – f) Saímos todos *alegremente*. – g) A formiga trabalha *sem descanso* [ou *incansavelmente*], enquanto a cigarra canta *despreocupadamente*. – h) O professor chegou *cedo* [ou *tarde*]. – i) *Infelizmente* não pude sair *antes*.

20. *logo*: tempo. – *à tarde*: tempo; *totalmente*: modo. – *então*: tempo. – *ruidosamente*: modo. – *depois, mais tarde*: tempo. – *alegremente*: modo. – *sem descanso, incansavelmente, despreocupadamente*: modo; *cedo, tarde*: tempo; *infelizmente*: modo; *antes*: tempo.

21. Do "Cromo XXXVI": 1: A casa de palha abre as janelas ao sol. – 2: Na horta o dono trabalha. – 3: Desde que veio o arrebol. – 4: E a companheira... estende um claro lençol. – 5: No ribeiro cristalino bebem as aves. – 6: O sino chama os cristãos à matriz. – 7: Entra a mulher. – 8: Mas da porta fala, meiga, para a horta. – 9: Vamos à missa, Luís?

Da "Canção do exílio": 1: Nosso céu tem mais estrelas. – 2: Nossas várzeas têm mais flores. – 3: Nossos bosques têm mais vida. – 4: Nossa vida (tem) mais amores.

22. Apostos: a) *amigo, companheiro,* – d) *meus irmãos.* – f) *minha terra,* – k) *o velho fazendeiro,* k) *um filho querido. rapaz inteligentíssimo,* – l) *companheiros de infância,* – o) *Filho de Deus.*

Vocativos: b) *Meu pai,* – c) *Criança,* – e) *meus irmãos,* – f) *bandeira do Brasil,* – g) *Rapaz,* – h) *vovó,* – i) *Tibicuera,* – j) *Irmão Tomás,* – k) *leitor,* – l) *Ó meus brinquedos,* – m) *guerreiros,* – n) *meninos,* – o) *Jesus.*

23. (suj.) Nomes principais do sujeito e pronomes-sujeito

a) *Meu* (adj. adn.); *pai* (suj.); *nascera* (v. intr.); *na roça* (adj. adv./lugar) b) *O* (adj. adn.); *almoço* (suj.); *corria* (v. intr.); *sem problemas* (adj. adv./modo) – c) *À sobremesa* (adj. adv./tempo); *lia* (v. tr. dir.); *nos* (obj. dir.); *trechos variados* (obj. dir.) – d) *Às vezes* (adj. adv./tempo); *esquecia-se* (v. tr. dir.); *do tempo* (obj. dir.) – e) *Ficávamos* (v. lig.); *ansiosos* (pred.) – f) *Lá fora* (adj. adv./lugar); *os* (adj. adn.); *companheiros* (suj.); *esperavam nos* (v. tr. dir.); *nos* (obj. dir.), *com impaciência* (adj. adv./modo) – g) *A* (adj. adn.); *família* (suj.); *em noites de lua* (adj. adv./tempo); *de lua* (adj. adn.); *ia* (v. intr.); *à casa do Melo* (adj. adv.lugar); *do Melo* (adj. adn.) – h) *Chegavam* (v. intr.); *visitas* (suj.) – i) *Papai* (suj.); *levava* (v. tr. dir.[é, ao mesmo tempo, tr. ind.]); *a todos* (obj. ind.); *uma mensagem literária* (obj. dir.); *uma e literária* (adj. adn.) – j) *O* (adj. adn.); *caçador* (suj.); *apontava* (v. tr. dir.); *a arma* (obj. dir.); *ouvia-se* (v. intr.); *um* (adj. adn.); *tiro* (suj.); *a* (adj. adn.); *onça* (suj.); *caía* (v. intr.); *no chão* (adj. adv./lugar) – k) *Todos* (suj.); *permaneciam* (v. lig.); *atentos* (v. lig.) – l) *gente* (suj.); *adulta* (adj. adn.); finalmente (adj. adv./tempo); *nos* (obj. dir.); *esquecia* (v. tr. dir.) – m) *Eu* (suj.); *preferia* (obj. dir.[é, ao mesmo tempo, tr. direto]); *o jogo de prendas* (obj. dir.); *de prendas* (adj. adn.); *às peças de piano* (obj. ind.); *de piano* (adj. adn.).

a) *Sua* (adj. adn.); *memória* (suj.); está (v. lig.); fraca (pred.); *hoje* (adj. adv./tempo); *Sua idade* (obj. dir.); *ninguém* (suj.); *sabia* (v. tr. dir.) – b) *Luisa Velha* (suj.); era (v. lig.); *muito* (adj. adv./intensidade); esperta (pred.) – c) *Sempre* (adj. adv./tempo); *gostei* (v. intr. Ind.); *das suas histórias* (obj. ind.) – c) *agradavam* (v. tr. Ind.); lhe (obj. ind.); as (adj. adn.); histórias (suj.); *de onças* (adj. adn.).

24. Adjuntos adnominais: a) *estranha,* b) *aquática,* d) *esta,* g) *do céu,* k) *de prata,* o) *de amor,* s) *essa.*

Adjuntos adverbiais: h) *às vezes* e i) *sempre* (tempo), j) *longe,* l) *dentro dele* (lugar), p) *com desespero* (modo), q) *para sempre* (tempo).

Sujeito: c) *os índios.*

Objetos diretos: e) [esta] *lenda,* m) *a imagem da lua,* n) (chamando)-*a,* r) [transformou] *o corpo,* t) *corola.*

Predicativo: f) *guerreiro de prata.*

Fonética e fonologia (p.47)

1. (3) *a*: a mais aberta das vogais; (2) *é* e *ó*: vogais abertas; (1) *ê* e *ô*: vogais fechadas; (4) *i* e *u*: as duas vogais mais fechadas.

2. a) *folha*, b) *passeio*, c) *lâmpada*, d) *chave*, e) *olhar*, f) *quiseste*, g) *ganhar*, h) *preguiça*, i) *porque*, j) *arrasar*, k) *comum*, l) *língua*, m) *campo*, n) *canto*, o) *passo*, p) *desça*, q) *progresso*, r) *exceder*, s) *guerra*, t) *fizesse*, u) *bicho*.

3. a) *açougue, filé, preço, não;* b) *sermões, avô, razão;* c) *ofereça, irmão, picolé, avó;* d) *maçã, café, você, José, Inês, três.*

4. a) *vários*, b) *lúcido*, c) *Vênus*, d) *cômoda*, e) *único*, f) *tímido*, g) *lâmpada*, h) *rígido*.

5. a) *guarda-roupa*, b) *falei-lhe*, c) *frango-d'água*, d) *Joaquim d'Almeida*.

6. a) *trouxe* = sê, b) *luxo* = xê, c) *exame* = zê, d) *passar* = sê, e) *obséquio* = zê, f) *cedo* = sê, g) *acrescentar* = sê, h) *bexiga* = xê, i) *flexão* = qs, j) *cresça* = sê, k) *exceder* = sê, l) *fixo* = qs, m) *trânsito* = zê, n) *gente* = jê, o) *dança* = sê, p) *coser* = zê, q) *flecha* = xê, r) *auxiliar* = sê.

7. Vocábulos com dígrafos: *velho, rocha, manhã, guerra, sessão, ralhar*.

Vocábulos com encontros consonantais: *clero, cobra, ficção, ritmo, convicto, fixo* [x = qs], *aspecto, advogado, pneumático*.

8. ve-lho, ro-cha, cle-ro, ma-nhã, guer-ra, co-bra, fic-ção, ses-são, rit-mo, con-vic-to, fi-xo, ra-lhar, as-pec-to, ad-vo-ga-do, pneu-má-ti-co.

9. a) ê. ô, *i, u*; b) oral; c) distinguem; d) *a* e *o*; e) *e* ou *i*; f) vogal, vogal; g) *ui* (no vocábulo *muito*).

10. a) *cheguei* -ei decr., oral; b) *leais* -ai, decr., oral; c) *frequente* -ue, cresc., nasal; d) *órgão* -ão, decr., nasal; e) *choram* -am, decr., nasal, f) *gratuito* -ui, decr., oral; g) *fazem* -em, decr., nasal, h) *muito* -ui, decr., nasal; i) *glutão* -ão, decr., nasal, j) *apoio* -oi, decr., oral.

11. a) *suor*, hiato; b) *mágoa*, dit. cresc.; c) **ioiô**, duplo dit. cresc.; d) **suou**, hiato entre vogal e dit. decr.; e) **ruim**, hiato; f) **vaiei**, hiato entre dois ditongos; g) **iguais**, tritongo; h) **luar**, hiato; i) *cárie*, dit. cresc.; j) **voam**, hiato entre vogal e dit. decr.

12. a) *tranquilo*: dit. cresc. oral; b) *quilo*: o *u* faz parte do dígrafo *qu*; c) *quase*: dit. cresc. oral; d) *pegue*: o *u* faz parte do dígrafo *gu*; e) *igual*: dit. cresc. oral; f) *guia*: o *u* faz parte do dígrafo *gu*.

13. Monossílabos: *reis, quais, pneu, quão, flor*. Dissílabos: *iguais, ioiô, fiou, aia, qualquer, caixão, régua, peixe, ritmo, cruéis, praia, caiu*. Trissílabos: *urutau, tesoura, ferreiro, aquário, jiboia, Uruguai*.

14. i-guais, io-iô, u-ru-tau, fi-ou, ai-a, qual-quer, cai-xão, ré-gua, te-sou-ra, pei-xe, fer-rei-ro, rit-mo, cru-éis, a-quá-rio, ji-boi-a, U-ru-guai, prai-a, ca-iu. [É evidente que os monossílabos não se dividem.]

15. a), b) e c) *pátria, série, árduo*: dissílabo paroxítono ou trissílabo proparoxítono; d) e e) *planície, história*: trissílabo paroxítono ou polissílabo proparoxítono.

16. Vocábulos que têm a vogal tônica aberta: a), c), f), i) e j). – Os demais têm a vogal tônica fechada.

17. Divisão em fim de linha: a) as-|tro, b) a-|poi-|ais, c) en-|xa-|guei, d) quais-|quer, e) joi-|as, f) rit-|mo, g) abs-|ces-|so, h) e-|gíp-|cio, i) sub-|lo-|car, j) op-|tar, k) disp-|nei-|a, l) Pto-|lo-|meu, m) abs-|tra-|ir, n) mo-|i-|nho, o) sa-|in-|do, p) a-|dep-|to, q) bi-|sa-|vó, r) pneu-|má-|ti-|co. [Embora não seja errada, evita-se, por uma questão de estética, a partição que deixa uma só letra numa das linhas, como é o caso de apoi-ais, egíp-cio, dis-pneia, adep-to.]

18. 1) monossílabos tônicos: *mais, pé, luz. - é. - sou. - luz. - dê, flor. - vez. - réu, foi, seu. - tem, quê, - Sé;*

2) monossílabos átonos: *te, ao, da. - A, de. - o, o, a, me. - me. - me, a, que, me. - o, das. - O, que, a, do, o. - um, que. A, da, se, em;*

3) dissílabos átonos: *para* [descermos]. - *porque* [quero]. - *uma, uma;*

4) oxítonos: *apear. - está. - você, prometeu. - saber,* [o] *porquê, aprender. - decidiu. - olhar, seduz;*

5) paroxítonos: *Chega. - sala, visitas, muito, clara. - Quando, para, descermos. - Esta, incomodando. - Procuro, coisas, quero. - princesa. - voto, sorte. - igreja, acha, obras;*

6) proparoxítonos: *ônibus, último.*

19. (1) proparoxítonos permanentes: b), d), f), g), i), k), q), s), e u). - (2) proparoxítonos ocasionais: e), j), n), r) e t). - (3) outros [são todos paroxítonos]: a), c), h), l), m), o), p) e v).

20. Oxítono: *Madagascar.* - Paroxítonos: *avaro, batavo, grácil, ibero, inaudito, maquinaria, pegadas, pênsil, pudico, rubrica, têxtil, fluido.* - Proparoxítonos: *bávaro, cátedra, crisântemo, década, êxodo, hieróglifo, pântano, protótipo, quadrúmano.* [Observe como todos os proparoxítonos recebem um acento.]

21. Oxítonos: *Gibraltar, refém, sutil, harém.* - Paroxítonos: *cartomancia, perito, barbaria, barbárie* [ou proparoxítono ocasional] *mercancia, erudito, estrátegia* [ou proparoxítono ocasional]. *filantropo, circuito, gratuito.* - Proparoxítonos: *Niágara, aerólito, gárrulo, bólide, espécime, horóscopo, sátrapa, zéfiro, zênite.*

REGRAS ESSENCIAIS DE ORTOGRAFIA (P. 69)

1. *embriaguez.*

2. 1) *pretensioso,* 2) *reverdecer,* 3) *cerzir,* 4) *obcecado,* 5) *seiscentos,* 6) *floresçam,* 7) *dançarino,* 8) *cetim,* 9) *muçulmano,* 10) *descanso,* 11) *intercessão,* 12) *Hortênsia,* 13) *ascensão,* 14) *recenseamento,* 15) *cansado,* 16) *escocês,* 17) *maciço,* 18) *ressuscitar,* 19) *asteca,* 20) *vísceras,* 21) *ansioso,* 22) *exceção,* 23) *dezessete,* 24) *discussão,* 25) *à beça,* 26) *profissão,* 27) *cansaço,* 28) *vicissitude,* 29) *facínora,* 30) *estender,* 31) *excursão,* 32) *armação.*

3. a) *limpidez* tem o sufixo *ez*, de subst. abstrato derivado de adjetivo; b) *Teresina* derivado de *Teresa;* c) *freguesia* vem de *freguês;* d) *cafezal* tem o sufixo *zal;* e) *pesquisar* vem de *pesquisa;* f) *braseiro* derivado de *brasa;* g) *camponês* tem o sufixo *ês*, que indica o morador, o que vive num lugar; h) *felizmente* derivado de *feliz;* i) *revezar* tem o radical *vez;* j) *legalizar* tem o sufixo *izar;* k) *gasômetro* tem os radicais *gás* e *metro;* l) *Luisinho* é diminutivo de *Luis.*

4. 1) *catequizar,* 2) *embriaguez,* 3) *enviesado,* 4) *obséquio,* 5) *buzinar,* 6) *cortesia,* 7) *paralisar,* 8) *querosene,* 9) *Luísa,* 10) *puseste,* 11) *através,* 12) *desprezo,* 13) *desprazer,* 14) *marquesa;* 15) *hesitar;* 16) *Luzia,* 17) *baliza,* 18) *pedrês,* 19) *analisar,* 20) *êxito,* 21) *trazer,* 22) *alteza;* 23) *sisudo,* 24) *razoável,* 25) *regozijo,* 26) *amizade,* 27) *revezar,* 28) *aprazível,* 29) *gasolina,* 30) *felizardo,* 31) *batizar,* 32) *atraso,* 33) *Satanás,* 34) *usina,* 35) *gozado,* 36) *obus.*

5. 1) *privilégio,* 2) *dessemelhante,* 3) *empecilho,* 4) *dentifrício,* 5) *pontiagudo,* 6) *cumeeira,* 7) *Eurípides,* 8) *destilado,* 9) *umedecer,* 10) *inigualável,* 11) *despender,* 12) *baleeira,* 13) *cerimônia,*

14) *dispêndio*, 15) *abençoe*, 16) *caititu*, 17) *lampião*, 18) *Lampião*, 19) *esquisito*, 20) *Casimiro*, 21) *pátio*, 22) *crânio*, 23) *réstia*, 24) *casimira*.

6. c) *pajem*.

7. a) *burburinho*, b) *sortimento*, c) *romeno*, d) *rebuliço*, e) *curtume*, f) *jabuti*, g) *tabuleta*, h) *estadual*, i) *bueiro*, j) *tabuada*, k) *engolir*, l) *polimento*, m) *mocambo*, n) *Manuel*, o) *urtiga*, p) *goela*, q) *cobiça*, r) *cutia*, s) *Páscoa*, t) *moela*.

8. a) *xavante*, b) *enxada*, c) *chuchu*, d) *capixaba*, e) *xará*, f) *charque*, g) *mexer*, h) *paxá*, i) *enxergar*, j) *faixa*, k) *flecha*, l) *xícara*, m) *puxa-puxa*, n) *queixo*.

9. a) *proveem* (de *prover*), b) *provêm* (de *provir*), c) *sustêm*, d) *leem*, e) *creem*, f) *reveem*.

10. *inalante*.

11. a) *apesar de*, b) *devagar*, c) *afim de* e *a fim de*, d) *de repente*, e) *vaivém* [também se aceita *vai e vem*], f) *por isso*, g) *Foi um deus nos acuda*, *melão-de-são-caetano*.

12. a) *grácil*, b) *protótipo*, d) *aerólito*, g) *tórax*, i) *harém*, j) *refém*, k) *têxtil*, m) *quadrúmano*, o) *recém-chegado*.

13. *Nélson*.

14. a) *irmãzinha*, b) *pãezinhos*, c) *paisinho* (*país* + *inho*; diferente de *paizinho*, formado de *pai* + *zinho*), d) *pazinhas*, e) *lapisinho*, f) *inglesinho*.

15. Vocábulos acentuados: g) *tênis*, i) o *revólver*, m) *ímpar*, n) *semissábio*, t) *Jerusalém*, u) *caráter*.

16. b) *delinquir*, c) *líquido*, e) *unguento*, i) *lânguido*, j) *apazigue* ou *apazígue*, m) *averiguem*, l) *vós arguís*, t) *quinquênio*.

17. a) *pôr* (verbo).

18. a) *paisinho* (de *país*), b) os *lapisinhos*, c) *corezinhas* (de *cores*), d) *portuguesinho*, e) *ananasinho*, f) *armazenzinho*.

19. Acentuam-se: j) *raízes*, l) *heroína*, o) *constituía*, p) *condoído*.

20. i) *porem* (v. *pôr*) – *porém* (conj.); l) *pode* (pres. ind. de *poder*) – *pôde* (pret. perf. ind. de *poder*) – *pode* (v. *podar*).

21. Sem hífen: *malmequer, autobiografia, a fim de, antiácido, ultrassom, autorretrato, anteontem, antessala, contrarregra*.

22. a) *autossugestão*, b) *antebraço*, c) *contrassenso*, d) *prorrogar*, e) *bissemanal*, f) *antigripal*, g) *semivogal*, h) *subdesenvolvido*, i) *ressoar*, j) *intramuscular*.

23. Revisão. Acentuam-se *i* e *u* tônicos, como segunda vogal do hiato, sozinhos na sílaba ou acompanhados de *s*, mas nunca antecedidos de *nh*: *contribuía, saísse, saísse, saía, saíste, reúne, juízes, país, países*. Acentua-se o verbo *pôr*.

Morfologia

desinências / flexão (p. 81)

1. Há várias respostas: ferreiro, ferroso/amável, amada/cafeeiro, cafezal/realmente, realizar/largura, largueza/escolar, escolada/seriamente/ heroísmo/pedreiro, pedrada/retidão/estudioso/junino/fixidez/cabeçudo, cabeçada/grandemente, grandeza.

2. Primitivas: semente, cascavel, escada, real, rival, barril, viagem.
   Derivadas: papelada, somente, geográfico, filial, realizar, folhagem, primaveril.
   Sufixo: -ada, -mente, -ico, -al, -izar, -gem, -il.
3. várias respostas, depende da escolha da palavras
4. a) con + discípulo, b) sub +marino, c) ante + passado, d) ponti + agudo, e) trans + Atlântico, f) alvi + negro, g) ex + pôr, h) fruti + fero, i) auto + lotação, j) bem + fazer + ejo, k) perna + alta, l) manu + escrito.
5. a) contra-atacar, b) aferrolhar, c) descortesia, d) antediluviano, e) comprovar, f) superposição, g) retardar, h) esgotar, i) infeliz, j) embarcar, k) ultrapassar, l) submeter, m) transatlântico
6. a) terráqueo, terrestre, térreo, terreno, b) marinho, marítimo, marear, mareado, c) cavalar, cavaleiro, cavalgar, cavalgada, d) caseiro, casario, e) aguaceiro, aguada, aguacento, f) vitral, vítreo, vidraceiro, vidraça, vidraria, g) livresco, livreiro, livrinho, livraria.
7. várias respostas, dependendo dos dicionários consultados.
8. a) internacional, b) antediluvianos, c) engarrafado, d) subterrânea, e) emudeci, f) alargar, g) intramusculares, h) endovenosas, i) autobiografia.

A SIGNIFICAÇÃO DAS PALAVRAS (P.86)

1. SINÔNIMOS: a) triste, taciturno; b) esplender, brilhar; c) quietação; d) desfavorável, contrário; e) detestáve, execrável; f) hesitar, oscilar; g) maléfico; h) transitório, passageiro, curto; i) saudável; j) delgado, delicado.
2. a) inútil, vão; b) pouco, poucas vezes; c) devagar, lentamente; d) real, verdadeira; e) redimir, resgatar; f) duradoura, eterna, perpétua.
3. a) símil: semelhante; b) plácido: calmo; c) salubre: saudável; d) pegureiro: pastor; e) adivinhar: prever; f) produtivo: fértil; g) análogo: semelhante; h) tranquilo: calmo; i) antever: prever; j) úbere: fértil; k) zagal: pastor; l) salutar: saudável.
4. a) aspirar a: pretender; b) esparzir: espalhar; c) esturricado: tostado; d) sequioso: sedento; e) expurgado: limpo; f) brunido: polido.
5. a) esconderijo de feras: covil; b) perfume suave das flores: fragrância; c) sinal que deixam os ferimentos: cicatriz; d) aquilo que dirige os animais em suas ações: instinto; e) pessoa que toma parte num banquete: comensal; f) pessoa a quem se deve dinheiro: credor; g) período de cem anos: século; h) doença que surge rapidamente num lugar e ataca ao mesmo tempo grande número de pessoas: epidemia; i) rochedo à flor da água: escolho; j) período de dez anos: década.
6. Depois das chuvas as plantas cresceram com mais viço. – A seiva circula pelas diversas partes dos vegetais. – Sua vocação para professor manifestou-se bem cedo. – O usurário é pão-duro. – O agiota cobra juros muito altos pelo dinheiro que empresta. – O terceiro milênio da era cristã começou no ano 2001. – Febre, dor de cabeça e inflamação das vias respiratórias são sintomas da gripe. – O decano da nossa faculdade é o velho professor de Português. – A Bíblia narra que Deus ditou os dez mandamentos da sua lei, o decálogo, a Moisés. – A dízima é um imposto equivalente à décima parte de um rendimento.
7. Lugar por onde um rio corre: (f) leito. – Lugar onde se recolhem as ovelhas: (j) aprisco. – Instrumento que mede a pressão atmosférica: (e) barômetro. – Expedição militar em

defesa do Cristianismo: (a) *cruzada*. – Estabelecimento onde se preparam os couros: (c) *curtume*. – Conjunto de animais de uma região: (g) *fauna*. – Instrumento que mede a temperatura: (d) *termômetro*. – Conjunto de vegetais de uma região: (h) *flora*. – Torre da igreja onde ficam os sinos: (i) *campanário*. – Planície entre montes: (b) *vale*.

8. a) *prestígio*: sin.: fama, importância, influência; ant.: desprestígio. b) *natural*: sin.: espontâneo, simples; ant.: artificial, afetado. c) *fixo*: sin.: imóvel, firme; ant.: trêmulo, oscilante, instável. d) *libertar*: sin.: liberar, livrar: ant.: apresar, capturar, aprisionar. e) *cortesia*: sin: civilidade, polidez, urbanidade: ant: grosseria, indelicadeza. f) *lento*: sin.: lerdo, tardo, moroso; ant.: célere, lesto. g) *impensado*: sin.: irrefletido, inconsiderado; ant.: ponderado, premeditado. h) *contemporâneos*: sin.: coevos, coetâneos; ant.: pósteros (para o futuro), antepassados. i) *corajoso*: sin.: destemido, impávido, arrojado, ousado, intrépido; ant.: poltrão. j) *cauteloso*: sin.: prevenido, precatado, prudente: ant.: imprevidente, descuidoso. k) *medroso*: sin.: covarde, ignavo; ant.: destemeroso, audaz. l) *jeitoso*: sin.: destro, habilidoso: ant.: inábil, desajeitado, canhestro. m) *desconhecido*: sin.: ignoto, ignorado, incerto: ant.: sabido. n) *semelhante*: sin.: idêntico, igual, conforme; ant.: diferente, dissímil. o) *fértil*: sin. feraz, fecundo; ant.: árido, improdutivo, maninho, estéril. p) *modéstia*: sin.: singeleza; ant.: luxo, pompa, imodéstia, fausto, suntuosidade. q) *verdadeiro*: sin.: real; ant.: fictício, suposto, postiço, fabuloso, quimérico. r) *exaltar*: sin.: dignificar, enaltecer; ant.: amesquinhar, denegrir, aviltar. s) *comum*: sin.: trivial, vulgar, frequente; ant.: insólito, raro, excepcional. t) *clemência*: sin.: mercê, misericórdia, indulgência; ant.: severidade, rigor.

9. ANTÔNIMOS: a) *magnitude* – insignificância; b) *leviano* – sensato; c) *verossímil* – inverossímil; *assomar* – d) desaparecer, sumir.

10. a) excluído – *incluído*; b) fervor – *indiferença* (ou *apatia*); c) imergir – *emergir*; d) prudência – *imprudência*; e) exterior – *interior*.

11. a) *execrar*: sin.: detestar; ant.: estimar, prezar. b) *macio*: sin.: brando, liso, suave, mole; ant.: áspero, duro, rígido. c) *altruísmo*: sin.: filantropia; ant.: egoísmo, misantropia. d) *confuso*: sin.: ambíguo, dúbio, enigmático; ant.: claro, manifesto, inequívoco, nítido.

12. 1) *inesgotável*: sin.: inexaurível (ou inextinguível); ant.: esgotável, consumível. 2) *irreprimível*: sin.: irrefreável (ou incontrolável); ant.: reprimível, refreável. 3) *venturosa*: sin.: feliz (ou ditosa); ant.: infeliz, desditosa. 4) *profícuo*: sin.: proveitoso (ou útil); ant.: improdutivo, inútil. 5) *impetuosa*: sin.: violenta; ant.: calma, tranquila. 6) *contínuos*: sin.: ininterruptos; ant.: descontínuos, interrompidos. 7) *indomável*: sin.: invencível; ant.: domável, sujeitável. 8) *íngreme*: sin.: escarpada; ant.: suave, fácil de percorrer. 9) *ilusória*: sin.: enganosa; ant: autêntica, real. 10) *constante*: contínua; ant.: inconstante, volúvel.

A CLASSE DAS PALAVRAS (P. 103)

1. a) *indefinidamente*: adv., invar. – *sobre*: prep., invar. – *e*: conj, invar. b) *vale*: subst. comum. masc. sing. – *em*: prep., invar. c) *A*: art. def. fem. sing. – *indolente*: adv., invar. d) *que*: pron. rel. invar. – *longe*: subst. comum. masc. sing. (é substantivo, e não advérbio, porque vem precedido do artigo o). e) *Tudo*: pron. indef. invar. f) *além*: adv., invar. g) *ruminando*: gerúndio do v. *ruminar*. – *mais*: adv. invar. h) *exaustos*: adj. masc. pl.

2. Substantivos próprios: Juca, Baltasar, Beleza (é o nome de um sítio), Jasmim, Zé Medeiros, Pilar (nome de outro sítio), Itabaiana.

3. 1) *contentamento*, 2) *insalubridade*, 3) *volubilidade*, 4) *rebeldia*, 5) *doçura*, 6) *solidez*, 7) *modéstia*, 8) *fertilidade*, 9) *escuridão*, 10) *beleza*, 11) *fidelidade*, 12) *utilidade*, 13) *sensatez*, 14) *bravura*, 15) *vadiagem*, 16) *altura*, 17) *afabilidade*, 18) *dificuldade*, 19) *humildade*, 20) *nudez*, 21) *gratidão*, 22) *eternidade*, 23) *lealdade*, 24) *maldade*, 25) *valentia*, 26) *cegueira*, 27) *justiça*, 28) *docilidade*, 29) *imensidade* (ou *imensidão*), 30) *caridade*, 31) *solidez*, 32) *mocidade*, 33) *loucura*, 34) *franqueza*, 35) *brancura*, 36) *certeza*, 37) *limpidez*, 38) *felicidade*, 39) *rapidez*, 40) *tristeza*, 41) *teimosia*, 42) *precisão*.

4. a) *advocacia*, b) *presidência*, c) *ciência*, d) *sacerdócio*, e) *mestria*, f) *maternidade*, g) *acusação*, h) *preguiça*, i) *direção* ou *diretoria*, j) *autoria*, k) *humanidade*, l) *ofensa*, m) *pátria*, n) *tirania*, o) *monarquia*, p) *benefício*, q) *escravidão* ou *escravatura*, r) *culpa*, s) *sabedoria*, t) *mentira*, u) *devoção*, v) *medicina*, w) *reino* ou *realeza*, x) *inocência*.

5. funcionário *acusado*; homem *patriota*, jovem *sabio*; rei *tirano*; rapaz *mentiroso*; pessoa *devota*; ricaço *benfeitor*; viga *mestra*; animal *ofensor*; réu *culpado*.

6. a) marceneiro, b) pasteleiro, c) joalheiro, d) cesteiro, e) funileiro, f) chapeleiro, g) oleiro, h) tanoeiro, i) costureira, j) carvoeiro, k) padeiro, l) relojoeiro.

7. a) dentista, b) hortelão, c) cabeleireiro, d) pintor, e) agricultor.

8. a) exército – soldados; b) quinquênio – cinco anos; c) resma – 500 folhas de papel; d) legião – anjos; e) junta – bois.

9. a) *enxame* de abelhas; b) *cardume* de sardinhas; c) *manadas* de elefantes; d) *caravana* de mercadores; *cáfila* de camelos; e) *matilha* de cães; f) *vara* de porcos.

10. a) clero; b) cabido; c) conclave; d) concílio; e) sínodo; f) Congresso.

11. a) folhagem, b) arvoredo, c) criançada, d) faqueiro, e) ramagem (ou ramaria), f) galharia, g) papelada, h) boiada, i) teclado, j) milharal, k) cafezal, l) algodoal, m) pinhal (ou pinheiral), n) roseiral (ou rosal), o) jabuticabal, p) vasilhame, q) hinário, r) tripulação, s) ferragem, t) velame.

12. a) Toda a família *reúne-se* nas festas de Natal. b) Um grupo numeroso *realizou* uma excursão a Petrópolis. c) Meu pessoal *preferiu* ir a Teresópolis. d) A imensa multidão de trabalhadores *aplaudia* seu líder. e) Aquela pobre família de imigrantes não *tinha* onde morar. f) Muita gente não *conseguia* lugar. g) A maior parte *seguiu* a pé. h) Toda a população *prestou* homenagem ao presidente. i) O povo *enchia* as ruas. j) Um grande bloco de foliões *sambava* sem descanso.

13. a) casario, casarão; b) montanha, montês; c) cidadão, cidadela; d) campestre, campina; e) prataria, pratear; f) parentesco, parentela.

14. (S) substantivos simples (com um só radical): a), d), e), h), m), n), p), s) e u). – (C) substantivos compostos (com mais de um radical, ou com prefixo e radical): todos os demais deste exercício.

15. Primitivos: *onda, moinho, gostar, inspetor*. – Derivados: *livraria, planície, alimentício, leitura, viajante*.

16. a) *um* telefonema, b) *a* tribo, c) *o* cometa, d) *o* delta, e) *uma* análise, f) *o* eclipse, g) *um* diadema, h) *um* milhar, i) *a* alface, j) *o* tomate, k) *a* enxó, l) *um* dó, m) o ou a caudal, n) o lema, o) *um* talismã, p) *um* quilograma, q) *a* televisão, r) *um* lotação (carro), s) *um* grama (peso), t) *a* acne, u) *o* champanhe.

17. a) *Uma* tenista brasileira sagrou-se campeã. b) Aquela *freira* francesa era *uma* mártir da Fé. c) *As* cidadãs valentes tornam-se heroínas. d) *Sóror* Luísa era tida como profet*isa*. e) *A* ré judia foi perdoada. f) *As duas* burguesas eram *comadres*. g) *A* consulesa alemã é *minha madrinha*. h) A servente era *uma* camponesa hostil. i) A poet*isa* árabe era *má* escritora. j) *A* antiga imperat*riz* da Rússia chamava-se czar*ina*.

18. (1) Sobrecomuns: a), c), f) e i). (2) comuns de dois gêneros: b), d), e), g), h), j), k) e l).

19. a) a fruta-pão, b) o cajá-manga, c) a pedra-ímã, d) o papel-moeda, e) o vale-transporte, f) o lápis-tinta, g) a carta-bilhete, h) o relógio-pulseira, i) o alto-mar.

20. a) *fruto*: "ovário de uma flor, depois de amadurecido"; *fruta*: "fruto que se come"; b) *lenha*: "porção de ramos, troncos, pedaços de madeira para queimar"; *lenho*: "pedaço de árvore limpo de ramos; tronco, madeiro"; c) ovo: "corpo que se forma no ovário, após a fecundação"; *ova*:"o ovário dos peixes"; d) *marujo*: "marinheiro"; *maruja*: "conjunto de marinheiros"; e) *cerco*: "a ação de cercar, de assediar, de sitiar"; *cerca*: "aquilo com que se cerca um terreno; sebe"; f) *poço*: "buraco fundo cavado na terra, para acumular água"; *poça*: "depressão natural do terreno pouco funda e cheia de água".

21. a) Com muita economia, acumulou *um* bom *capital*. Brasília é a nova *capital* do Brasil. b) O *cabeça* da revolta foi preso. Tinha a *cabeça* boa para Matemática. c) *O guia* mostrou aos turistas os lugares pitorescos da cidade. Tive de preencher *uma guia* para pagar o imposto. d) Ninguém esperava, mas ele se mostrou *um águia*, um espertalhão. *A águia* é uma ave de rapina. e) Nos séculos XIV e XV houve *um* grande *cisma* religioso. *As suas cismas* não tinham explicação. f) *O cura* daquela aldeia era muito querido dos seus paroquianos. *A cura* do câncer é a grande esperança dos médicos. g) *O lente* de Matemática tinha mais de 70 anos. *As lentes* dos óculos estavam embaçadas.

22. a) cristão: cristã; b) cavalheiro: dama; c) ancião: anciã; d) sultão: sultana; e) anão: anã; f) leitão: leitoa; g) cavaleiro: amazona; h) genro: nora; i) barão: baronesa; j) solteirão: solteirona; k) aldeão: aldeã; l) frade: freira.

NÚMERO DO SUBSTANTIVO (P. 122)

1. a) *gaviões*, b) *cidadãos*, c) *vulcões*, d) *pagãos*, e) *cristãos*, f) *capelães*, g) *sacristães*, h) *guardiães*, i) *caracteres*, j) os cais, k) os oásis, l) os atlas, m) os ônibus, n) *projéteis*, o) *projetis*, p) os tórax, q) *adeuses*, r) *fósseis*.

2. a) aldeão: aldeões, aldeãos, aldeães; b) ancião: anciãos, anciões, anciães; c) sultão: sultões, sultãos, sultães.

3. a) *papeizinhos*, b) *botõezinhos*, c) *funizinhos*, d) *alemãezinhos*, e) *mulherezinhas*, f) *paisezinhos*.

4. a) *vaivéns*, b) *sempre-vivas*, c) *malmequeres*, d) *ave-marias*, e) *grão-duques*, f) *pés de moleque*, g) *cartas-bilhete(s)*, h) *bem-te-vis*, i) *segundas-feiras*, j) *amores-perfeitos*, k) *para-lamas*, l) *alto-falantes*, m) *vitórias-régias*, n) *canetas-tinteiro(s)*.

5. a) contornos (ô), b) consolo [= consolação] consolos (ô), c) escolhos (ó), d) fornos (ó), e) gostos (ô), f) poços (ô), g) rogos (ó), h) socorros (ó), i) sogros (ô), j) impostos (ó).

6. a) amigalhão, b) copázio, c) bocarra, d) pratarraz, e) balázio, f) fogaréu, g) corpanzil, h) vagalhão, i) beiçorra, j) cacaréu, k) dramalhão, l) fatacaz.

7. bocarra, beiçorra, dramalhão.

8. copo grande, boca enorme, fogo intenso, corpo grande, vaga forte, beiço grosso, fatia enorme.

9. a) livrete, reizete; b) espadim, flautim; c) livreco, jornaleco; d) burrico, nanico; e) sacola, bandeirola; f) saleta, maleta; g) frangote, rapazote; h) papelucho, gorducho.

10. a) *glóbulos*; b) *febrícula*; c) *vermículos*; d) *questiúnculas*; e) *homúnculos*; f) *gotículas*; g) *montículos*; h) *corpúsculos*.

11. a) *penha*; b) *rocha*; c) *sino*; d) *engenho*; e) *boca*; f) *sela*; g) *via*; h) *anão*; i) *lume*.

12. a) *lençoizinhos*, b) *coraçõezinhos*, c) *automoveizinhos*, d) *cãezinhos*, e) *leitõezinhos*, f) *papeizinhos*, g) *lapizinhos*, h) *sabiazinhos*.

13. a) pequena jarra; b) diminutas manchas; c) pequeno avião; d) pequenos volumes.

O ARTIGO (P. 126)

1. "A AGULHA E A LINHA. Era *uma* vez *uma* agulha que disse a *um* novelo de linha: – Por que está você com esse ar, para fingir que vale alguma coisa neste mundo? – Que lhe importa o meu ar? Cada qual tem o ar que Deus lhe deu. Estavam nisto, quando a costureira chegou à casa da baronesa. Não sei se disse que isto se passava em casa de *uma* baronesa."

2. a [sua] vida – a linha – a noite – (d)o baile – a baronesa – A costureira – a agulha – (n)o corpinho – o vestido – (d)a [bela] dama – a linha – (d)a agulha – (a)o baile – (n)o corpo – (d)a baronesa – (d)o vestido – (d)a elegância.

3. a) Certo dia, tive rara oportunidade de comprar umas conchas coloridas que um pobre pescador apregoava a preço ínfimo. – b) Um aluno novo, que viera de colégio particular de subúrbio, tinha o rosto pálido e olheiras profundas de forte gripe que apanhara indo a um banho de mar em dia de chuva. – c) Sempre o víamos dominado de uma tristeza que era sinal visível de doença que remédios caseiros não conseguiam curar. – d) Gostava muito de uma boneca de pano que parentes trouxeram de viagem por um lugarejo de um estado do Norte.

4. a) *1 a 1* – b) *À 1 hora* – c) *jantar para 1*.

O ADJETIVO (P. 133)

1. a) aplicado, b) estudante, c) jovem d) amável e) bravo f) guerreiro g) pequeno h) misericordioso i) rico h) burguês k) estudante l) engraçado m) devota n) fiel o) alemão p) alegre q) convencido r) tolo.

2. (D) derivados: c), d), f), i), l), m), p), t), u), v), w), x) e z). – (C) compostos: b), e), g), k), r) e s).

3. cidadão *carioca* – prova *difícil* – tortura *cruel* – livro *bonito* – terra *fértil* – reunião *alegre*.

4. a) praias *nordestinas*, b) paisagens *cariocas*, c) indústria *norte-americana*, d) montanhas *chilenas*, e) moça *equatoriana*, f) lagos *canadenses*, g) *panamenhos*, *haitianos*, *costa-riquenhos* (ou *costa-riquenses*), *hondurenhos* (ou *hondurenses*), *guatemaltecos* (ou *guatemalenses*) e *nicaraguenses* h) povos *asiáticos*, i) igrejas *ouro-pretanas* (ou *ouro-pretenses*), j) rebanhos *marajoaras* k) povo *israelense*.

5. Adjetivos uniformes: c), e), f), g), i) e j) – Feminino dos biformes: *encantadora, crua, escocesa, andaluza, montês*. [Em Portugal se usa o feminino *montesa*.]

6. a) *judias alemãs*; b) *gurias exemplares*; c) *garotas ágeis*; d) *burguesas más*; e) *freiras europeias*; f) *rés cristãs*.

7. a) *dama amável*, b) *jovem chorona* c) *rainha bonachona*, d) *esposa modelar*, e) *mulher simples*, f) *servente trabalhadora*, g) *leoa feroz*, h) *moça cortês*, i) *baronesa sandia*.

8. a) uniformes *azul-marinho*, b) relações *luso-brasileiras*, c) crianças *surdo-mudas*, d) cabelos *castanho-escuros*, e) saraus *artístico-literários*, f) fardas *verde-oliva*.

Grau do adjetivo (p. 140)

1. a) a *mais* bela árvore – a *mais* estudiosa aluna – o *mais* harmonioso dos pássaros. b) Doce *como* mel. – *Tão* preto *como* carvão. – *tão* fácil *como* (ou *quanto*) a primeira. c) *mais* precioso (*do*) *que* o ferro; *mais* útil. – *menor* (*do*) *que* Pernambuco. – *pior* (*do*) *que* ontem d) *muito* comuns – *extraordinariamente* feliz – *extremamente* encachoeiradas.

2. a) *fertilíssimas*, b) *saudabilíssimo, salubérrimo*, c) *acérrimo*, d) *ubérrimo*, e) *amarguíssimo* (ou *amaríssimo*), f) *feracíssimo*.

3. a) *humildíssimo* e *humílimo*; b) *negríssimo* e *nigérrimo*; c) *pobríssimo* e *paupérrimo*.; d) *amiguíssimo* e *amicíssimo*; e) *antiguíssimo* e *antiquíssimo*; f) *friíssimo* e *frigidíssimo*; g) *soberbíssimo* e *superbíssimo*.

4. (1) comparativos de superioridade: a) *mais laboriosa* (*do*) *que*; f) *menor do que*; j) *mais difícil do que* – (2) comparativo de inferioridade: d) *menos adiantado que* – (3) superlativo relativo: b) *o mais substancial*; c) *o mais rico*; *o menos povoado*; g) *a mais difícil*; *a mais alta*; *as melhores*; j) *a mais difícil*.

5. a) *É melhor* (*do*) *que* o irmão. b) *É mais bom* (*do*) *que* inteligente. c) *É mais grande* (*do*) *que* delicado. d) *É maior* (*do*) *que* o pai. e) *É mais mau* (*do*) *que* vingativo. f) *É pior* (*do*) *que* ele. g) *É mais pequeno* (*do*) *que* estudioso. h) *É menor* (*do*) *que* um ano.

6. a) *notabilíssimo*, b) *dulcíssimo* e *docíssimo*, c) *facílimo*, d) *dificílimo*, e) *ferocíssimo*, f) *aspérrimo* e *asperíssimo*, g) *péssimo* e *malíssimo*, h) *benevolentíssimo*.

O numeral (p. 145)

1. a) *vigésimo*, b) *quinquagésimo sétimo*, c) *sexagésimo*, d) *septuagésimo* ou *setuagésimo quinto*, e) *octogésimo nono*, f) *ducentésimo quinquagésimo terceiro*. g) *quadringentésimo quinquagésimo*, h) *quingentésimo nonagésimo*, i) *nongentésimo trigésimo*.

Os pronomes (p. 152)

1. a) Vou dar-*lhes* [...] vamos vê-*lo*. b) comprei-*o*. – leve-*o*. c) Ofereceram-*lhe*. d) Quando o encontrei, falava-*lhe* da prova. e) Estimo-*o*. f) Nunca *a* esquecerei, Professora. g) Não *o* conheço, apresente-*o* a mim. h) Ontem *o* vi. i) aborrece-*a*; deixa-*a* em paz.

2. a) Não *nos lembramos* de *tê-los* visto. b) *Puseram*-se a estudar com afinco. c) Não *façais* a outrem o que não *quereis* que *vos* façam. d) Deus *lhes* dê em dobro o que me *desejam*. e) Não faça isso conosco. f) Pensei muito em *vós*. g) *Eles* sabem cuidar de *si*. h) Os egoístas só veem a *si próprios*.

3. a) *deixamo-lo*; b) *joguei-os*; c) *merece-o*; d) *fizeste-a*; e) *redu-los*; f) *fizeste-la* (fizestes + a); g) *dão-nas*; h) *ponho-a*; i) *põe-nas*; j) *põe-las* (pões + as); k) *contem-nos*; l) *propô-lo*.

4. a) Feliz o que ... aprecia os (A) prazeres ... e a (A) vida ... e os (P) prefere (a)os (A) custosos ... que a (A) cidade ...

b) Os (A) olhos de Deus ... sobre os (A) homens, e penetram os (A) próprios ...

c) Amemos a (A) verdade: ... se a (P) prezarmos mais que a (A) vaidade.

d) Com a (A) paciência ... o (A) mal, com o (A) juízo o (P) preveniremos.

e) Ame as (A) belezas com que a (A) natureza o (P) presenteia!

f) Li a (A) redação ... e achei-a (P) muito boa.

g) Visitei a (A) cidade ... e a (P) admirei ... que a todas as (A) capitais (d)a (A) Europa.

h) O (A) 4° dia foi o (d)a (A) criação (d)o (A) Sol e (d)a (A) Lua: Deus os (P) destinou a alumiar a (A) Terra.

i) Expondo-a (P) (a)o (A) sol, derrete-se a (A) cera.

j) A (A) preguiça enfraquece a (A) alma e a (P) torna incapaz ......

k) Maria adora a (A) boneca ... toda a (A) manhã a (P) veste, a (P) carrega (n)os (A) braços, a (P) assenta, a (P) levanta e a (P) põe a dormir.

5. a) Titia trouxe um livro para *mim*. b) O livro é para *eu* ler. c) Não pode haver desentendimento entre *mim* e ela. d) Declarou perante *mim* e todos que estava falando a verdade. e) Este caderno é para *eu* fazer meus exercícios: papai o trouxe para *mim*.

6. a) V.S.ª = *Vossa Senhoria*; b) S.Ex.ª = *Sua Excelência*, Sr. = senhor; c) S.S. = *Sua Santidade*; d) V.M. = *Vossa Majestade*; e) S.Em.ª = *Sua Eminência*, S.S.ᵃˢ = *Suas Senhorias*, Srs. = senhores; f) S.A. = *Sua Alteza*; g) V.S.ᵃˢ = *Vossas Senhorias*.

7. a) José, sua mãe o chama. b) Pedro mandou dizer que *lhe* fará a entrega do livro logo que o encontre. c) Meus caros alunos, cumprimento-os pelo êxito que alcançaram. d) Sempre o estimei muito, meu amigo. e) Beijo-o com saudade, meu querido tio.

8. a) Entreguei-o à professora. b) *Fi-la* sentar-se. c) Trouxeram-*nos* para aqui. d) Você deve ir recebê-*los*. e) Quando meus primos chegaram, abraçamo-*los*. f) Dão-*nas* de graça a quem pedir. g) A professora *fê-lo* devolver o lápis do colega. h) Apanhe-o para mim, por favor. i) Achei-*as* no quintal. j) Comprei-*a* ontem.

9. a) Com tão boa nota, Maria não cabe em *si* de contente. b) Quando ele saía, levava *consigo* uma bengala de cabo recurvo. c) Deveis preocupar-vos mais com o próximo e menos *convosco*. d) Você não deve pensar apenas em *si* mesmo.

10. a) *Desejo-te* muitas felicidades. b) Nunca *se intrometa* onde não é chamado. c) Espero que *me respondas* logo à carta que *te escrevi*. d) Hoje tudo *me saiu* às avessas. e) Talvez o *encontre* amanhã. f) Deus *me livre* do mal. g) *Pedir-lhe-ei* mais um favor. h) Só a evidência do contrário o fará mudar de opinião. i) *Tenho-te* procurado há vários dias. j) *Diga-me* a verdade.

11. a) Ela *te procurou* (ou *procurou-te*) a manhã toda. b) Os alunos *se retiraram* (ou *retiraram-se*) em ordem. c) Prefiro não *lhe perturbar* (ou *perturbar-lhe*) o descanso. d) Ele nunca se convencerá da verdade. e) *Esperar-te-ei* à saída.

Pronomes substantivos e adjetivos (p. 162)

1. a) *Toda*: indef.; *seu*: poss. b) *Nenhum*: indef.; *sua*: poss. c) *Certas*: indef.; *nossos*: poss.; *seus*: poss. d) *alguma*: indef.; *esse*: dem. e) *Poucas*: indef.; *mais*: indef. f) *qualquer*: indef.; *cuja*: rel. g) *bastantes*: indef.; *muitas*: indef.; *aquele*: dem. h) *Quantas* e *certas*: indef. i) *Muitos* e *mais*: indef. j) *demais*: indef. k) *Que*: indef. interrogativo; *mais*: indef. l) *nosso*: poss.; *cada*: indef. m) *Qual*: indef. interrogativo.

2. SUBSTANTIVOS: *outros*: indef.; *aquilo*: dem.; *que*: rel.; *nos*: pess. – *lhe*: pess.; *me*: pess.; *que*: rel. – *Tudo*: indef.; *quanto*: indef.; *nada*: indef. – *todas*: indef.; *se*: pess.; *umas*: indef.; *outras*: indef.; *algumas*: indef. – *vos*: pess.; *quem*: indef. – *Cada qual*: indef.; *os seus*: poss. – *Ninguém*: indef.; *si*: pess.; *que*: rel.; *lhe*: pess. – *Aquilo*: dem.; *que*: rel.; *uns*: indef.; *outros*: indef. – *nos*: pess. – ADJETIVOS: *sua*: poss.; *(n)aquela*: dem.; *cuja*: rel.

3. O demonstrativo *o* (ou *lo*), em todas as frases do exercício, pode ser substituído por *isso*.

4. a) O (D) que não aprende – b) A (A) prudência previne (A) erros e os (P) afasta. – c) Os (A) maiores infortúnios são os (D) que – d) alcançá-lo (P), não o (D) conseguiu. – e) merecem os (D) que; outros os (P) lembram. – f) Cuide mais (d)os (A) seus defeitos e deixe os (D) dos outros. – g) Dentre as (A) flores, as (D) que prefiro são as (A) rosas. – h) mas as (D) do vizinho – i) (A)o (A) presidente, nunca o (P) vi, ...fazê-lo. (D). – j) (D)as (A) virtudes, é a (A) modéstia a (D) que mais convém (a)o (A) sábio.

5. a) *Ninguém* é profeta, b) Deus criou *tudo que existe*, c) Não faças a *outrem*..., d) *Poucos* podem..., e) Não há *nada que compense* f) *Cada qual* julga... g) ...defeitos *dos outros*. h) ...deve evitar *este* e praticar *aquele*. i) ...desprezar *quem quer que seja*. j) *Quem* quer *algo*... por consegui-*lo*. k) *Quem* me procurou? l) *O que* preferes? m) ...a que *alguém* pode entregar-se.

6. a) *a qual*: felicidade; b) *cujo*: coração (daquele); c) *que*: coisas (ou o dem. a); d) *que*: limites; e) *que*: vícios; f) *cujas*: qualidades (das pessoas); g) *quem*: pessoas; h) *qual*: meio; i) *que*: países; *que*: aquele; j) *quem*: pessoas.

7. *meu* e *tua*: adj. poss.; *me*: pess.; *esse*: adj. dem.; *meu*: adj. poss.; *ninguém*: indef.; *um*: indef.; *meus*: adj. poss.; *te*: pess.; *meu*: adj. poss.; *que* (vergonha): adj. indef.; *tal*: adj. indef.; *aquela*: adj. dem.; *ela, me, mim* e *te*: pess.; *meu*: adj. poss.; *algum*: adj. indef.; *meu* e *tua*: adj. poss.; *toda*: adj. indef.; *que*: rel.; *ele* e *nós*: pessoal.

8. (homem) *que*: rel.; *todas*: indef.; *me*: pess.; *Minha*: poss.; *eu* e *la*: pess.; *toda*: indef.; *ninguém*: indef.; *lhe, (d)ela* e *os*: pess.; *seus*: poss.; *que*: rel.; *nenhum*: indef; *(d)elas*: pess.; *se* (eriçava): pess.; *suas*: poss.; *todos*: indef.; *se* e *ele*: pess.; *um*: indef.; *lhe*: pess.; *outro*: indef.; *se* e *lhe*: pess.; *nada*: indef.; *algumas* e *tantos*: indef.; *eles, los, se,* (atirou)-*o, ele, lo.* (*d*)*ele se, lhe, te, mim, me*: pess.; *algumas*: indef.; *minha*: poss.; *eu, ela*: pess.; *que* (três vezes): rel.; *o*: dem.; *que*: rel.; *se*: pess.; *qualquer*: indef.; *que*: rel.; *las*: pess.; *isto*: dem.; *quanto*: indef.; *se* (duas vezes), *as, lhe* e *ele*: pess.; *tudo*, indef.; *isto*: dem.; (con)*sigo*: pess.; *que* (noite): indef. interrog.; *esta*: dem.; (em) *que*: rel.; *se* (espantam), *lhe, se, lo, ti*: pess.; *nada*: indef.; *me*: pess.; *te, se*: pess.; *o*: demonst.; *que* rel.; *tudo*: indef.; *aquilo*: dem.; *se* e (*d*)*ele*: pess.; *cujas*: relativo.

9. a) *quem* (I), *que* (R); b) *quem* (I); [de] *quem* (R); c) [Não sei] *que* (I), [visita] *que* (R); d) [com] *quem* (R); e) [de] *quem* (I); f) *que* (R); g) *que* (R), *quem* (I); h) [tudo] *quanto* (R); i) [de] *quanto* (I); j) [a] *quem* (I), *que* (R).

O VERBO (P. 197)

1. a) o lobo *uiva*, b) a abelha *zumbe*, c) o mosquito *zune*, d) o cachorro ora *late*, ora *ladra*, e) *Bala* [ou *bale*] a ovelha, f) os pintinhos *piam*, g) *zurram* os burros, h) a galinha *cacareja*, i) o pato *grasna*, j) os porcos *grunhem*.

2. a) trabalha *tu*, b) faze *tu*, c) corra *você*, d) expõe *tu*, e) sente-se *você*, f) faça *você*, g) desiste *tu*, h) componha *você*, i) traga *você*, j) procura *tu*, k) diga *você*, l) defina *você*, m) escreva *você*, n) reparte *tu*, o) divide *tu*, p) substitua *você*.

3. a) *Olha tu, olhe V.S.ª, olhe você, olhai vós.* b) *Reúne tu, reúna V.S.ª, reúna você, reuni vós.* c) *Recebe tu, receba V. S.ª, receba você, recebei vós.* d) *Põe tu, ponha V.S.ª, ponha você, ponde vós.*

4. *Não trabalhes, não faças, não corra, não exponhas, não se sente, não faça, não desistas, não componha, não traga, não procures, não diga, não defina, não escreva, não repartas, não dividas, não substitua.*

5. a) *Não se incomode.* b) *Deixe disso.* c) *Não consinta nisso.* d) *Receba um abraço.* e) *Não se iluda.* f) *Não se deixe sucumbir.* g) *Preocupe-se consigo.* h) *Venha cá.* i) *Detenha-se.* j) *Pare.*

6. a) *Era, eras, era, éramos, éreis, eram.* (imperf. do ind. do v. *ser*.) b) *Vir, vires, vir, virmos, virdes, virem.* (fut. do subj. do v. *ver*.) c) *Tenha vindo, tenhas vindo, tenha vindo, tenhamos vindo, tenhais vindo, tenham vindo.* (pret. perf. composto do subj. do v. *vir*.) d) *Pôr, pores, por, pormos, pordes, porem.* (inf. pess. do v. *pôr*.)

7. a) *nascer*: pres. do ind.: *nasço, nasces, nasce, nascemos, nasceis, nascem*; pres. do subj.: *nasça, nasças, nasça, nasçamos, nasçais, nasçam*. b) *erguer*: pres. do ind.: *ergo, ergues, ergue, erguemos ergueis, erguem*. c) *esquecer*: pres. do ind.: *esqueço, esqueces, esquece* etc. d) *distinguir*: pres. do ind.: *distingo, distingues, distingue* etc. e) *arguir*: pres. do ind.: *arguo, arguis, argui, arguímos, arguís, arguem*. f) *averiguar*: pres. do subj.: *averigu*(ou *averígue*)*e, averigu*(ou *averígues*)*es, averigu*(ou *averígue*)*e, averiguemos, averigueis, averigu*(ou *averíguem*)*em*.

8. a) É necessário que ele *nomeie* um substituto. b) Para que possamos colher, é preciso que *semeemos*. c) Não *odeies* teu adversário. d) *Recreemos* nosso espírito com boas leituras. e) Os presos *anseiam* pela sua liberdade.

9. a) Por mais que *deis*, sempre estareis dando pouco. b) *Dá-me* teu livro, por favor. c) *Dize-me* com quem andas, dir-te-ei quem és. d) *Valhamos* sempre aqueles que precisam de nosso auxílio. e) São poderosas as razões para que (nós) *creiamos* nas suas palavras. f) Quando *vieres*, João, *traze-me* o livro que prometeste. g) Eu não *caibo* nesta cama. h) Não *percas* a paciência por tão pouco. i) As frutas *couberam* na cesta. j) Ele perdeu a questão porque não *pôde* pagar a um advogado.

10. a) Se ele *fizer* nossa vontade, tudo *farei* por ele. b) Eu *direi* a ele o que você *quiser*. c) Nós *traremos* tua encomenda quando *trouxeres* o dinheiro. d) Tu *farias* boa figura se tivesses estudado. e) Se me interrogassem, eu *diria* toda a verdade.

11. a) *Tivesses estudado*: 2ª p. sing. pret. m.-q.-perf. composto subj., v. *estudar*. b) *Fôreis*: 2ª p. pl. pret. m.-q.-perf. ind., verbos *ser* e *ir*. c) *Vindo*: gerúndio e particípio do v. *vir*. d) *Ides*: 2ª p. pl. pres. ind., v. *ir*. e) *Ouçais*: 2ª p. pl. pres. subj., v. *ouvir*. f) *Teria feito*: 1ª e 3ª p. sing. fut. pret. composto, v. *fazer*. g) *Viermos*: 1ª p. pl. fut. simples subj., v. *vir*. h) *Hajais*: 2ª p. pl. pres. subj., v. *haver*. i) *Sede*: 2ª p. pl. imp. afirm., v. *ser*. j) *Houverdes*: 2ª p. pl. fut. simples subj., v. *haver*. k) *Hajamos*: 1ª p. pl. pres. subj., v. *haver*. l) *Termos estudado*: 1ª p. pl. infin. pess. composto, v. *estudar*. m) *Tivermos estudado*: 1ª. p. pl. fut. comp. subj., v. *estudar*. n) *Tenhamos feito*: 1ª p. pl. pret. perf. subj., v. *fazer*. o) *Haver estudado*: inf. impess. comp., ou 1ª e 3ª p. sing. inf. pess. comp., v. *estudar*. p) *Vimos*: 1ª p. pl. pres. ind., v. *vir*, ou 1ª p. pl. pret. perf. simples ind., v.*ver*.

12. a) *tenhamos acabado*; b) *tivesse (ou houvesse) feito*; c) *têm louvado*; d) *tinha (ou havia) levantado*; e) *teria (ou haveria) visitado*.

13. a) Logo que *terminares* (fut. subj.), vem procurar-me. b) Para *terminares* (inf. pess.), que te falta ainda? c) Quem *terminar* (fut. subj.), entregue a prova. d) Já está na hora de *acabarmos* (inf. pess.) a conversa. e) Convém *acabarmos* (inf. pess.) logo, pois se *terminarmos* (fut. subj.) cedo iremos ao cinema. f) Foi um erro *aceitares* (inf. pess.) semelhantes condições. g) Admirei-me de *aceitares* (inf. pess.) tais condições. h) Para *aceitares* (inf. pess.) tais condições, devias exigir muito em troca. i) Se *aceitares* (fut. subj.) minha oferta, não te arrependerás. j) Quem *aceitar* (fut. subj.) minha oferta não se arrependerá.

14. (1) As ondas *marulham*. – (2) A luz de velas *bruxuleia*. – (3) O trovão *ribomba*. – (4) A campainha *tilinta*. – (5) O canhão *troa*. – (6) Os sinos *bimbalham*. – (7) Os tambores *rufam*. – (8) O vento *sibila*. – (9) As folhas *farfalham*. – (10) A chama *crepita*.

15. a) O mel é feito pelas abelhas. b) O livro foi comprado por ti? c) Maria foi vista por mim, ontem, na cidade. d) Todos os alunos foram examinados pelo médico. e) Cleópatra foi picada por uma serpente. f) As árvores foram cortadas. g) Lindos versos foram escritos pelo poeta h) Talvez seja aprovado pelo professor, José. i) Os ladrões foram presos pelos policiais. j) Seu procedimento foi censurado pela professora.

16. a) Ela *se vestia* (refl.) sozinha. b) *Orgulho-me* (pron.) dos meus pais. c) A chama *extinguiu-se* (refl.) aos poucos. d) Não *se atreva* (pron.) a contradizer-me. e) *Divirtam-se* (refl.). f) *Insurgiram-se* (pron.) contra a ordem injusta. g) A custo *me livrei* (refl.) daquele importuno. h) *Abraçou-se* (refl.) à mãe chorando.

17. a) jarro partido (adj.); b) *estava* fechada (part.); c) *boca* fechada (adj.); d) *saí* apressado (adj.); e) *havia* arejado (part.); f) *quarto* arejado (adj.); g) *sala* pintada (adj.); h) *foi* pintada (part.).

18. a) *Estive* (aux.) percorrendo o Nordeste. b) Era *tratado* (tr., na voz passiva) por todos com carinho. c) *Era* (intr.) tarde. d) *Era* (lig.) muito jovem a professora. e) *Andas* (aux.) estudando muito. f) Por onde *andavas* (intr.)? g) A noite *vinha* (aux.) chegando. h) A professora *vinha* (intr.) em nossa direção. i) Maria *vai* (intr.) a São Paulo, de férias. j) *Haverá* (tr.) aulas amanhã? k) *Haverá* (aux.) chegado a tempo? l) *Tenho* (tr.) cinco irmãos. m) *Tenho* (aux.) de estudar muito. n) *Tenho* (aux.) passado uns dias trabalhosos.

19. *estive percorrendo; andas estudando; vinha chegando; haverá chegado; tenho de estudar; tenho passado*.

20. a) *fizerdes* – rad.: *fiz*; vog. tem. da 2ª conj.: *e*; caract. do fut. subj. ou do infin.: *r*; des. da 2ª p. pl: *des*. b) *pusestes* – rad.: *pus*; vog. tem. da 2.ª conj.: *e*; des. da 2.ª p. pl. do pret. perf. do ind.: *stes*. c) *cantaríamos* – rad.: *cant*; vog. tem. da 1.ª conj.: *a*; caract. do fut. do pret. do ind.: *ria*; des. da 1ª. p. pl.: *mos*. d) *olhásseis* – rad.: *olh*; vog. tem. da 1.ª conj.: *a*; caract. do imperf do subj.: *sse*; des. da 2.ª p. pl.: *is*. e) *andavam* – rad.: *and*; vog. tem. da 1.ª conj.: *a*; caract. do imperf. do ind.: *va*; des. da 3.ª p. pl.: *m*. f) *partiste* – rad.: *part*; vog. tem. 3.ª conj.: *i*; des. da 2.ª p. do sing. do pret. perf. simples do ind.: *ste*.

21. a) Se *fosse* mais esforçado, teria obtido melhor classificação. b) Tem cautela, *sê* prudente. c) O temporal *reteve* os trens. d) Se (tu) não o *contivesses*, ele cometeria um desatino. e) Se vos *mantiverdes* unidos, vencereis. f) Ele *susteve* o pião na unha por longo tempo. g) Se nós o *retivermos* aqui, sua mãe ficará preocupada. h) Durante horas nos *entretivemos* com as graçolas do palhaço.

22. Tratamento *você*: *Ouça* e *obedeça* aos *seus* superiores, porque sem disciplina não pode haver equilíbrio. – Quando *sentir* tentações, *refugie*-se no trabalho. – *Previna*-se na mocidade economizando para a velhice., que assim *preparará* de dia a lâmpada que o há de alumiar à noite. – *Acolha* o hóspede com agasalho. – *Ouça* os *seus*, reservando-se com os de fora. – *Ame* a terra em que *nasceu* e à qual *reverterá* na morte. – O que por ela *fizer*, por *você* mesmo *fará*, que *você* é terra e a *sua* memória viverá na gratidão dos que o sucederem.

Bendito *você será*, se se *mostrar* digno da missão que *lhe* confio; *você será* maldito, se *rasgar* o pacto que *assinou* comigo. – Se *fizer* o que *deve* fazer, *será* digno de mim e de *você*. – Se não o *fizer*, *terá* desperdiçado o *seu* tempo, *terá* mentido ao *seu* juramento, *terá* perdido a *sua* honra, *terá* traído a minha confiança.

Tratamento *vós*: *Ouvi* e *obedecei* aos *vossos* superiores, porque sem disciplina não pode haver equilíbrio. – Quando *sentirdes* tentações, *refugiai-vos* no trabalho. – *Preveni-vos* na mocidade economizando para a velhice, que assim *preparareis* de dia a lâmpada que *vos* há de alumiar à noite – *Acolhei* o hóspede com agasalho. – *Ouvi* os *vossos*, reservando-vos com os de fora. – *Amai* a terra em que *nascestes* e à qual *revertereis* na morte. – O que por ela *fizerdes*, por *vós mesmos fareis*, que *sois* terra e a *vossa* memória viverá na gratidão dos que *vos* sucederem.

Benditos sereis, se vos *mostrardes* dignos da missão que *vos* confio; *sereis* malditos, se *rasgardes* o pacto que *assinastes* comigo. – Se *fizerdes* o que *deveis* fazer, *sereis* dignos de mim e de *vós*. – Se não o *fizerdes*, *tereis* desperdiçado o *vosso* tempo, *tereis* mentido ao *vosso* juramento, *tereis* perdido a *vossa* honra, *tereis* traído a minha confiança.

23. a) Até ontem eles não *haviam* chegado. b) Ontem *havia* aqui mais alunos do que hoje. c) Sempre *haverá* infelizes neste mundo. d) *Houve* muitas reprovações. e) Embora *tenha havido* boas notas, o resultado geral não me satisfez.

O ADVÉRBIO (P. 214)

1. a) *de novo*: modo; *talvez*: dúvida; *bem*: modo. b) *muito*: intensidade; *pouco*: intens.; *menos*: intens.; *ainda*: intens. c) *a propósito*. d) modo; *doravante*: tempo; *mais*: intens. e) *antes*: modo [observe que, na frase dada, *antes* não se refere a tempo, já que significa "de preferência"]. f) *de*

f) *de bom grado*: modo; *com humildade*: modo. g) *não*: negação; *às cegas*: modo; *inutilmente*: modo. h) *ora*: tempo; *em silêncio*: modo. i) *como*: interrogativo de modo. j) *demais*: intens.; *seguramente*: afirmação; *em vão*: modo. k) *de modo nenhum*: negação. l) *de frente*: modo. m) *corajosamente*: modo. *por gosto*: modo. n) *de medo*: causa. o) *aonde*: interrog. de lugar. p) *mais*: intens. q) *muito*: intens. – *mal*: modo. r) *quão*: intens. s) *outrora*: tempo. t) *realmente*: afirmação.

2. a) com amizade: *amigavelmente*; b) sem cuidado: *descuidadamente*; c) na aparência: *aparentemente*; d) em resumo: *resumidamente*; e) sem pensar: *impensadamente*; f) com prazer: *prazerosamente*; g) em segredo: *secretamente*; h) com rigor: *rigorosamente*; i) em público: *publicamente*; j) por milagre: *milagrosamente*; k) sem piedade: *impiedosamente*; l) com certeza: *certamente*; m) com atenção: *atentamente*; n) com nitidez: *nitidamente*; o) em silêncio: *silenciosamente*; p) sem distinção: *indistintamente*; q) em verdade: *verdadeiramente*; r) em breve: *brevemente*; s) de súbito: *subitamente*; t) de repente: *repentinamente*; u) no presente: *presentemente*; v) de momento: *momentaneamente*; w) de manso: *mansamente*; x) de preferência: *preferentemente*; y) em vão: *vãmente*; z) por acaso: *casualmente*; z^1) por sua vontade: *voluntariamente*; z^2) sem medo: *destemidamente* (ou *destemerosamente*).

3. a) habilmente: *com habilidade*; b) friamente: *com frieza*; c) fortemente; *com força*; d) brevemente: *em breve*; e) ruidosamente: *com ruído*; f) ingenuamente: *com ingenuidade*; g) seguramente: *com segurança*; h) rapidamente: *com rapidez*; i) graciosamente: *com graça, de graça*; j) raramente: *com raridade*; k) certamente: *com certeza*; l) nobremente: com nobreza; m) impensadamente: *sem pensar*; n) verdadeiramente: *de verdade, em verdade*; o) frequentemente: *com frequência*; p) instintivamente: *por instinto*.

4. a) *Onde* guardaste, b) Recebo *mensalmente*, c) *Quando* teremos, d) Ele mora *perto*, e) para *lá*, f) *Nunca* se descuide, g) moram *longe*, h) Partiu *imediatamente*, i) *Hoje* me sinto feliz, j) *Como* vais, k) *Para que* me chamaste? l) *Por que* não me respondeste? m) Já li *algures* a história de que me falas.

5. a) *muito* (pron.) prazer. b) Trabalho *muito* (adv.); *mais* (adv.), c) *Mais* (pron.) livros d) *tanto* (pron.) cuidado; *pouco* (pron.) valor, e) *Pouco* (adv.) te esforçaste, f) Estudou *tanto* (adv.), g) *Muito e pouco* (pron.), h) Não aguento *mais* (adv.). i) *mais* (adv.) ladram *menos* (adv.) mordem, j) *Que* (pron.) dificuldade, k) *Que* (adv.) fácil, l) *todo* (adv.) molhado, m) *Todo* (pron.) homem. n) *Nada* (adv.) te esforçaste, o) *nada* (pron.) te custa.

6. a) Não fales *alto!* (adv.), b) O estrado é *alto* (adj.), c) Sente-se *direito* (adv.), d) pé *direito* (adj.), e) tudo é *caro* (adj.), f) Pagou *caro* (adv.), g) *meio* (adv.) desanimada, h) *meio* (adv.) aberta, i) Seu discurso foi *breve* (adj.), j) *Breve* (adv.) nos encontraremos.

7. a) Saiu-se *mal*. b) Ele *mal* adivinha; *mau* procedimento. c) Só o *mau* aluno se comporta *mal*. d) Quem é *mau* vive sempre triste. e) Livrai-nos do *mal*, Senhor.

8. a) *Ao pé da letra*: palavra por palavra; com toda a exatidão. b) *À queima-roupa*: de muito perto; cara a cara; de repente, de improviso. c) *Ao deus-dará*: à toa, descuidadamente. d) *Tim-tim por tim-tim*: minuciosamente, com todos os detalhes. e) *Numa roda-viva*: sem descanso, incessantemente. f) *Ao léu*: à toa, à vontade; sem rumo e sem destino. g) *A olhos vistos*: com toda a evidência, visivelmente. h) *De ceca em meca*: por aqui e por ali, por muitas partes, de um extremo a outro (em busca de algumas coisa).

9. a) *devagarinho*: dimin. b) *muito mal*: superl. anal.; *pessimamente*: superl. sint. c) *agorinha*: dimin. d) *mais perto*: superl. anal. e) *mais bem do que mal*: comp. sup. f) Leio *melhor* do que escrevo: comp. sup. g) *muitíssimo*: superl. sint. h) *menos bem* do que esperava: comp. inf.

10. a) *Só ele*, exclusão b) *Veja só*, realce c) *senão*, exclusão d) *também*, inclusão e) *eis*, designação f) *menos*, exclusão g) *a saber*, explicação h) *aliás*, retificação i) *mas*, realce.

A PREPOSIÇÃO (P.228)

1. a) *leva* (antec.) a *cometer* (cons.); b) *unem* (antec.) a *semelhantes* (cons.); c) *chegamos* (antec.) a *Fortaleza* (cons.) d) *referiu-se* (antec.) a *ele* (cons.); e) *Dirigi-me* (antec.) a *ela* (cons.); não [*me dirigi*, oculto] (antec.) a *você* (cons.); f) *agrada* (antec.) a *todos* (cons.); g) *ofereço* (antec.) a *ti* (cons.); h) não *conte* (antec.) a *ninguém* (cons.); i) *Partiremos* (antec.) ao *meio-dia* (cons.); j) *Dedico* (antec.) a meus *pais* (cons.); k) *Andava* (antec.) a *esmo* (cons.); l) *vai* (antec.) *Roma* (cons.); m) *Caminhávamos* (antec.) a *cavalo* (cons.).

2. a) Esta caneta é a (pron. dem.) que ganhei de presente. b) Estou disposto a (prep.) tudo. c) Estás contente com a (art.) nota que tiraste? d) Aquele que desde a (art.) infância se acostumou a (prep.) seguir suas más inclinações, dificilmente fugirá, mais tarde, a (prep.) essa prisão. e) Comunicarei a (prep.) Joana a (art.) decisão que tomaste. f) Convido-te a (prep.) passar conosco a (art.) próxima semana. g) Colhi a (art.) rosa que desabrochou hoje e a (pron. pess.) levei a (prep.) minha mãe. h) Tuas palavras restituíram a (prep.) minha alma a (art.) paz cuja falta a (pron. pess.) torturava. i) Ninguém a (pron. pess.) conseguia distrair. j) A (pron. dem.) que prefiro é a (pron. dem.) mais madura. k) A (prep.) correr, saiu a (art.) menina a (prep.) procurar o irmão que a (pron. pess.) largara há pouco. l) A (prep.) tais pessoas se deve dar a (art.) consideração merecida. m) É grande a (art.) distância que a (pron. pess.) separa de nós. n) A (art.) ciência já conseguiu enviar astronautas a (prep.) nosso satélite, a (art.) Lua; os homens não sossegarão enquanto não a (pron. pess.) explorarem. o) Corre a (prep.) buscar a (art.) fotografia que tiramos, para a (pron. pess.) mostrarmos a (prep.) nossos colegas. p) Vive a (prep.) perambular pelas ruas, expondo a (prep.) todos a (art.) tristeza da sua miséria.

3. a) *Falei a ela; não a você.* (O *a*, nos dois casos, é a preposição, pedida pelo verbo *falar* [falar *a*; ou *para*, ou *com* alguém]; e antes de pronomes [*ela* e *você*] nunca se usa o artigo *a*.) b) *Levar-te-ei à praia.* (O *a* se acentua porque nele há dois *aa*: um é a preposição *a*, pedida pelo verbo *levar*; outro é o artigo feminino *a*, que se usa antes do subst. fem. *praia*.) c) *Gosto de andar a pé.* (O *a* é preposição, usada na locução adverbial *a pé*; e *pé*, substantivo masculino, nunca poderia vir determinado pelo artigo *feminino a*.) d) *Não voltarei àquela casa.* (O *a* inicial do pronome *aquela* se acentua porque antes dele haveria a prep. *a*, pedida pelo verbo *voltar*; e os dois *aa* se crasearam num só.) e) *Quem tem boca vai a Roma.* (O *a* é preposição, pedida pelo v. *ir*; e o subst. *Roma* não se usa com artigo *a*.) f) *Durante a seca.* (O *a* é artigo; e a frase já começa com a prep. *durante*: não poderia, portanto, haver aí outra preposição.) g) *À noite*: (A locução adverbial *à noite* equivale a *durante a noite, pela noite*, com preposição [*durante* e *por*] e artigo *a*, e nela se usa a prep. *a*, para indicar tempo, e o artigo *a*, que se craseiam. Daí o acento.) h) *Saiu a passos rápidos.* (O *a* é simples preposição, equivalente aproximadamente a *com* [*com passos rápidos*]; se houvesse artigo, seria *os*, para concordar com *passos*.) i) *Serviços a frete*. (O *a* é preposição. Repare *que frete* é masculino e, quando com artigo, este será *o*, nunca *a*.) j) *As vendas a prazo* (*prazo* é masculino!) facilitam *a quem ganha pouco*. (Nunca pode haver crase antes do pronome *quem*, que não se usa com o artigo *a*.) k) *Não dê atenção a tolices*. (O *a* é preposição, pois *tolices* está no plural, e se houvesse artigo seria *as*, como na frase *Não dê atenção às tolices dele*.) l) *Deixai vir a mim as criancinhas*. (O *a* é preposição, pois o pronome *mim* nunca vem precedido do artigo *a*.) m) *Minha sorte está ligada à de meus pais*. (Há dois *aa*, um, a prep. *a*, pedida pelo particípio *ligada*, outro pelo substantivo subentendido *sorte*.) n) *À força de estudo, aprendi*. (Trata-se de locução prepositiva com substantivo feminino [*força*]. o) *A essa hora*. (O pronome *essa* nunca vem antecedido de artigo: o *a* é preposição simples.) p) *A cada chicotada*. (*Cada* é pronome indefinido que nunca se usa com artigo *a*.) q) *Chegaste a casa tarde?* (Como se trata da própria casa do sujeito, não pede artigo, e por isso não pode haver crase.) r) *Amanhã irei à Tijuca e a Copacabana*. (Ao contrário de *Tijuca*, que leva artigo, *Copacabana* se usa sem artigo. Daí a diferença.)

4. a) *nesta*, b) *àquilo*, c) *num*, d) *Daqui*, e) *Neste, nela*, f) *pelos*, g) *Donde*, h) *noutra*, i) *ao, à*, j) *dantes*.

5. a) *ir* a + a *França, entregar* a + a *esposa*; b) *chegar* a + a *fazenda, entregar* a + *pai* (masc.), a (art.) *carta*; c) *dirigir-se* a + *V.Ex.*ª (sem *art*.), *fazer justiça* a + a *pretensão*; d) *À noite* (loc. adv. com subst. fem.), *a* (prep.) + *quem* (pron. sem art.), *a* (art.) + *farmácia, a* + *plantão* (subst. masc.); e) *ir* a + a *Bahia, visita* a + a *lagoa*; f) *ficar* a + a *beira-mar, a* (prep.) + *contemplar, a* (art.) + *espuma*; g) a + *Deus* (masc.), a (art.) + *proteção, proteção* a + a *graça, a que aspiras* (aspirar *a*); h) à *farta* (loc. adv. com subst. fem.), à [*moda*] *francesa, furtar-se* a + a *despedida*; i) à *tarde* e à *noite* (locuções com subst. fem.); j) *às vezes* (loc. com subst. fem. pl.), *a* (prep.) + *meditar*, à *procura de* (loc. com subst. fem.); k) *A* (prep.) + *quem* (pron. sem art.), *atento* a + *as palavras, a* (art.) + *lição*; l) *Às duas horas* (loc. com subst. fem. pl.), à *saída* (loc. com subst. fem.); m) *assistir* a + *uma*; n) à *vontade* (loc. com subst. fem.), *voltar* a + a *escola*; o) à *porta* e à *espera de* (locs. com subst. fem.); p) *pedir* a + a *cozinheira*, à (moda) *milanesa*; q) *explicar* a + *aquela*; r) a (art.) + *palavra* a + *aqueles*; s) *chegar a casa* (a própria casa, sem artigo).

6. a) *há*, v. *haver*; b) *Daqui a*, prep.; c) *ir a Marte*, prep.; d) *há pouco*, v. *haver*; e) *daqui a pouco*, prep.

A CONJUNÇÃO (P. 241)

1. a) O fogo é terrível *mas* é belo. b) Ela é muito bondosa, *por isso* não merecia sofrer tanto. c) *Ou* estude, *ou* brinque, *ou* trabalhe. d) A maré *ora* sobe, *ora* desce. e) Não se preocupe, *pois* eu cuidarei de tudo. f) Ia castigá-la; *entretanto* resolveu perdoar-lhe a falta. g) Nunca esmoreci, *portanto* vencerei. h) Não fui ao cinema *nem* ao teatro. i) Ela é estudiosa, *logo* será aprovada. j) As alunas pulam corda *e* os alunos jogam bola.

2. *mas*, adversativa; *por isso*, conclusiva; *ou*, alternativa; *ora*, alternativa; *pois*, explicativa; *entretanto*, adversativa; *portanto*, conclusiva; *nem*, aditiva; *logo*, conclusiva; *e*, aditiva.

3. a) Espero *que* não faltes. b) Veja *se* ele já chegou. c) Cumpre *que* respeites os mais velhos. d) É bom *que* estudes. e) Não sei *se* vou fazer boa prova. f) Só ele próprio ainda não sabia

que havia tirado o 1º lugar. g) Há necessidade de *que* voltes amanhã. h) Opôs-se tenazmente a *que* saíssemos. i) É meu desejo *que* todos se saiam bem. j) Tua aprovação depende de *que* estudes.

4. a) Mereces repreensão, *desde que* (causal) te portaste mal. b) *Desde que* (cond.) saias sem permissão, serás punido. c) *Desde que* (temp.) a conheci, é sempre a 1ª da classe. d) *Visto como* (causal) já respondeu ao que queríamos, deixemo-lo sair. e) *Se* (cond.) preferes, irei contigo. f) *Como* (causal) vou viajar, só na minha volta poderei cuidar deste caso. g) *Caso* (cond.) ele apareça, avise-me. h) *Assim que* (temp.) ele aparecer, avise-me. i) Resolveu ficar em casa, *que* (causal) o tempo estava ameaçador. j) Já cinco dias haviam passado *que* (temp.) nos despedíramos.

5. Dizem *que* (int.) está muito mal. – És mais ajuizado *que* (comp.) teu irmão. – Rezava a Deus, *que* (final) não o abandonasse. – Não posso sair contigo: tenho de estudar, *que* (causal) a prova será difícil. – Dava tais respostas, *que* (consec.) admirava a todos.

6. a) *Conquanto* fosse, para mim, um sacrifício, fui visitá-lo. b) *Nem que* precise, aceitarei sua ajuda. c) *Por mais que* se esforce, não progride. d) Depressa *que* corram, não chegarão a tempo. e) Conseguirei o que quero, *ainda que* demore.

7. a) *Como* (conj. causal) tardassem, partimos sem eles. b) Não sei *como* (adv. interr. de modo) proceder. c) Portou-se *como* (conj. comp.) principiante. d) Paguei-lhe *como* (conj. conf.) combinara. e) Algumas plantas, *como* (pal. explic.) o juazeiro e a carnaubeira, resistem à seca.

8. a) *A menos que* (condicional) ele volte, ninguém sairá. b) Cada um colhe *conforme* (conformativa) semeia. c) *À medida que* (proporcional) falava, crescia seu entusiasmo. d) Nada direi, *porquanto* (causal) me pediram segredo. e) *Caso* (condicional) consigas companhia, irás ao cinema. f) Esta amendoeira é tão bela *quanto* (comparativa) aquela casuarina. g) Leve estas flores, *já que* (causal) elas lhe agradam. h) Não sabe falar *sem que* (consecutiva) cometa um erro! i) *Se* (condicional) insistires, serás punido. j) Pensei *que* (integrante) o exame fosse mais fácil. k) Falava *sem que* (concessiva = *embora*) ninguém lhe desse atenção.

A INTERJEIÇÃO (P. 246)

1. a) Simples: *isso!, papagaio!, ah!* – Locuções: *qual o quê!*
De reprovação: qual o quê!; de estímulo: isso!; de espanto, surpresa: papagaio! e ah!

2. a) *Olá!* Como vais passando? b) *Oh!* que vista maravilhosa! c) Que voz magnífica! *Bravo! Bravo!* d) *Silêncio!* Agora ele vai falar. e) *Psiu!*, fale baixo.

Referências bibliográficas

I – Para a gramática e os exercícios

ABRANCHES, Helena Lopes e Salgado, Esther Pires. *Gramática aplicada* (*Livro-Caderno*), 3 v. Rio de Janeiro: Cia. Brasileira de Artes Gráficas, 1957-1958.

AMIGO DA INSTRUÇÃO (Um). *Exercícios de gramática* – 1ª parte (curso primário), 2ª ed. Niterói, RJ: Escolas Profissionais Salesianas, s.d.

AMULFO (Irmão). *Guia ortográfico*. 2ª ed. Porto Alegre: Ed. Globo, 1959.

CÂMARA JR., J. Mattoso. *Teoria da análise léxica*. Rio de Janeiro, 1956.

CEGALLA, Domingos Paschoal. *Português para admissão*. Rio de Janeiro: Livr. Francisco Alves, 1959.

CHEDIAK, Antonio J. *Antônimos*. Rio de Janeiro: Org. Simões, 1952.

___. *Prática de linguagem*. Rio de Janeiro: Org. Simões, 1954.

CRUZ, Antônio da (Pe). *Prontuário de análise gramatical e lógica*. 3ª ed. Petrópolis, RJ: Vozes, 1954.

CUNHA, Celso. *Manual de português* (*para o curso de admissão*). 4ª ed. São Paulo: Cia. Ed. Nacional, 1958.

DEISTER, Jorge C. *Lições práticas de gramática e ortografia*, 10ª ed. Petrópolis, RJ: Vozes, 1958.

DIAS, A. Epiphanio da Silva. *Grammatica Portugueza Elementar*. 7ª ed. Lisboa: Livraria Escolar, 1886.

GONÇALVES, Maximiano Augusto. *Noções de português* (*curso de admissão*). 4ª ed. Rio de Janeiro: Livr. H. Antunes, 1958.

GOTARDELLO, Augusto. *A crase nos bons escritores*. Rio de Janeiro, 1959.

KURY, Adriano da Gama. *Pequena gramática* (*para a explicação da nova Nomenclatura Gramatical*). 9ª ed. Rio de Janeiro: Agir, 1964.

LIMA, Rocha. *Gramática normativa da língua portuguesa*. 3ª ed. Rio de Janeiro: F. Briguiet e Cia., 1959.

MACHADO, Ulysses. *Gramática portuguesa ensinada pelos exemplos*. 30ª ed. Lisboa: Livraria Rodrigues, s.d.

MORAES, João Barbosa de. *Exercícios de linguagem*. 15ª ed. São Paulo: Cia. Ed. Nacional, 1958.

NASCENTES, Antenor. *Método prático de análise gramatical*. 15ª ed. Rio de Janeiro: Livr. Francisco Alves, 1959.

OITICICA, José. *Manual de análise*. 9ª ed. Rio de Janeiro: Livr. Francisco Alves, 1950.

___. *Lições practicas de grammatica portugueza*. Nova York: American Book Company, 1894.

SAID ALI. *Grammatica elementar da lingua portugueza*. 5ª a 7ª [sic] ed. São Paulo: Cia. Melhoramentos, s.d.

___. *Grammatica secundaria da lingua portugueza*. 7ª ed. São Paulo: Cia. Melhoramentos, 1927.

TORRES, Artur de Almeida. *Moderna gramática expositiva da língua portuguesa*. 2ª ed. Rio de Janeiro: Ed. Fundo de Cultura, 1959.

II – Para os textos

ALMEIDA, Manuel Antônio de. *Memórias de um sargento de milícias*. Rio de Janeiro: I.N.L., 1944.

ATHAYDE, Tristão de. *Affonso Arinos*. Rio de Janeiro: Ed. Anuário do Brasil, 1922.

AZEVEDO, Artur. *Contos ephemeros*. 3ª ed. Rio de Janeiro: H. Garnier, 1900.

___. *Rimas*. (recolhidas por Xavier Pinheiro). Rio de Janeiro: Cia. Industrial Americana, 1909.

BANDEIRA, Manuel. *Antologia dos poetas brasileiros da fase romântica*. 3ª ed. Rio de Janeiro: I.N.L., 1949.

BARRETO, Lima. *Triste fim de Policarpo Quaresma*. Rio de Janeiro: Tip. "Revista dos Tribunais", 1915.

BARROSO, Gustavo. *Apólogos orientais (Moralidades e fábulas)*. São Paulo: Cia. Melhoramentos, 1928.

BILAC, Olavo. *Poesias infantis*. Rio de Janeiro: Livr. Francisco Alves, 1955.

BRAGA, Erasmo. *Leitura IV*. 77ª ed. São Paulo: Cia. Melhoramentos, 1942.

CAMPOS, Humberto de. *O Brasil anedótico*. Rio de Janeiro: W.M. Jackson, 1954.

CARVALHO, Vicente de. *Poemas e canções*. 15ª ed. São Paulo: Saraiva, 1954.

COARACY, Vivaldo. *Cata-vento*. Rio de Janeiro: Livr. José Olympio, 1956.

CORRÊA, Viriato. *Cazuza*. 10ª ed. São Paulo: Cia. Ed. Nacional, 1961.

COUTO, Ribeiro. *Noroeste e outros poemas do Brasil*. São Paulo: Cia. Ed. Nacional, 1933.

CRULS, Gastão. *A Amazônia misteriosa*. 8ª ed., *in 4 Romances*. Rio de Janeiro: Livr. José Olympio, 1958.

DIAS, Gonçalves. *Primeiros cantos*, in *Obras poéticas*, ed. de Manuel Bandeira. São Paulo: Cia. Ed. Nacional, 1944.

LAGERLÖF, Selma. *Os sete pecados mortais e outras histórias*. Trad. revista por Agostinho de Campos. Lisboa: Portugal-Brasil Ed., s.d.

LOBATO, Monteiro. *Fábulas*. 17ª ed. São Paulo: Ed. Brasiliense, 1958.

___. *Emília no país da gramática*. 10ª ed. São Paulo: Ed. Brasiliense, 1958.

LOPES, B. *Chromos*. 2ª ed. Rio de Janeiro: Fauchon & Cia., 1896.

___. *Hellenos – lyrios de quatorze petalas*. Rio de Janeiro, 1901.

LOPES NETO, J. Simões. *Casos do Romualdo (Contos gauchescos)*. Porto Alegre: Ed. Globo, 1952.

Mariano, Olegário. *Toda uma vida de poesia*. Rio de Janeiro: Livr. José Olympio, 1958.
Mendonça, Lucio de. *Alvoradas, in Murmurios e clamores* (Poesias completas). Rio de Janeiro: H. Garnier, 1902.
Paranapiacaba (Barão de). *Fábulas de La Fontaine*. v. I. Rio de Janeiro: Imprensa Nacional, 1886.
Peixoto, Afrânio. *Breviário da Bahia*. 2ª ed. Rio de Janeiro: Agir, 1946.
___. *Trovas brasileiras*. Rio de Janeiro: W.M. Jackson, 1947.
Rego, José Lins do. *Menino de engenho*. 2ª ed. Rio de Janeiro: Livr. José Olympio, 1934.
Ribeiro, João. *Cartas devolvidas*. Porto: Livraria Chardron, 1926.
Santos, Theobaldo Miranda. *Lendas e mitos do Brasil*. São Paulo: Cia. Ed. Nacional, 1955.
Starling, Nair. *Nossas lendas*. 6ª ed. Rio de Janeiro: Livr. Francisco Alves, 1957.
Tahan, Malba. *Minha vida querida*. 12ª ed. Rio de Janeiro: Conquista, 1959.
Veríssimo, Érico. *As aventuras de Tibicuera*. Porto Alegre: Ed. Globo, 1963.